Paul Spiegel

Was ist koscher?

Jüdischer Glaube – jüdisches Leben

Paul Spiegel

Was ist koscher?

Jüdischer Glaube – jüdisches Leben

Ullstein

Bibelstellen und andere Passagen aus den Heiligen Schriften sind zitiert aus:
HEILIGE SCHRIFT, ins Deutsche übertragen von Naftali Herz Tur-Sinai

Ullstein Verlag
Ullstein ist ein Verlag des Verlagshauses Ullstein Heyne List GmbH & Co. KG

5. Auflage 2003

Printed in Germany

Satz: Dörlemann Satz, Lemförde
Gesetzt aus der Minion
Druck und Bindung: Clausen & Bosse, Leck
ISBN 3-550-07575-8

Zum Gedenken
an alle Kinder, Frauen und Männer,
die vom barbarischen Nazi-Terrorregime
während der Zeit des Holocaust ermordet wurden,
weil sie Juden waren.

Inhalt

Einleitung

Nach wie vor gehen Juden und Nichtjuden in Deutschland nicht selbstverständlich miteinander um. Die Bürde der Geschichte, die Schuld der Täter, aber auch die Scham ihrer Nachkommen und schließlich die Gleichgültigkeit oder sogar die Wut der noch Jüngeren, die das »leidige Thema« nicht mehr hören können – das alles sind wesentliche Gründe, warum Begegnungen zwischen Juden und Nichtjuden in Deutschland häufig ein Problem sind.

Doch zum Glück gibt es von nichtjüdischer Seite auch Neugier. Was sind das für Menschen, diese Juden? Wie leben sie, woran glauben sie? In meiner nunmehr bald vierjährigen Tätigkeit als Präsident des Zentralrates der Juden in Deutschland bin ich häufig mit solchen Fragen konfrontiert worden, und ich habe mich jedes Mal gefreut, dass besonders junge Menschen mit großem Interesse nachfragen.

Wenn sie endlich einmal die Chance haben, einem Juden leibhaftig zu begegnen, dann sollte er allerdings alle, aber auch wirklich alle Fragen zum weiten Feld »Judentum« beantworten können. Am besten wäre er Zeithistoriker, Nahost-Experte und Rabbiner in einem.

Natürlich sind wir damit restlos überfordert. Wir können die Erwartungen, die an unsere Sachkenntnis gestellt werden, oft nicht erfüllen; auch ein normaler nichtjüdischer Deutscher kann nicht alles über deutsche Geschichte, die deutsche Mentalität, über Kultur und religiöse Bräuche wissen.

Dennoch ist es mir stets ein großes Anliegen, die Neugier

auf das Judentum, so weit mir das möglich ist, zu befriedigen. Je mehr wir voneinander wissen, umso größer sind die Chancen auf ein friedliches, aber auch wechselseitig befruchtendes Miteinander. Zu jeder Zeit, in jedem Alter.

Was aber soll eine Einführung in das Judentum beinhalten? Da ich weder Judaist noch Theologe bin, habe ich gar nicht erst den Wunsch in mir aufkommen lassen, eine »vollständige« Einführung in das Judentum zu liefern. »Weniger ist mehr« lautet die Devise, die Kunst des Weglassens habe ich hier mit Absicht verfolgt. Kenner des jüdischen Glaubens werden einiges vermissen, so etwa eine Darstellung oder Beschreibung vieler »kleinerer« Feier- und Festtage, wie z.B. Tischa be'Aw, der Trauertag anlässlich der Zerstörung des Tempels, oder Jom Haatzmaut, der israelische Unabhängigkeitstag.

Doch der Eintritt in eine neue Welt muss behutsam geschehen. Die Fülle der Information, die man beim Einstieg in ein neues Thema erhält, ist grundsätzlich überwältigend, da ist es besser, mit einer Auswahl Appetit auf mehr zu machen, als mit einem Überangebot den Leser restlos zu verwirren. Daher versteht sich dieses Buch auch als ein Einstieg in die jüdische Welt und nicht etwa als lexikalisches Handbuch oder als ultimatives Kompendium zum Judentum. Nein, »Was ist koscher« ist als Brücke zu all jener Literatur gedacht, die weiterführt. Es gibt eine Fülle guter Titel zu den verschiedensten Aspekten des Judentums. Und wenn mein Buch dem Leser den Weg dahin öffnet, so habe ich mehr erreicht, als ich zu hoffen wagte.

Nach wie vor gibt es zahlreiche Klischees über Juden, die in den Köpfen der Menschen herumspuken. Selbst der aufgeklärteste und liberalste Geist wird nicht immer frei sein von solchen »images«. Nach mehr als 2000 Jahren antijüdischer

Tradition darf das nicht verwundern. Ob der bleiche Kaftanjude oder der mit Kippa und Maschinengewehr bewaffnete Israeli, in den seltensten Fällen kommen solche Vorstellungen der Wirklichkeit nahe, die wie stets aus vielen verschiedenen Grautönen besteht und nicht nur aus Schwarz und Weiß.

Nicht jeder Jude spricht Jiddisch, nicht jeder Jude isst Gefilte Fisch, nicht jeder Jude ist reich und nicht jeder Jude hört Tag und Nacht Klezmer-Musik, nicht einmal das! Klezmer, diese osteuropäische, swingende Unterhaltungsmusik des 19. und frühen 20. Jahrhunderts, Klezmer, diese Tanzmusik mit jüdischen und slawischen Elementen, die vor allem von wandernden Musikanten, genannt Klezmorim, zu Hochzeiten gespielt wurde, diese Musik hat sich in den vergangenen zehn, fünfzehn Jahren einen eigenartigen Platz im Herzen vieler nichtjüdischer Deutscher erobert. Sie lieben sie, halten sie für »typisch« jüdisch, und mehr als 120 Klezmer-Bands in Deutschland (von denen die meisten mit Nichtjuden besetzt sind) dokumentieren eindrucksvoll, wie »in« jüdische Kultur ist.

Doch dabei wird gerne übersehen, dass Klezmer lediglich der musikalische Ausdruck einer bestimmten Gruppe von Juden in einer bestimmten Region zu einer bestimmten Zeit ist. Nicht mehr, nicht weniger. Auf alle Fälle ist sie gewiss nicht die Musik, die das Lebensgefühl der heute in Deutschland lebenden Juden ausdrückt, wie ein Witz aus jüngerer Zeit beweist: Treffen sich zwei jüdische Jugendliche am Samstagabend in Berlin. Fragt der eine: »Was machen wir heute Abend?« Sagt der andere: »Ich weiß von einer duften Party mit vielen Mädchen!« »Was spielen die dort für eine Musik?« »Klezmer.« »Das heißt, es sind nur Nichtjuden dort! Lass uns lieber woanders hingehen!«

Dieses Buch will also auch »gut gemeinten« Klischees ein wenig entgegentreten, zeigen, dass Juden anders, aber nicht fremd sind, dass Juden eine Schicksals- und Glaubensgemeinschaft, aber keine uniforme Einheit bilden, sondern eine pluralistische, individualistische Gruppe.

Das einzige »Vorurteil«, das ich gerne gegenüber uns Juden gelten lassen möchte, ist der schon sprichwörtliche jüdische Humor! Gewiss, nicht alle Juden haben ihn. Doch der jüdische Humor war und ist die schönste Waffe einer Minderheit, denn Humor tötet nicht. Der jüdische Witz war zu allen Zeiten ein herrliches Ventil dafür, mit einer verzweifelten Situation klar zu kommen, aus der es kein Entrinnen gibt. Und nicht selten nehmen wir uns dabei selbst auf die Schippe. Ein Schuss Selbstironie hilft, zu sich und seiner Lebenslage ein wenig auf Distanz zu gehen. Die Thora und, ich bin ganz sicher, der uns eigene Humor, haben das jüdische Volk seine lange Leidensgeschichte überleben lassen.

Ich hoffe, dass der Leser etwas von diesem Humor in diesem Buch wiederfindet, nicht nur in Form von Witzen, die in die durchaus seriösen Inhalte eingestreut sind, sondern auch durch eine Erzählweise, die meinem Naturell entspricht. Selbst furchtbar ernste Dinge müssen für mich einen gewissen Unterhaltungswert haben. Selbst Bücher mit seriösem Inhalt.

Ich sprach von der Vielfältigkeit, dem Pluralismus im jüdischen Leben. Das darzustellen ist natürlich eine Schwierigkeit. Welches Judentum will ich eigentlich erklären? Um nur die vier, heute weltweit wichtigsten »Richtungen« zu nennen, so sind das die Orthodoxie, das konservative Judentum, das liberale und auch progressive Judentum und schließlich, vor allem in den USA, die Rekonstruktionalisten. Wenn man bedenkt, dass jede dieser vier großen Strömungen wieder zahlreiche unterschiedlichen Gruppierungen mit unterschiedlichen Traditionen und Lehransichten hat, wenn man bedenkt, dass allein unter den Ultra-Orthodoxen Dutzende von sektiererischen Gruppen existieren, die sich dann auch noch gern über ihre religiösen Auffassungen streiten, so kann man sich vorstellen, dass ich ein wenig die »Qual der Wahl« hatte. Ich entschied mich schließlich für die Vorstellung einer moderaten Orthodoxie, wie sie in den meisten jüdischen Gemeinden Deutschlands praktiziert wird. Das hat mehrere Gründe: Die moderate Orthodoxie ist am ehesten in der Lage, Juden aller Denominationen unter einem Dach zu vereinen. Ein liberaler Jude hat, zumindest unter religiösen Aspekten, kein Problem, eine orthodoxe Synagoge zu betreten, doch ein orthodoxer Jude kann nicht in eine liberale oder konservative Synagoge gehen, da beide Ausrichtungen Eingriffe in das Religionsgesetz vorgenommen haben, die seiner Meinung nach eine Gotteslästerung sind. Ein liberaler Jude wird eine orthodoxe Synagoge höchstens als »altmodisch« ansehen, aber er kann in ihr beten.

Es ist auch die moderate Orthodoxie, die bei uns die weniger religiösen oder gar säkularen Juden anzieht. Das gilt auch für Israel und viele andere Länder.

Den Leserinnen und Lesern möchte ich nun Mut machen, in die Welt des Judentums einzusteigen, sich auf ein Abenteuer einzulassen, das sie bekannt machen kann mit den Wurzeln ihrer eigenen religiösen Herkunft und das sie hoffentlich reicher macht. Sowohl das Christentum als auch der Islam berufen sich auf das religiöse Fundament, das die alten Hebräer vor rund 4000 Jahren gebaut haben und das immer noch ein eigenständiger, lebendiger Glaube ist.

Um diesen Glauben in all seiner Lebendigkeit darstellen zu können, haben mir viele Menschen mit Rat und Tat geholfen. Mein Dank gilt vor allem Rabbiner Dr. Joel Berger, auf dessen Kompetenz in Sachen Judentum ich mich vollkommen verlassen habe, und Richard Chaim Schneider, der mir freundschaftliche Hilfe beim Zusammenstellen und Verfassen dieses umfangreichen Textes leistete.

Paul Spiegel
Düsseldorf, im Herbst 2003

Wer ist Jude?

Das Judentum ist über dreitausend Jahre alt, aber es ist kaum zu glauben und doch wahr: Auch Juden stellen sich ununterbrochen die Frage, wer denn in ihre Gemeinschaft gehört. In schöner Regelmäßigkeit gibt es dazu spannende Coverstorys in israelischen Zeitungen oder jüdischen Zeitschriften der Diaspora. Und tatsächlich ist diese Frage existenziell wichtig für das Überleben der Juden.

Wer also ist Jude? Die traditionelle Antwort lautet: Jude ist, wer als Kind einer jüdischen Mutter geboren wurde oder eine Konversion entsprechend der Halacha, dem jüdischen Religionsgesetz, vorgenommen hat. Im Grunde ist die Antwort also sehr simpel. Doch der Teufel steckt im Detail.

Zunächst mag es verwundern, dass die jüdische Genealogie nach der Mutter geht. Schließlich scheint doch, oberflächlich betrachtet, das Judentum eine zutiefst patriarchalische Religion zu sein. Wie kommt es also, dass ausgerechnet bei einem so wichtigen Thema, bei dem es um nichts Geringeres geht als um die Fortsetzung des Judentums, dass die Verantwortung also ausgerechnet bei diesem Thema in den Händen der Frauen liegt? Eben drum, muss man ganz lapidar antworten.

Vergessen wir mal für einen Moment unsere hochmoderne Medizin. Es ist ja noch nicht so lange her, dass Männer sich nicht sicher sein konnten, ob ihr Sprössling tatsächlich eine Frucht der eigenen Lenden war. Die Bestimmung der Vaterschaft ist eine sehr »junge« Errungenschaft der modernen Wissenschaft. Insofern konnte man früher nur ganz sicher wissen, wer die Mutter ist. Daraus ist aber bitte nicht abzuleiten, dass jüdische Frauen seit Urzeiten besonders erpicht darauf waren, ihren Männern Hörner aufzusetzen. Meistens war das Gegenteil der Fall. Doch schon in der Antike, erst recht in biblischen Zeiten, war es in Kriegszeiten die Regel, dass die Sieger die Frauen der Feinde vergewaltigten – leider hat sich dieser Brauch bis heute erhalten. Was wissen wir also, wie viele »blauäugige« europäische Juden ihre Augenfarbe einem der mittelalterlichen Kreuzzügler verdanken, die über ihre Urahninnen beim Niederbrennen und Zerstören der jüdischen Gemeinden von Worms und Speyer, von Mainz und anderswo hergefallen waren? Und Gleiches gilt für viele ähnliche Ereignisse. Etwa im 17. Jahrhundert in Polen und in der Ukraine, als ein gewisser Bogdan Chmielnicki den Juden mit seinen Horden das Leben zur Hölle machte.

Wie viele Frauen mussten danach Kinder dieser nun wahrhaft unerwünschten »Verbindung« zur Welt bringen. Immerhin, die halachische Regelung garantierte den armen, unschuldigen Babys die Anerkennung innerhalb der jüdischen Gemeinschaft. Und natürlich kam es vor, dass Ehefrauen mal mit einem anderen … und der musste dann ja nicht immer Jude sein … und so weiter … Übrigens: Das jüdisch-religiöse Recht kennt den Begriff »uneheliches Kind« nicht.

Wenn man bedenkt, dass im frommen Judentum die Frau die Verantwortung trägt für die »Jüdischkeit« des häuslichen Raumes, dass sie für die koschere Küche und eine jüdische Atmosphäre daheim zu sorgen hat, dass sie sich auch um die jüdische Erziehung ihrer Kleinsten kümmern muss, dem wird einleuchten, dass schon allein aus diesem Grund die Zukunft des Judentums vom Religionsgesetz in die durchaus richtigen Hände gelegt wurde.

Beim zweiten Teil der Definition wird es schon etwas schwieriger, denn hier scheiden sich besonders seit der Nachkriegszeit die Geister. Jude ist, wer sich einer Konversion, gemäß der Halacha, dem Religionsgesetz, unterzogen hat. Solch eine Konversion ist oft ein kompliziertes, langwieriges Verfahren. Anerkannt wird grundsätzlich nur ein »Kandidat«, der aus tiefster Überzeugung zum Glauben übertreten will. Dieser Kandidat oder die Kandidatin geht zu einem Rabbiner und bringt sein Anliegen vor. Der Rabbiner wird und muss ihn zunächst abweisen und wegschicken. Nach einer gewissen Zeit muss der Kandidat erneut zum Rabbiner und erneut dafür kämpfen, konvertieren zu dürfen. Erneut wird er abgewiesen. Und wieder wird der Kandidat irgendwann zum Rabbiner gehen und wieder wird er abgewiesen. Diese Abweisung, die je nach Charakter des Rabbiners sehr brüsk oder auch sehr freundlich vor sich gehen kann, ist eigentlich schon Teil der »Ger«, der Übertrittsprozedur. Denn nur wenn der Rabbiner erkennt, dass es diesem Menschen wirklich ernst ist mit seinem Bedürfnis, wenn er sich also auch von etlichen Zurückweisungen nicht entmutigen lässt, erst dann kann er eines Tages akzeptiert werden, und erst dann beginnt die zweite Phase des Konversionsprozesses.

Früher war es üblich, einen Nichtjuden, der Jude werden wollte, mindestens dreimal abzuweisen – und das vielleicht innerhalb eines Zeitraums von einem Jahr. Der Nichtjude musste also schon großes Beharrungsvermögen zeigen. Manche Rabbiner weisen noch öfter ab. Auf jeden Fall führen sie mit der Kandidatin, dem Kandidaten ein Gespräch, um den geistigen Hintergrund kennen zu lernen und das, was diesen Menschen veranlasst, Jude werden zu wollen. Sie wollen herausfinden, ob er überhaupt begreift, welches »Joch« er da auf sich nehmen will.

Natürlich gibt es viele »Kandidaten«, die nie und nimmer akzeptiert werden. Von keinem Rabbiner. Denn allzu schnell erkennen die jüdischen Gelehrten, dass die Motive häufig banal, albern oder schlicht falsch sind. Insbesondere in Deutschland gibt es etwa das Phänomen der nichtjüdischen Deutschen, die unbedingt Juden werden wollen, um somit vom »Volk der Täter« zum »Volk der Opfer« überzuwechseln. Auf diese Weise meinen sie, etwas von der Verantwortung loszuwerden, die Deutschland, die Deutschen mit dem Holocaust zu tragen haben. Solch eine Motivation ist natürlich überhaupt kein Grund für einen Übertritt, sondern höchstens ein Motiv, einen Therapeuten aufzusuchen. Ein guter und kluger Rabbiner wird sehr schnell unterscheiden können, wem es ernst ist mit seinem Übertritt und wem nicht.

Wenn die erste Hürde dann endlich genommen ist, beginnt die eigentliche Arbeit: Das Lernen. Der Nichtjude muss in das Judentum eintauchen, er muss die Schriften und die Gesetze lernen, er muss natürlich Hebräisch lernen, einigermaßen zumindest, damit er die Gebete sprechen kann, er muss die Traditionen und die Gebetsmelodien ebenso kennen wie die vielen Regeln, die sein Leben als Mann, ihr Leben als Frau bestimmen. Für den Mann sind das vor allem Themen wie die Gebetsordnung in der Synagoge, der Aufruf zur Thora und Ähnliches, für eine Frau ist es vor allem die »Nidda«, die rituelle Reinheit in der Ehe, ein Gebiet, in dem sie sich besser auskennen sollte als der Mann. Sie muss den rituellen Umgang mit der Menstruation und dem Besuch der Mikwe, des rituellen Tauchbades nach der Regel, kennen, sie muss aber auch über Empfängnis und Zeugung an den fruchtbaren Tagen Bescheid wissen, ebenso an welchen Tagen ihr Mann keinen Geschlechtsverkehr mit ihr haben darf. All das hängt vom weiblichen Zyklus ab.

Die Lernphase kann unter Umständen Jahre dauern. Je

nachdem, wie hoch die Ansprüche des jeweiligen Rabbiners sind. Heutzutage haben die großen Rabbinate meistens eine Art »Richtlinie«, so dass man im Allgemeinen davon ausgehen kann, dass der Übertritt zwischen einem und drei Jahren dauert. In manchen Fällen aber noch länger.

Der Übertritt selbst ist für die Frau eine relativ kurze, unkomplizierte, aber dennoch heilige und sehr aufregende Angelegenheit: Sie geht zum ersten Mal in das rituelle Tauchbad und unternimmt dort die Reinigungsrituale, die ihr später in Fleisch und Blut übergehen werden. Beim ersten Mal erhält sie dann auch ihren jüdischen Namen.

Bei den Männern ist die Prozedur ähnlich, auch Männer gehen immer wieder in die Mikwe. Doch eines kommt beim Mann noch unangenehmerweise hinzu: Er muss sich beschneiden lassen! Denn die Beschneidung ist *das* Zeichen des Bundes zwischen Gott und Abraham und dessen Nachkommen. Das bleibt auch dem Erwachsenen nicht erspart. Insofern kann man davon ausgehen, dass ein Mann, der übertreten will, meistens sehr genau weiß, warum er das tun möchte.

Ist es erlaubt, überzutreten, um einen jüdischen Ehepartner zu heiraten? Die klare Antwort heißt eigentlich: nein. Dies ist kein Grund, selbst wenn er aus menschlicher Sicht der schönste ist. Die Praxis hat aber gezeigt, dass die Rabbiner hier häufig ein halbes Auge bis beide Augen zudrücken. Sie wissen, dass in sehr vielen Fällen die Liebe zu einem Juden, zu einer Jüdin, ausschlaggebend ist, und sie wissen natürlich auch, dass eine Ablehnung eines solchen Kandidaten eventuell dazu führt, dass der jüdische Teil dieser Beziehung sich vom Judentum abwendet, dass ein Kind aus solch einer Beziehung, wenn denn die Frau Nichtjüdin ist, unweigerlich nichtjüdisch und somit für die jüdische Gemeinschaft verloren ist!

Daher sieht die Realität manchmal anders aus, als die Vorschriften dies verlangen. Zum Glück ist das Judentum ein pragmatischer und sehr menschlicher Glaube, der die Realitäten auf Erden kennt und nicht auf »himmlische Ideale« wartet. Was nicht heißt, dass solch ein Nichtjude nicht auf Herz und Nieren geprüft wird. Er muss sich also durchaus im Klaren sein, dass es hier um mehr als um ein Zertifikat geht, auf dem steht: Ab heute bist du jüdisch! Nein, auch hier geht es um Fragen des Glaubens und der Zugehörigkeit, der Verantwortung und Verpflichtung, das göttliche Gesetz anzunehmen, sich eine bestimmte Geschichte und eine ungewisse Zukunft zu Eigen zu machen.

Der so lange und schwierige Weg für einen Konvertiten, einen »Ger«, zeigt, dass das Judentum, anders als das Christentum, die Missionierung ablehnt. Wir wollen niemanden bekehren, wir wollen niemanden zwingen, so zu leben wie wir. Wir wollen aber – das wird in den Gebeten immer wieder gesagt –, dass sich alle Menschen zu dem Einen und Einzigen bekennen. Doch das muss nicht unbedingt als Jude geschehen! Wir wollen nicht missionieren, sondern durch das Beispiel einer richtigen, ehrfurchtsvollen, ethischen und gläubigen Lebensführung Nichtjuden für unseren Glauben einnehmen. Werden wir Juden dieser Aufgabe immer gerecht? Mitnichten. Auch wir sind nur Menschen und dementsprechend schwach, fehlerhaft, manchmal sogar böse und schlecht. Sich an uns ein Beispiel nehmen?

Dennoch – irgendwas müssen wir in den vergangenen Jahrtausenden richtig gemacht haben, denn immerhin: Unsere Glaubensgrundsätze, unsere »Erfindung« des Monotheismus und einer radikalen Ethik, die sich in den Zehn Geboten ausdrückt, die die Unterscheidung zwischen Gut und Böse geschaffen hat, die Mitmenschlichkeit und soziale Hilfe, das Eintreten der Gemeinschaft für den Einzelnen, den Respekt vor dem Leben und vieles andere mehr beinhaltet, all das hat sich ja in vielen Teilen der Erde mehr oder weniger durchgesetzt. Das Christentum, der Islam – man mag als Jude zu beiden Glaubensbekenntnissen stehen, wie man will –, sie sind, ganz ohne Zweifel, Tochterreligionen des Judentums, aus dem Judentum entstanden und haben die wichtigsten Grundlehren unseres Glaubens übernommen.

Und wenn wir die Glaubenssphäre verlassen, so können wir sehen, dass wesentliche Grundzüge der Deklaration der Menschenrechte, des Humanismus auf der Ethik der Thora und der Propheten basieren. Also auch im säkularen Bereich haben sich die Lehren des Judentums behaupten können. So ist die Lehre vom Sinai eigentlich eine »Erfolgsstory«. Und wenn man den Endzeitvisionen in unseren Heiligen Texten folgt, so wird nach der Ankunft des Messias nicht nur das jüdische Volk, sondern die ganze Welt erlöst werden, was bedeutet, dass dann alle Menschen den Einen und Einzigen Gott erkannt haben werden. Wir sind also grundsätzlich auf einem gar nicht so schlechten Weg, was die Erlösung betrifft. Theoretisch zumindest.

Wo, so mag der aufmerksame Leser jetzt fragen, wo ist jetzt aber eigentlich das Problem, die Frage zu beantworten, wer Jude ist? Und schon sind wir wieder ganz weit weg von utopisch-messianischen Zeiten und fischen ganz tief im trüben Urgrund menschlicher Auseinandersetzungen.

Das Judentum hat sich im Laufe seiner Geschichte mehrfach gewandelt. Allgemein kann man sagen, dass es sich bis zur Französischen Revolution innerhalb des Religionsgesetzes entwickelt hat, also innerhalb der Grenzen, die die alten, großen Rabbinen im Talmud festgehalten haben. Ein Religionsgesetz war göttlich und somit unveränderbar, doch es ließ Raum für Interpretation und Anpassung. Ein ganz simples und damit hoffentlich einleuchtendes Beispiel: Die Speisegesetze verlangen die strikte Trennung von milchigen und fleischigen Speisen. Wie lange man jedoch warten muss, bis man wieder das eine oder andere essen darf, das wurde und wird bis heute in den frommen Kreisen unterschiedlich gehandhabt. Die einen warten drei beziehungsweise sechs Stunden, andere nur eine und sechs, wieder andere eine und drei Stunden. Unbestritten aber ist, dass es diese Trennung aufgrund einer Deutung des Religionsgesetzes geben muss. Ausführlich werden diese Fragen in dem Kapitel »Was ist koscher?« behandelt.

Orthodoxes Judentum – liberales Judentum

Mit Beginn der Emanzipation, als Juden in Europa allmählich die vollen bürgerlichen Rechte erhielten und das Getto verlassen durften, entwickelten sich neue Gemeinschaften des Glaubens, und ich meine hier nicht die Entwicklung hin zur Assimilation oder zum säkularen Judentum, sondern das liberale Judentum, das in manchen Ländern als Reformjudentum entstand und unter anderem in Ungarn, in der Slowakei und in Kroatien neologes Judentum genannt wurde. Ohne jetzt auf die einzelnen Unterschiede innerhalb dieser Tradition eingehen zu wollen, gilt es hier einen wesentlichen Unterschied zum orthodoxen Judentum – wie ich es von nun an nennen muss – festzuhalten.

Der Unterschied findet sich unter vielen anderen in der Beurteilung der Thora. Im orthodoxen Judentum ist die Sache klar. Die Thora wurde so, wie sie ist, Wort für Wort, von Gott an Moses auf dem Berg Sinai weitergegeben. Auf diese Weise offenbarte sich Gott seinem auserwählten Volk. Punkt. Wenn dem so ist, dann sind die »Fünf Bücher Moses« göttlich und somit unverrückbar. Es ist das Wort Gottes, das für immer und ewig gilt. Kein Buchstabe, kein Satz kann, darf verändert werden, was übrigens auch Jesus gesagt hat. Alle Gesetze, die diese Offenbarung enthalten, sind göttlich und damit vom Menschen nicht aufzuheben, egal, ob er sie nun begreift oder nicht, er muss die Gebote erfüllen.

Das liberale Judentum sah das von Anfang an anders. Für die Liberalen war die Thora zunächst einmal ein von Menschen geschriebener Text und somit nicht mehr sakrosankt. Die Autoren des Textes waren zwar alles fromme Männer, denen sich Gott in ihrem Leben offenbart hat – hier kommt also der Glaube an die Offenbarung wieder zum Tragen –, doch die Thora ist menschlich, von Menschen geschaffen und versucht lediglich, die Gottheit und deren Botschaft zu vermitteln. Für Menschen des 19. Jahrhunderts, die von den Gedanken der Aufklärung und der Vernunft geprägt waren, ein sehr viel »verlockenderes« Angebot als die These der Orthodoxen. Und so hat sich das liberale, heute auch »progressive« Judentum, was die Anzahl seiner Mitglieder betrifft, auf der Welt durchgesetzt. Die große Mehrheit der Juden heute ist nicht orthodox, sondern progressiv oder »conservative«, ein Mittelding zwischen orthodox und liberal, eine weitere Denomination, die vor allem in den USA weit verbreitet ist.

Die Folge dieser gänzlich anderen Rezeption der Thora ist natürlich, dass die liberalen Juden die Gesetze nicht mehr für göttlich halten. Somit nahmen und nehmen sie sich das Recht heraus, bestimmte Mitzwot einfach zu streichen, mit dem Hinweis, sie würden in der modernen Welt für sie keinen Sinn mehr machen, sie seien nur aus dem historischen Kontext ihrer Entstehung zu verstehen. In jenen Fällen, wo ein Gesetz beibehalten wird, wird es jedoch viel offener, viel freizügiger interpretiert, als die Orthodoxie dies je zulassen würde. Wieder ein sehr einfaches Beispiel: Am Schabbat darf man keine Arbeit verrichten. Es ist orthodoxen Juden verboten, am Schabbat Auto zu fahren. Erstens, weil das Fahren als Ortswechsel gilt, als Reisen, was verboten ist, und zweitens, weil das Starten des Motors einen Funken auslöst. Und dies gilt als Feuermachen. Aus denselben Gründen darf ein orthodoxer Jude auch nicht mittels eines Lichtschalters in einer Wohnung für Helligkeit sorgen. Das Reformjudentum hat dieses Gesetz ganz anders interpretiert und erlaubt seinen Anhängern sogar, mit dem Wagen zur Synagoge zu kommen. In den USA haben viele Reformsynagogen sogar eigene Parkplätze. Am Schabbat fahren also die Mitglieder einer solchen Gemeinde mit ihrem Auto vor, um dann am Gottesdienst teilzunehmen. Feuer machen wird wörtlich genommen und nur als »schwere« Arbeit abgelehnt. Unvorstellbar für Orthodoxe, eine Verletzung des Thoraverbotes, ein schweres Vergehen, eine Lästerung Gottes!

Dementsprechend »lax« – aus orthodoxer Sicht – behandeln solche Juden auch das Thema Konversion. Daher können und wollen orthodoxe Rabbiner Konvertiten, die nach liberalem oder konservativem Ritus Juden geworden sind, nicht als solche in ihrer Gemeinde anerkennen. Für sie bleiben diese Menschen Nichtjuden. In der Diaspora ist das Problem relativ gering – die Gruppen bleiben unter sich. Da kommt es zu keinen besonderen Friktionen, es sei denn, ein Jude aus der orthodoxen Tradition verliebt sich in solch einen, sagen wir mal, konservativen Konvertiten. Wenn die beiden heiraten wollen, wird der orthodoxe Partner darauf bestehen müssen, dass die geliebte Person sich einer zweiten, einer »richtigen« Konversion unterzieht, da ansonsten kein orthodoxer Rabbiner das Paar trauen wird.

Dies ist vor allem in Israel ein Problem. Das Rabbinat in Israel ist in orthodoxer Hand, conservative judaism und progressives Judentum werden nicht akzeptiert mit Auswirkungen auf die Eheschließungen, aber schlimmer noch, mit Auswirkungen sogar auf das Einwanderungsrecht. Denn nach israelischem Recht hat jeder Jude das Recht, nach Israel einzuwandern und sofort Staatsbürger zu werden. Das säkulare, so genannte Rückkehrrecht definiert den Begriff »Jude«

allerdings wesentlich freizügiger als das Rabbinat. Menschen, die sogar nur einen einzigen jüdischen Großelternteil haben, dürfen nach Israel einwandern. Warum das so ist? Der Holocaust ist der Grund dafür. Denn nach der Staatsgründung Israels 1948 wäre es unmöglich gewesen, jenen Holocaust-Überlebenden, die erst Hitler zu Juden gemacht hat, die Einwanderung nach Israel zu versagen.

Die Nürnberger Rassengesetze von 1935, eine grässliche Schöpfung der Nazis, haben den »Halbjuden«, den »Viertel-« und den »Achteljuden« erfunden. Ein Halbjude war demzufolge ein Mensch, der aus einer Verbindung zwischen einem Juden und einem Nichtjuden stammte. Bis heute hält sich im deutschen Sprachgebrauch diese rassistische Terminologie, selbst wenn sie häufig aus fehlender Sachkenntnis und in völliger Unschuld benutzt wird. Doch ich möchte an dieser Stelle ein für alle Mal klarmachen, dass Halbjude oder Vierteljude Nazi-Sprache ist! Das Judentum kennt solche Begriffe nicht. Es gibt nur Juden und Nichtjuden. Punkt. Und wer Jude ist … Na, siehe oben!

Zurück aber zum Rückkehrgesetz. Durch die Rassengesetze Hitlers kamen auch Menschen ins KZ, die nach der Halacha *keine* Juden sind, aber als solche deportiert und misshandelt wurden. Ein berühmtes Beispiel ist die in Deutschland bekannte Journalistin und Schriftstellerin Cordelia Edvardson, die Tochter der streng katholischen Schriftstellerin Elisabeth Langgässer und eines jüdischen Vaters. Sie war als Kind in Auschwitz. Für die Nazis ein jüdisches Mädchen, für das Judentum keine Jüdin. Gut, so weit der Glaube. Aber hätte der Staat Israel ihr die Einreise und Staatsbürgerschaft im jüdischen Staat verweigern können? Das wäre moralisch völlig undenkbar gewesen.

In jüngster Zeit hat sich dieses Problem übrigens wiederholt. Im Zuge von Michael Gorbatschows Glasnost und Perestroika sind seit 1989 rund eine Million Menschen aus der ehemaligen Sowjetunion nach Israel ausgewandert. Sind das alles Juden nach der Halacha? Nein. Doch sehr viele von ihnen mussten als Juden in der UdSSR viele Nachteile in ihrem Leben erfahren, wurden als Juden geschmäht und beschimpft, erhielten bestimmte Jobs nicht, ihnen wurde die Aufnahme an eine Akademie, an eine Universität untersagt, weil sie »Juden« waren. Wie ist das möglich?

Der sowjetische Pass hatte eine so genannte fünfte Rubrik, in der die Nationalität des Eigentümers eingetragen war. Die Sowjetunion, ein Vielvölkerstaat, machte diese Unterscheidung bei seinen Bürgern. Die Nationalität übertrug sich ausschließlich vom Vater auf das Kind. War der Vater Jude, so auch das Kind. Und somit stand in den Pässen in der fünften Rubrik als Nationalität »Ewrej«, Jude. Die Mutter konnte russisch-orthodox sein, das war egal, ihr Kind war Jude, wenn der Vater Jude war. Umgekehrt war es auch nicht besser: War die Mutter Jüdin, der Vater aber nicht, so war das Kind kein Jude. Dass es dann trotzdem als Jude geschmäht und benachteiligt wurde, versteht sich. Der Antisemitismus in der Sowjetunion machte da keine Unterschiede, nur das Passamt. So kam es also, dass nach der Halacha »echte« Juden ohne solche Kennzeichnung im Pass nach Israel einwanderten – und natürlich die mit dem Vermerk. Auch hier hätte der jüdische Staat vor einem Dilemma gestanden: Hätte man einen Menschen, der als Jude diffamiert wurde, die Einreise nach Israel untersagen können?

Die Rabbiner in Israel können als Beamte das alles nicht berücksichtigen. Für sie ist nur die Halacha bindend und das heißt: Diejenigen, die nicht als Kind einer jüdischen Mutter geboren wurden, sind keine Juden. In jedem anderen Land könnte das den Menschen egal sein, in Israel ergeben sich aber daraus so einige Probleme. Denn Teile des Familienrechts liegen in der Hand des Rabbinats. Man will heiraten, sich scheiden oder eines Tages beerdigen lassen? Dafür ist ausschließlich das Rabbinat zuständig. Zivilehen gibt es nicht, ebenso wenig Zivilbegräbnisse – wobei sich das in jüngster Zeit zu ändern beginnt, gerade wegen der vielen nichtjüdischen Einwanderer. Die Folge: will ein »Nichtjude« in Israel heiraten, dann muss er zunächst einmal übertreten. Für viele ist das eine sehr demütigende Erfahrung. Im Heimatland als Jude geschmäht, in Israel nicht als Jude anerkannt – da kann man schon verzweifeln an der Menschheit. Doch so ist es nun einmal, und die Menschen müssen damit zurechtkommen. Viele dieser »jüdischen« Nichtjuden – ebenso wie liberale oder konservative Juden oder junge Israelis, die das Monopol der Rabbiner nicht akzeptieren – fahren dann nach Zypern, heiraten dort standesamtlich und kehren anschließend nach Israel zurück. Auch eine Lösung, denn selbstverständlich wird eine im Ausland geschlossene Ehe, ob zivil oder kirchlich, anerkannt. Nur: auch die Kinder einer solchen Verbindung sind dann wieder keine Juden, es sei denn, die Mutter ist eine, und so weiter.

Drehen wir das Gewinde der komplexen Problematik noch ein wenig weiter: Inzwischen gibt es innerhalb des progressiven Judentums Gruppen, die ein Kind, das nur einen jüdischen Vater hat, als ebenso jüdisch akzeptieren wie das einer jüdischen Mutter. Die Begründung ist klar: Da wir heute ohne weitere Probleme bestimmen können, wer der Vater ist, ist die alte Regelung nicht mehr bindend, veraltet und überholt. Für die Orthodoxie, natürlich nicht nur in Israel, ist das inakzeptabel.

Und so beginnt allmählich etwas, was Juden seit jeher zu vermeiden suchten, ein Auseinanderdriften der Gemeinschaft. Denn genau darum ging es in den Jahrtausenden der Verfolgung, in den Jahrtausenden, als man als Minorität in einer nichtjüdischen Mehrheitsgesellschaft überleben wollte. Wie kann eine ethnische, religiöse oder kulturelle Minderheit überleben? Es gibt nur einen Weg – ein Regelwerk zu schaffen, das sowohl den Austritt als auch den Eintritt in die Gemeinschaft sehr schwer, wenn nicht gar unmöglich macht. Insofern haben die strikten Definitionen, die strengen Übertrittsregelungen durchaus ihren Sinn gehabt, und ganz gewiss tragen sie zum Erhalt des Judentums bei.

Dass diese Radikalisierung ein Ergebnis der Diaspora ist, lässt sich klar aus der Thora erkennen. Zunächst einmal – und das darf man nie vergessen: Der erste Konvertit war ja kein Geringerer als Abraham selbst! Er war Sohn eines Götzenverkäufers, und erst als er die Stimme des Einen und Einzigen hörte und ihr folgte, wurde er zum »Juden«, zum Hebräer, indem er auf Geheiß Gottes sich und alle männlichen Begleiter als Zeichen des Bundes zwischen ihm und Gott beschnitt!

Ein Konvertit hat also einen sehr hohen Stellenwert im Judentum. Es heißt, dass man einen Konvertiten höher achten soll als einen Juden, der seit seiner frühesten Kindheit bis hin zu seinem Tod alle Mitzwot strengstens eingehalten und erfüllt hat. Warum? Er wurde als Jude geboren, hat einfach nur die Gesetze befolgt, ohne sich dieses »Befolgen« erarbeitet zu haben. Ein Konvertit hat sich aber vorher Gedanken gemacht und ist aus eigener geistiger und seelischer Kraft dazu gekommen, das Wort Gottes zu hören und somit das Joch der Mitzwot auf sich zu nehmen. Dieser Mensch hat eine größere geistige, seelische, religiöse und ethische Leistung vollbracht als der Fromme, der als Baby in eine chassidische Familie hineingeboren wurde!

Doch zurück zur Radikalisierung der Konversionsregelungen in Zeiten der Diaspora.

Lesen wir die Thora aufmerksam, so sehen wir, dass die meisten jüdischen Führer eine Frau aus einem anderen

Stamm zur Ehefrau nahmen. Das gilt sogar für Moses und König David. David selbst ist ein Nachkomme der Konvertitin Ruth, nicht zu vergessen. Und die Schrift sagt, dass der Messias ein Nachkomme aus dem Hause Davids und somit ein sehr weiter Nachkomme einer Konvertitin sein wird!

Dass die jüdischen Führer und Könige immer wieder Nichtjüdinnen zur Frau nahmen, hatte zunächst einmal ganz banal demographische Gründe. Zu Beginn der jüdischen Geschichte gab es ja noch nicht so viele Jüdinnen. Dann aber, und das ist in unserem Zusammenhang entscheidend, war es keine große Affäre, eine Nichtjüdin oder einen Nichtjuden zu heiraten. Diese oder dieser musste sich nur zu dem Einen und Einzigen bekennen und waren damit Teil des jüdischen Volkes geworden, oder, wie man bis heute über Konvertiten sagt: »Sie sind in das jüdische Volk eingetreten.«

Erst in Zeiten der Diaspora wurde man strenger, damit zu viele »Mischehen« nicht die jüdische Identität, um es modern auszudrücken, gefährdeten. Wir sehen in den Schriften Esras, dass die Rückkehrer aus der babylonischen Gefangenschaft nach Zion gezwungen werden sollten, sich von ihren nichtjüdischen Ehepartnern und sogar Kindern zu trennen. Das war die Forderung der religiösen Führer damals! Dass dies in der Praxis so nicht umzusetzen war, versteht sich, doch immerhin – es ist dies ein erstes Zeichen, dass in der Diaspora Mischehen sehr häufig waren und dass daraus die Angst resultierte, das Judentum könne in ein, zwei Generationen untergegangen sein.

Wer ist Jude? Sollte der Leser, der bis hierhin brav durchgehalten hat, diese Frage immer noch nicht – oder jetzt erst recht nicht mehr – so richtig beantworten können, so mag er sich trösten. Er befindet sich in bester Gesellschaft mit Millionen von säkularisierten Juden, die bis heute über dieses Thema erbittert streiten.

Und als ob es damit nicht genug wäre, gibt es eine weitere klitzekleine Verkomplizierung des Sachverhaltes. In dem Begriff »Eintritt zum jüdischen Volk« wird dies sprachlich bereits angedeutet. Wer Jude ist, der ist damit nicht nur Teil einer Glaubensgemeinschaft, sondern auch Teil eines Volkes. Diese nun wirklich in der Menschheitsgeschichte geradezu einzigartige Verquickung von Glaube und Volk hat den Juden jahrtausendelang zu schaffen gemacht.

Einerseits ist diese Verbindung uralt, sie stammt aus der Thora, und Gott sagt ja bereits zu Abraham, dass er seine Nachkommen zu einem großen Volk machen wird. Andererseits wurde dies den Juden im Laufe ihrer Geschichte auch immer wieder zum Verhängnis. Nicht nur die Tatsache, dass sie hartnäckig am Glauben ihrer Vorväter festhielten, hat sie zur Zielscheibe des Hasses gemacht. Die christliche Kirche ertrug diese Sturheit nicht, aber auch die Muslime waren nicht sonderlich begeistert darüber. Spätestens mit der Schaffung der Nationalstaaten und den sich daraus ergebenden krankhaften völkisch-nationalen Lehren eines H. S. Chamberlain und anderer netter Herrschaften, die in dem Österreicher Adolf Hitler einen gefügigen und wissbegierigen Schüler hatten, spätestens im 19. Jahrhundert entstand die Mär, ein Jude könne kein guter Deutscher oder Franzose oder sonst etwas sein, denn er gehöre zum einen schon rein rassisch nicht dazu, zum anderen aber auch völkisch nicht, da er ja einem anderen Volk zugehört. Und somit seien die Juden als eine »Fünfte Kolonne« im eigenen Land anzusehen. Je nach Weltanschauung waren sie dann auch als »Fünfte Kolonne« der Bolschewiken oder der Imperialisten geschmäht worden, Hauptsache, sie waren grundsätzlich an allem schuld und für alles Übel verantwortlich.

Erst heute, im Zeitalter der großen Migrationswellen und des Multikulturalismus, ist es kein »Privileg« der Juden mehr, zumindest zu zwei Kulturen zu gehören. Das gilt in

Deutschland ebenso für hier geborene Kinder, deren Eltern aus der Türkei stammen, gar nicht zu reden von dem wunderbaren Mischmasch, wie es ihn mittlerweile in den USA, in Großbritannien oder Frankreich gibt. Allmählich begreifen Menschen, dass man als Jude ein guter, loyaler Staatsbürger der Bundesrepublik Deutschland sein kann, während zugleich das Herz für Israel schlägt.

Und wer weiß, vielleicht wird es ja eines Tages so sein, dass für die Welt draußen es nicht mehr wichtig ist, ob man Jude ist. Dann, spätestens dann, werden nur noch die Juden unter sich darüber streiten, wer denn nun eigentlich ein Jude ist!

Warum sind Juden beschnitten?

Gebote und Verbote: die Mitzwot

Das Judentum kennt 613 Ge- und Verbote, die so genannten Mitzwot. Sie alle soll und muss ein gläubiger Jude bestrebt sein zu erfüllen, denn sie sind die Gebote Gottes, die der Eine und Einzige seinem Volk am Berg Sinai aufgetragen hat. Für orthodoxe Juden ist dieser Auftrag bindend, denn sie glauben fest daran, dass die Thora, so wie sie existiert, das Wort Gottes ist, dass kein Jota daran verändert werden darf. Sie ist die Offenbarung des Einen und Einzigen und somit heilig und bis in alle Ewigkeit gültig. Das liberale Judentum, das erst im 19. Jahrhundert entstand, hat mit diesem Glaubensaxiom gebrochen. Für liberale Juden ist die Thora ein Buch, das von Menschen geschrieben wurde. Menschen, denen sich Gott allerdings immer aufs Neue offenbart hat. Diese Menschen haben dann versucht, ihr Offenbarungserlebnis in Allegorien und Metaphern, in Symbolik und Parabeln festzuhalten und niederzuschreiben. Das Ergebnis ist, so das liberale Judentum, der Text, der sich uns als Thora, als die »Fünf Bücher Moses« bis auf den heutigen Tag erhalten hat. Die Liberalen glauben also nicht mehr daran, dass jedes einzelne Wort der Thora göttlich ist. Daher haben sie sich auch das Recht herausgenommen, zu entscheiden, welche der Mitzwot für sie noch bindend sind und welche nicht. Viele Mitzwot, die für sie »keinen Sinn« machen, wie etwa das Verbot, Kleider zu tragen, bei denen Wolle und Leinen gemischt sind, wurden über Bord geworfen, andere wurden beibehalten, aber wesentlich freier interpretiert als in der Orthodoxie.

Das Judentum ist eine Gesetzesreligion, und für viele Nichtjuden ist die Vorstellung, 613 Gebote einhalten zu müssen, ein Albtraum. Was für ein Leben ist das, das so reglementiert ist? So viele Restriktionen, die keinerlei Freiheit mehr zulassen? Macht so ein Leben überhaupt Spaß?

Seit Urzeiten haben sich Juden dieselben Fragen gestellt. Schon Moses, der große Führer der Nation, hat kurz vor seinem Tod diese Problematik aufgegriffen, als er folgende Worte zum Volk Israel sprach:

> »Denn dieses Gebot, das ich dir heute gebiete – nicht entrückt ist es dir und nicht fern ist es. Nicht im Himmel ist es, daß du sprechen müßtest: ›Wer stiege für uns in den Himmel hinauf und holte es für uns, um es uns zu verkünden, daß wir es tun?‹ Sondern sehr nah ist dir das Wort, in deinem Mund und in deinem Herzen, daß du es tust.« (Deut. 30, 11–14)

Das Joch der Mitzwot, das war dem jüdischen Volk von Anfang an bewusst, ist ein schwieriges. »Schwierige Freiheit« nennt der große jüdische Philosoph Emmanuel Levinas eine seiner Essaysammlungen zum Judentum und seinem Gesetz. Freiheit? Für Gläubige ist es zur Freiheit geworden, denn das Wissen um Gut und Böse, um Recht und Unrecht, das strikte Einhalten eines ordnenden Rahmens, diese Disziplin gibt dem Gläubigen große innere Freiheit, da er sich frei macht von sehr vielen weltlichen und materiellen Bindungen, denen wir nicht ganz so Gläubige in unserem täglichen Leben nachjagen. Diese Form der Freiheit ist in vielen Religionen wieder zu finden. Ein Blick nach Fernost in die buddhistischen Klöster oder auch nur in ein katholisches Kloster hier in unseren Breitengraden zeigt, dass auch dort auf anderen Wegen versucht wird, den Weg der inneren Freiheit zu gehen. Das Judentum allerdings sucht diesen Weg mitten im Leben, nicht außerhalb des Lebens, nicht abgeschottet von der Realität des irdischen Daseins. Ich muss zugeben, dass ich orthodoxe Juden bewundere und ein ganz klein wenig auch beneide um die Sicherheit ihres Glaubens und ihrer Lebensweise. Sie leben in einem Einklang mit Gott und der Welt, nach der wir »Schwachen«, die wir in dieser Konsequenz nicht leben wollen oder können, manchmal verzweifelt suchen.

Im Laufe der Jahrhunderte entwickelte sich eine ganze Philosophie um die Mitzwot, um ein Leben entsprechend der Halacha, des Religionsgesetzes. Der Begriff Halacha kommt vom hebräischen Wort für »Gehen« oder »Wandeln« und bedeutet wörtlich etwa: »Weg«. Es handelt sich also um einen spirituellen Weg, den der Jude gehen soll, denn ihm hat Gott einen besonderen Auftrag mitgegeben:

> »Und ihr sollt mir sein ein Reich von Priestern und ein heilig Volk.« (Ex. 19, 6)

Und an anderer Stelle heißt es:

> »Und der Ewige redete zu Mosche und sprach: ›Rede zu der ganzen Gemeinde der Kinder Jisrael und sprich zu ihnen: Heilig sollt ihr sein, denn heilig bin ich, der Ewige, euer Gott.‹« (Lev. 19, 2)

Heiligkeit ist in der jüdischen Tradition ein entscheidender Begriff, und es ist nötig, ihn hier wenigstens kurz zu erläutern, da das christliche, vor allem katholische Verständnis von Heiligkeit ein anderes ist. Für uns Juden ist die Heiligsprechung eines Menschen, wie der Papst sie vornehmen kann, völlig unverständlich. Ein Mensch kann nicht von einem anderen Menschen heilig gesprochen werden. Dazu sind wir weder befugt noch in der Lage. Wir sind allerdings alle in der Lage, Zaddikim, Gerechte, zu werden. Gerechtigkeit zu erreichen ist das eine, wesentliche Ziel des Judentums. Während, vereinfacht ausgedrückt, im Christentum die caritas, die Liebe, im Vordergrund steht, ist das im Judentum Zedek, die Gerechtigkeit.

Nach der jüdischen Weltanschauung ist es unmöglich, jeden Menschen gleich zu lieben. Man soll es versuchen, danach streben, schließlich stammt der dem Christentum zugeordnete Satz »Du sollst deinen Nächsten lieben wie dich selbst« aus der Thora, doch bis man psychisch an diesem Punkt angelangt ist, kann es dauern. Das Judentum ist in solchen Dingen sehr pragmatisch. Was jedoch von jedem zu verlangen ist, ist Gerechtigkeit. Denn dafür muss ich keine Emotionen entwickeln. Ich kann ja niemanden zwingen zu lieben, aber ich kann von jedem Gerechtigkeit verlangen. Im Idealfall ist also ein Jude ein Zaddik, ein Gerechter. Dazu muss er aber nicht nur ein Leben führen, das den Wertvorstellungen der jüdischen Ethik entspricht, sondern er muss dazu genauso die Mitzwot erfüllen, die ihm bei diesem Lebenswandel leiten und führen sollen. Zugleich sind die Mitzwot so angelegt, dass sie das Leben, das *ganze* Leben heiligen. Heiligkeit im Judentum ist also stets das Bemühen, sich aus dem Profanen emporzuheben. Heiligkeit muss »hergestellt« werden, es gilt immer wieder, das Profane vom Heiligen zu trennen, eine Unterscheidung zu machen. Das Zeremoniell am Ende des Schabbats heißt Hawdala, ein Begriff, dessen Ursprung in dem hebräischen Wort für »Unterscheidung«, »Trennung« liegt. Der Schabbat ist ein heiliger Tag, die anderen Tage sind einfache oder »All«-Tage. Am Ende des heiligen Tages wird eine Unterscheidungszeremonie vorgenommen, die das Heilige vom Profanen trennt, eine Unterscheidung trifft. Doch auch im profanen Alltag geht es darum, jeden Augenblick heilig werden zu lassen, ihn zu heiligen und damit das Leben.

In dieser Vorstellung wird jede Handlung bedeutungsvoll. Es gibt keine »unheilige« Handlung. Ob man morgens aufsteht und sich wäscht, ob man etwas isst, ob man Geschlechtsverkehr hat, ob man Geschäfte betreibt, mit Freunden zusammensitzt oder einkaufen geht – jeder Moment und jede Handlung des Alltags ist geeignet, das Leben zu heiligen und sich selbst aus den Niederungen des Profanen herauszukatapultieren und ein Leben mit Sinn, ein Leben auf dem Wege Gottes zu führen.

Wieder ein Blick hinüber nach Asien, und so manchem mag diese Vorstellung vertraut klingen. Wir kennen die Erzählungen, in denen ein junger, wissbegieriger Schüler in ein Zen-Kloster kommt, dort unbedingt Meister werden möchte und der Meister ihn erst einmal beauftragt, monatelang das Kloster zu putzen. Diese Aufgabe soll ihn lehren, demütig zu werden, aber auch, jede Handlung als entscheidend und wichtig zu begreifen. Ganz egal, was man tut, sie trägt zur Einheit der Welt bei.

Aus den oben genannten Gründen wird ersichtlich, warum das Judentum jeden Moment des Lebens genau festlegt. Es gibt Regeln, wie man den Morgen, gleich nach dem Aufwachen, beginnt, es gibt Regeln, wie man schlafen geht, und dazwischen ist viel, viel Platz für die insgesamt 613 Ge- und Verbote. Diese Zahl wird von den Rabbinen in zwei Teile zerlegt: Es gibt 365 *Verbote*, sie entsprechen den Tagen eines Sonnenjahres, und 248 *Gebote* entsprechend der Anzahl der Körperteile eines Menschen. Die Botschaft ist deutlich: Der Weg Gottes erfordert den Einsatz des ganzen Menschen immer und jederzeit! Daher ist nicht nur jede Einzelheit des Lebens festgelegt, sondern ebenso die wichtigen Stationen in der Entwicklung eines jüdischen Menschenlebens.

Beschneidung

Die erste große Station eines männlichen jüdischen Neugeborenen ist die Beschneidung. Dieses Zeremoniell ist von seinem Sinn her nicht etwa mit der christlichen Taufe zu vergleichen. Denn streng genommen ist ein Mensch ja erst dann »Christ«, wenn er getauft worden ist. Bei uns ist jedoch jedes Neugeborene sofort Jude. Da gibt's kein Entrinnen. Einmal Jude, immer Jude.

Die Beschneidung ist dagegen das sichtbare Zeichen des Bundes, den Abraham und Gott miteinander geschlossen haben und der auf ewig zwischen dem Volk Israel und dem Einen und Einzigen gilt:

> »Und das ist mein Bund, den ihr wahren sollt, zwischen mir und euch und deinem Samen nach dir: Beschneiden lasse sich euch alles Männliche. Und ihr sollt euch beschneiden lassen am Fleisch eurer Vorhaut, und dies sei das Zeichen des Bundes zwischen mir und euch … Ein unbeschnittener Mann aber, der am Fleisch seiner Vorhaut nicht beschnitten ist, ein solches Wesen soll aus seinen Sippen getilgt werden; meinen Bund hat er gebrochen.« (Gen. 17, 10–14)

Die Beschneidung heißt auf Hebräisch Brit Mila, wörtlich: »Der Bund der Beschneidung«. Sie ist im jüdischen Leben ein großes Ereignis und somit ein Freudenfest. Ein neues Leben ist geboren, und an diesem Tag wird sichergestellt, dass der Bund mit Gott in der neuen Generation fortgesetzt wird. Eine Brit findet am achten Tag nach der Geburt statt, selbst wenn dieser achte Tag ein Schabbat oder gar Jom Kippur ist. Eine Ausnahme wird nur gemacht, wenn das Neugeborene aus gesundheitlichen Gründen gefährdet ist. Dann verschiebt man die Beschneidung, bis es körperlich völlig wiederhergestellt ist.

Der Brit kann an jedem Ort durchgeführt werden, im Krankenhaus oder in der Synagoge oder sogar daheim. Man lädt Freunde und Verwandte ein, die das Baby hereintragen, bis es schließlich auf dem Schoß des Sandak landet. Als Sandak wird derjenige bezeichnet, der die Ehre hat, das Baby während der Beschneidung zu halten. Das ist nur selten der Vater, meist ein älteres Familienmitglied, der Großvater des Kindes etwa.

Während der Beschneidungszeremonie steht ein besonders schöner oder bequemer Stuhl im Raum, der leer bleibt. Er ist für den Propheten Elija reserviert, der den Messias ankündigt und den Bund mit Gott vertritt.

Die Beschneidung selbst wird von einem rituellen Beschneider, einem Mohel, vorgenommen. Dies ist ein sehr frommer Mann, der das Ritual der Beschneidung natürlich professionell gelernt hat. Man spricht Gebete und Segen und dann nimmt der Mohel die Beschneidung vor. Der Vater des Kindes ist natürlich anwesend. Das Baby wird nicht betäubt, es erhält nicht einmal eine örtliche Narkose, denn den Bund mit Gott muss man sozusagen bei vollem Bewusstsein vollziehen. Natürlich schreit das Baby, natürlich tut ihm der Eingriff weh. Viele Menschen finden diesen Vorgang barbarisch, doch ich kann versichern, man wird durch die Beschneidung weder traumatisiert, noch trägt man irgendwelche anderen Schäden gleich welcher Art davon.

Im Ernst, es ist üblich, während der Brit auch einen festlichen Segensspruch, einen Kiddusch, über einem Becher Wein zu machen und dann dem Baby unmittelbar nach dem Eingriff einen Tropfen auf seine Lippen zu geben. Das Baby ist in wenigen Sekunden »sternhagelvoll« und schläft sofort ein. Von dem Wein trinkt schließlich noch der Sandak, und dann wird er der Mutter des Kindes gebracht, die ebenfalls davon trinkt. In streng orthodoxen Kreisen sind die Frauen während der Beschneidung nicht im Raum, in Gemeinden, die nach dem orthodoxen Ritus leben, aber nicht ganz so strikt sind, werden Frauen zugelassen, sie stehen nur nicht unmittelbar neben den Männern, sie wahren ein wenig Abstand vom Ort des Geschehens. Wie es die Mütter halten, ist unterschiedlich. Es gibt Mütter, die sind ganz stolz und freudig und sind dabei, wenn ihr kleiner Sohn in den Bund aufgenommen wird. Und natürlich gibt es Mütter, denen der bloße Gedanke an die Beschneidung so arg ist, dass sie bleich und zitternd lieber draußen bleiben. Übrigens, auch so mancher männliche Anwesende ist bei einer Brit schon mal umgekippt … Man versorgt ihn natürlich sofort, aber ein wenig lustig macht man sich schon auch, so nach dem Motto: Als kleines Baby warst du tapferer!

Während der Brit verkündet der Vater den Namen des Kindes, danach gibt es natürlich ein großes Festessen, schließlich ist die Zukunft des jüdischen Volkes soeben neu gesichert worden.

Und was ist mit neugeborenen Mädchen? Was macht man mit ihnen? Nichts, zum Glück. Das Judentum beschneidet selbstverständlich keine weiblichen Genitalien. Es ist aber allgemein üblich, dass der Vater am ersten Schabbat nach der Geburt in der Synagoge einen Kiddusch mit einem kleinen Essen für alle Anwesenden gibt und dabei den Namen des Mädchens verkündet. Natürlich wird auch da groß gefeiert, man trinkt auf das Wohl von Tochter und Mutter und wünscht der Familie viel Glück.

Bar Mitzwah

Dreizehn Jahre nach der Brit Mila kommt der nächste ganz große Augenblick im Leben eines jüdischen Jungen: Er wird Bar Mitzwah, ein »Sohn des Gebots«, und damit im religiösen Sinne volljährig. Natürlich muss ein jüdisches Kind von klein an mit den Mitzwot aufwachsen und leben. Die Eltern sorgen dafür, dass es nur koschere Speisen isst, dass es lernt, die Gebete zu sprechen, dass es den Schabbat einhält und so weiter. Doch es gibt einige Gebote, die erst ein »Volljähriger« erfüllen darf oder muss. Das ist in erster Linie die Erlaubnis, in der Synagoge aus der Thora den jeweiligen Wochenabschnitt und den Abschnitt der Propheten zu lesen und die dazu jeweiligen Segenssprüche zu sprechen. Man nennt dies eine Alijat Thora, einen »Aufstieg zur Thora«, auch schlicht: »Aufruf« genannt. Montags, donnerstags und am Schabbat wird während des Morgengottesdienstes aus dem jeweiligen Wochenabschnitt vorgelesen, ebenso an Feiertagen. Zu diesem Zweck wird die Thora, eine Schriftrolle aus Pergament, auf die ein spezieller Schreiber, ein »Sofer«, mit der Hand und mit einer speziellen Tusche die gesamten »Fünf Bücher Moses« niedergeschrieben hat, aus dem Thoraschrank an der Ostwand der Synagoge geholt und in die Mitte des Gotteshauses, auf eine Empore mit einem Tisch, die Bima, gebracht. Die Schriftrolle ist meistens mit einem Samtumhang und mit Brokat, Silberkrönchen und sonstigem Schmuck verziert. All das wird abgenommen, die Rolle wird geöffnet, auf den Tisch gelegt und an die entsprechende Stelle gerollt. Dann beginnt die Lesung von Gottes Wort. Jede Woche ein Abschnitt, so dass im Laufe des Jahres die Gemeinschaft während des Gebetes einmal die gesamte Thora gehört und mitgelesen hat.

An seiner Bar Mitzwah tut dies zum ersten Mal im Gottesdienst der dreizehnjährige Junge. Er ist jetzt volljährig und damit voll und ganz für seine Taten vor Gott verantwortlich, auch für die Einhaltung der Mitzwot. Die Bar Mitzwah ist ein großes Fest, doch wie man nach dem Ritual feiert, ist individuell und von Gemeinde zu Gemeinde unterschiedlich. Man kann nach dem Schabbatgottesdienst ein großes Essen geben, man kann aber auch noch am Abend oder am nächsten Tag ein Fest an einem anderen Ort machen. Das ist auch eine Frage der Geldbörse. In religiösen Kreisen ist es üblich, dass der Bar Mitzwah während der Feier noch eine kleine Rede hält, in der er sich mit talmudischen Gedanken zu seinem Wochenabschnitt auseinander setzt. In manchen Gemeinden darf der Junge sogar den ganzen Schabbatgottesdienst als Vorbeter leiten, wie gesagt, das wird in jeder Gemeinschaft unterschiedlich gehandhabt und hängt auch ein bisschen von den allgemeinen Kenntnissen des Jungen ab.

Mit seiner Bar Mitzwah beginnt der Junge während des wochentäglichen Morgengottesdienstes auch Tefillin zu legen, die Gebetsriemen, die man nur an normalen Wochentagen trägt. Am Schabbat und an Feiertagen legt man die Tefillin nicht. Auch muss der Junge ab seinem dreizehnten Lebensjahr an Jom Kippur und auch an anderen Festtagen fasten. Das Leben wird härter, die Mitzwot verlangen nun auch von ihm seinen »vollen Einsatz«.

Bat Mitzwah

Und was ist mit den Mädchen? Haben sie auch eine Bar Mitzwah? Die eindeutige Antwort lautet klar: Jein!

Zunächst einmal nennt man die »Volljährigkeit« bei Mädchen Bat Mitzwah, Bat ist das hebräische Wort für Tochter. Sie wird also eine »Tochter des Gebots«, allerdings schon mit zwölf. Die Biologie, aber auch das Wissen um die schnellere Entwicklung eines Mädchens sind dafür verantwortlich. Wir Männer sind nun einmal Spätzünder, das Judentum macht da gar kein Hehl draus.

Auch in orthodoxen Kreisen ist ein Mädchen mit zwölf Bat Mitzwah und muss nun alle für eine Frau geltenden Gebote erfüllen. Auch sie wird ab jetzt an Jom Kippur und anderen entsprechenden Gedenktagen fasten, und sie wird sich mit Beginn ihrer Menstruation an die entsprechenden Gebote in diesem Zusammenhang halten. Doch eine besondere Zeremonie ist für sie nicht vorgesehen, da im orthodoxen Ritus die Männer den zeremoniellen Teil des Gottesdienstes bestreiten. Im konservativen und natürlich im progressiven, liberalen Judentum ist das ganz anders. Frauen haben hier denselben Status wie Männer, man sitzt auch zusammen in der Synagoge. Und da im liberalen Judentum Frauen sogar Rabbinerinnen sein können, versteht es sich von selbst, dass die Bat Mitzwah in diesen Gemeinden genauso zelebriert wird wie die Bar Mitzwah. In jüdischen Gemeinden wie bei uns in Deutschland, die überwiegend nach dem orthodoxen Ritus geführt werden, deren Mitglieder aber nicht unbedingt streng orthodox leben, hat es sich eingebürgert, für das Mädchen zumindest eine kleine Party zu machen, damit es auch etwas von dem besonderen Tag hat und sich ein wenig freuen kann und vielleicht ein paar Geschenke bekommt.

Hochzeit

Und wieder vergehen die Jahre, bis irgendwann, hoffentlich, die Hochzeit ansteht. Vielleicht ist das der wichtigste Augenblick in einem jüdischen Leben. Nichts ist bedeutender als die Gründung einer jüdischen Familie und eines jüdischen Heims. Beides garantiert die Zukunft, denn Kinder sind die Zukunft, aber mehr noch: An vielen Stellen erklären Thora und Talmud, dass ein Leben ohne Partner kein vollständiges Leben ist. Ein Mensch ohne Lebensgefährten kann kein erfülltes Leben führen. Insofern sieht die Thora erst mit der Eheschließung den Augenblick einer Reifung gekommen, die dem Menschen neue Perspektiven für das Leben eröffnet.

Das jüdische Heim spielt dabei eine wichtige Rolle. Alle großen Feiertage und Feste werden auch und besonders daheim gefeiert. Die Ehefrau ist verantwortlich dafür, dass das Heim eine jüdische Atmosphäre hat, in der Küche wird nach den koscheren Speisegesetzen gekocht, die Kinder jüdisch erzogen. Besonders wichtig ist der Familientisch, an dem auch gegessen wird. Denn hier finden am Schabbat und an allen Feiertagen die traditionellen Abend- und Mittagessen statt, vor denen der Familienvater den Kiddusch über den Wein und das Brechen des Brotes vollzieht. Auf dem Tisch stehen die Schabbat- oder Feiertagskerzen, die die Frau mit einem Segen entzündet und dabei für das Wohl ihrer Familie betet. Am Tisch werden gemeinsam liturgische Lieder gesungen und nach dem Essen das Dankgebet (Tischgebet) für die Nahrung gesprochen. Der Familientisch hat im Laufe der jüdischen Geschichte den Altar im Tempel von Jerusalem ersetzt, er ist zum Substitut geworden, genauso wie es die großen Rabbinen nach der Zerstörung des Tempels vorgesehen haben, als sie darangingen, ein »abstraktes« Judentum zu entwickeln, bei dem jede rituelle Handlung im Tempel durch eine Metapher, durch ein Abstraktum ersetzt wird. Weil der Tisch sozusagen der Altar in einem jüdischen Haus ist, setzen sich fromme Juden niemals lässig auf den Tisch. Das ist verpönt, man hockt nicht auf einem Altar herum.

Die Hochzeit ist eine freudige, aber auch sehr ernste Angelegenheit. Kein Wunder, dass das Talmudtraktat, das sich mit den Gesetzen für die Trauungszeremonie beschäftigt, »Kidduschin«, Heiligung heißt. Es gibt sehr, sehr viele Trauungsrituale, sie sind von Region zu Region verschieden. Ich möchte daher versuchen, hier die allgemein üblichen Abläufe vorzustellen.

Im aschkenasischen Judentum heißt der Schabbat vor der Hochzeit »Schabbat Chatan«, Schabbat des Bräutigams. Der Bräutigam wird zu Ehren seiner anstehenden Hochzeit zur Thora aufgerufen, und es gibt natürlich im Anschluss an den Gottesdienst ein Essen, das für die ganze Gemeinde ausgerichtet wird. Die sefardischen Juden vollziehen den Schabbat Chatan erst nach der Hochzeit. Irgendwie sind sie klüger: Da ist der Bräutigam bereits verheiratet, er kann also nicht mehr davonlaufen.

Vor dem Hochzeitstag sieht sich das Brautpaar nicht mehr. In manchen Gemeinden sind das vierundzwanzig Stunden, in manchen sogar eine ganze Woche. Mann und Frau sollen sich in aller Konzentration auf diesen wichtigen Tag vorbereiten, Abschied nehmen von ihrem »Single-Dasein«, sich bewusst werden, dass sie einen sehr wichtigen Schritt tun, dass zwei Seelen zu einer neuen Einheit verschmelzen werden. Am Tag vor der Hochzeit fasten sowohl Braut wie Bräutigam, um den Ernst der Stunde auch körperlich wahrzunehmen, beide gehen – natürlich nicht gemeinsam – in die Mikwe, um sich noch einmal rituell und spirituell zu reinigen.

Das Brautpaar sieht sich erst unmittelbar vor der Trauung wieder. Die Braut sitzt dabei auf einem besonderen Thron, ihr Gesicht ist noch nicht verschleiert. Die Hochzeitsgäste kommen zu ihr, bewundern ihr Kleid, ihre Schönheit und gratulieren ihr. Unterdessen ist der Bräutigam noch in einem anderen Raum, wo er zusammen mit den männlichen Gästen betet. Dann wird im Beisein von Zeugen, von dem Rabbiner, der die Trauungszeremonie vornimmt, und natürlich in Anwesenheit des Vaters des Bräutigams und des Vaters der Braut die »Ketuba«, der Ehevertrag, unterschrieben. Neben einem Gelöbnis des Bräutigams, seine Frau zu lieben und zu ehren, wird in der Ketuba, die in Aramäisch geschrieben ist, die Höhe der Mitgift und die finanzielle Regelung im Falle einer Scheidung festgehalten. Im progressiven Judentum wird die Ketuba auf Hebräisch geschrieben, und es geht darin weniger um finanzielle Aspekte als um Fragen der Liebe und gemeinsamen Verantwortung für das Gelingen der Ehe. Die Liberalen sind offenbar romantischer als die Orthodoxen.

Nach der Unterzeichnung der Ketuba wird der Bräutigam nun zu seiner Braut geführt, und zwar von zwei Männern, die ihn links und rechts an den Armen nehmen. Böse Zungen behaupten, dass dieser Brauch üblich geworden ist, damit der Mann nicht im letzten Moment abhaut, etwas weniger zynische Stimmen meinen, dies sei üblich, damit dem Mann, der natürlich aufgeregt und nervös ist, die beiden Begleiter »unter die Arme greifen« können, falls ihm die Knie weich werden. Jedenfalls müssen die beiden Männer verheiratete Männer sein, keine Singles, auch keine Witwer, beides würde als schlechtes Omen gelten.

Der Mann kommt zu dem »Thron« und sieht nun seine besonders schön geschmückte Braut zum ersten Mal seit ihrer bewussten Trennung wieder. Ein wirklich sehr bewegender, aufregender Moment. Er blickt ihr ins Gesicht und legt ihr dann den Schleier über. Dieser Brauch hat sich eingebürgert als Erinnerung an Labans Betrug an Jakob, der Rebekka heiraten wollte, aber zuerst ihre Schwester Leah »untergeschoben« bekam. Der Mann soll sich sicher sein, dass die Frau, die gleich neben ihm unter der Chuppa, dem Traubaldachin, stehen wird, tatsächlich die ist, die er will. Anschließend geht der Bräutigam in Begleitung der beiden Männer unter die Chuppa und wartet dort auf seine zukünftige Frau.

Die Chuppa ist aus einem schön verzierten, wertvollen Stoff, der meistens an seinen vier Enden mit Stäben versehen ist, die von Freunden und Bekannten gehalten werden. Sie symbolisiert das zukünftige Heim der Familie. Unter der Chuppa wird die eigentliche Trauung vollzogen. In ganz frommen Kreisen ist es nicht unüblich, dass ein Tallith, ein Gebetsumhang, die Chuppa bildet. Vier Männer halten die Ecken des Tallith während der gesamten Zeremonie hoch über das Brautpaar und den Rabbiner.

Wo wird eigentlich geheiratet? Seit Urzeiten war üblich, es unter freien Himmel zu tun. Es ist wirklich ein besonderes Gefühl, draußen zu heiraten, zwischen Himmel und sich selbst nur die Chuppa zu wissen. In Israel wird die Zeremonie längst wieder im Freien abgehalten, doch in der Diaspora war es viele Jahrhunderte nicht möglich. Es war zu gefährlich, weil man jederzeit den Überfall von Nichtjuden befürchten musste, oder es gab in den dicht gedrängten, engen Gettos schlicht keinen freien Platz. Stattdessen heiratete man in der Synagoge. Die Chuppa wird dabei auf die Empore gestellt, direkt vor dem Aron haKodesch, dem Schrein, in dem die Thorarollen aufbewahrt werden. Natürlich ist auch die Hochzeit in einer Synagoge sehr feierlich und bis heute ist es in manchen Diasporagemeinden üblich, im jüdischen Gotteshaus zu heiraten oder in einem Hotel zusammen in einer geschlossenen Gesellschaft, weil man sich da sicher sein kann, dass die Atmosphäre wirklich vollkommen jüdisch ist und von außen durch nichts gestört wird.

Der Bräutigam steht also unter der Chuppa. Und nun wird die Braut von ihrem Thron, begleitet von zwei Frauen, wenn möglich der eigenen Mutter und der Mutter des Bräutigams, zur Chuppa gebracht. In orthodoxen Kreisen wird die Frau unter der Chuppa siebenmal um den Mann herumgeführt. Dies ist eine kabbalistische Zeremonie – die Zahl 7 ist ja eine mystische Zahl –, der zufolge die Seele der Frau die Seele des Mannes »einwickelt«, sich mit der Seele des Mannes verbindet und sie mit weiblicher Fürsorglichkeit auch für alle Zeiten hegt und schützt. In moderneren Gemeinden wird dieser Brauch abgelehnt. Liberale Juden halten diesen Akt für nicht zeitgemäß, da er die Gleichberechtigung von Mann und Frau unterminiert.

Jetzt endlich beginnt die eigentliche Trauung. Es werden Segenssprüche gesagt, und schließlich streift der Bräutigam seiner Frau über ihren Zeigefinger einen goldenen Ring als

Geschenk mit den hebräischen Worten: »Mit diesem Ring bist du mir angetraut –« manchmal auch ›angeheiligt‹ – »nach dem Gesetz Moses und Israels.« Die Ketuba wird vorgelesen, nach dem Segen über einen Becher Wein trinken Ehemann und Ehefrau das erste Mal aus ein und demselben Glas. Es folgen, bereits unter der Chuppa, die Schewa Brachot, »die sieben Segenssprüche« für das Brautpaar, in frommen Kreisen finden diese auch an den darauf folgenden sieben Abenden jeweils im Haus von Freunden statt. Schließlich und endlich kommt ein besonderer Moment: Dem Mann wird ein leeres Glas auf den Boden gelegt, das er zertreten muss. Scherben bringen Glück, klar, aber diese Zeremonie will an die Zerstörung des Tempels erinnern. Auch im Moment der höchsten Freude und des schönsten Glücks, das jüdische Volk lebt noch nicht in der Erlösung, noch nicht in völliger Freiheit. Dem Zertreten des Glases folgt dann unisono der Ruf »Mazel Tov«, »Viel Glück«, »Alles Gute«, und los geht's mit einem Riesenfest, mit Gesang und Tanz, mit einem Festessen, mit Musikern und mit vielen Reden.

Was dem nichtjüdischen Leser vielleicht auffällt: Der Mann erhält keinen Ehering und streift seiner Frau den Ring über den Zeigefinger. Jüdische Ehepartner müssen nach dem Religionsgesetz keine Ringe tragen. Die Frau kann sich den Ring später auf den Ringfinger stecken oder auch nicht, das bleibt ihr überlassen. Es hat sich jedoch allgemein eingebürgert, dass das Ehepaar sich Trauringe kauft, die es in der Diaspora bereits bei der standesamtlichen Trauung tauscht.

Und noch etwas ist dem Leser vielleicht aufgefallen: Es gibt nach der Eheschließung keinen Kuss! Deswegen verschwindet das frisch gebackene Ehepaar unter dem Jubel, dem Gesang und dem Geklatsche der Gäste in einen separaten Raum, wo es allein gelassen wird, während die Gäste in den Festsaal ziehen, in dem die Hochzeitsfeier weitergeht. Was geschieht nun, wenn das Ehepaar allein ist? Was wir *wissen*, ist, dass sie jetzt das erste Mal als Ehepaar eine Mahlzeit gemeinsam einnehmen. Man darf ja nicht vergessen, beide haben bis jetzt gefastet! Sie haben also gehörig Hunger und dürfen das Fasten jetzt gemeinsam brechen. Und was geschieht sonst noch hinter verschlossenen Türen? In ultraorthodoxen Kreisen war es üblich, dass die Ehe vollzogen wurde. Was bei anderen, nicht ganz so frommen Paaren geschieht ist sicher sehr unterschiedlich. Irgendwann taucht das Paar jedenfalls wieder auf und nimmt natürlich an der Feier teil.

Am Rande sei noch bemerkt, dass es Regeln gibt, nach denen bestimmte Verbindungen nicht möglich sind. Ein jüdischer Mann, der ein Kohen ist, also ein Nachkomme der Priesterschaft, darf beispielsweise keine geschiedene oder konvertierte Frau heiraten. Doch all diese Ausnahmen möchte ich hier außen vor lassen, es würde zu weit führen. Erwähnen möchte ich nur noch, dass das Judentum eine sehr realistische Glaubensgemeinschaft ist und deswegen, anders als die katholische Kirche, die Scheidung kennt. Auch das steht in der Thora. Ein Scheidungsgrund übrigens für die Frau: wenn ihr Mann sie nicht ausreichend befriedigt!

Tod und Beerdigung

Der nächste »große« Moment in einem jüdischen Leben ist leider schon der eigene Tod. Davor kamen hoffentlich noch Geburt, Brit, Bar/Bat Mitzwah und Chuppa der Kinder, doch im eigenen Leben kommt nur noch der Tod.

Selbstverständlich ist der eine sehr ernste Angelegenheit, und die Vorbereitungen beginnen bereits, wenn der Mensch noch lebt. Wenn es irgendwie einzurichten ist, dann soll der Sterbende im Kreis seiner versammelten Familien zum Einen und Einzigen gehen, er soll, wenn möglich, das Viddui, das Sündenbekenntnis, sprechen und mit dem »Schema Jisrael«, dem jüdischen Glaubensbekenntnis, auf den Lippen diese Welt verlassen. Das gelingt heute nur den wenigsten. Doch dieser »Idealfall« zeigt, dass sich der jüdische Sterbende auf den Moment des Todes in aller Bewusstheit vorbereiten soll.

Auch über diesen tragischen Moment haben sich Juden schon häufig lustig gemacht:

> Moische, der Familienvater, liegt daheim in seinem Bett im Sterben. Er hat die Augen halb geschlossen, man hört ihn nur noch leise stöhnen. Seine Frau weint still vor sich hin und hält ihm die Hand. Da fragt Moische mit schwacher Stimme:
> »Sarale, wo ist mein Sohn Berl?«
> »Er steht direkt neben dir, Moische«, schluchzt Sara.
> »Und wo ist meine Tochter Rivka?«
> »Hier bin ich Papa.«
> »Und wo ist meine zweite Tochter Esther?«, fragt Moische mit letzter Kraft weiter.
> »Ich bin hier«, weint die junge Esther und küsst ihrem Vater die Stirn.
> »Und wo ist mein Sohn Benjamin?«
> »Ich bin auch da, Papa«, sagt Benjamin leise und sanft.
> Da richtet sich Moische mit letzter Kraft auf, öffnet die Augen und fragt entsetzt:
> »Und wer steht im Geschäft??«

Nach dem Ableben eines Menschen kümmert sich die »Chevra Kadischa«, die Heilige Gemeinschaft, um ihn, eine Gruppe von Männern beziehungsweise Frauen, die Mitglieder der Gemeinde sind und dieses Ehrenamt ausüben.

Die Chevra Kadischa muss den Leichnam nun rituell waschen und ihm ein weißes Totenhemd anziehen, bei den Männern ist das der Kittl, den sie jährlich zu Rosch ha-Schana und Jom Kippur getragen haben und den sie einst von ihrer Braut als Hochzeitsgeschenk bekamen. Zusätzlich wird den Männern ihr Tallith, der Gebetsumhang, angelegt, den sie vom Schwiegervater zur Hochzeit erhalten und danach täglich zum Gebet getragen haben. Die Zizit an den vier Enden des Tallith, die so genannten Schaufäden, werden dabei symbolisch abgeschnitten, denn sie dienen dazu, den Lebenden an Gott und seine Gebote zu erinnern. Das aber braucht der Tote nicht mehr.

Der so vorbereitete Leichnam wird in eine ganz einfache, ungehobelte Holzkiste gelegt. Anders als im Christentum gibt es im Judentum keinerlei Auswahl bei den Särgen. Vor Gott sind alle gleich, jeder Mensch ist aus Staub und wird wieder zu Staub, ein schlichter Holzsarg genügt, mehr braucht er auf seinem allerletzten Weg nicht. In Israel gibt es meistens nicht einmal das. Der Leichnam wird lediglich in ein großes Tuch gehüllt und so in das Grab herabgelassen. Für diejenigen, die ein solches Begräbnis das erste Mal mitmachen, ist das schockierend und schwer auszuhalten. Doch das Land Israel ist heilig, die Erde ist heilig. Darum wird der jüdische Tote so begraben, sein Körper soll sogleich in heiliger Erde liegen.

Eine Aufbahrung gibt es bei uns nicht. Die Rabbinen haben entschieden, dass dies der Würde des Toten schadet, dessen Seele sich auf den Weg in eine andere Welt macht und deswegen in Ruhe gelassen werden muss. Eine Feuerbestattung ist ebenfalls verboten. Schließlich, wenn der Messias kommt, werden ja alle wieder auferstehen, da müssen sie dann auch die Möglichkeit haben, wieder in ihre Körper auf der Erde zurückzukehren.

Es heißt, dass unmittelbar nach dem Tod die Seele des Verstorbenen vor ein himmlisches Gericht kommt. Aus diesem Grund muss im Judentum auch so schnell wie möglich beerdigt werden. Normalerweise gleich am Tag nach Eintreten des Todes, wenn ein Schabbat oder ein Feiertag folgt, dann nach zwei Tagen. Natürlich gibt es dafür auch hygienische Gründe.

In einem so heißen Land wie Israel musste man eine Leiche sofort bestatten. Doch es geht auch darum, die Seele in Ruhe zu lassen. Das Körperliche darf die Seele, die jetzt ein Jahr vor Gericht steht, nicht mehr stören und belästigen.

Die unmittelbaren Angehörigen des Toten zerreißen sich als Zeichen der Trauer ein Kleidungsstück, das sie dann mindestens dreißig Tage tragen. Männer scheren sich Haupt- und Barthaar mindestens dreißig Tage nicht. Der nächste männliche Angehörige, vorzugsweise ein Sohn, spricht am Grab zum ersten Mal das Kaddisch. Er wird dies dann während des Trauerjahres bei jedem Morgen-, Nachmittags- und Abendgebet tun. Das Kaddischgebet ist ursprünglich *kein* Totengebet. Es ist eine auf Aramäisch gesprochene Verherrlichung Gottes und seiner Herrschaft über die Welt. Der Tote wird mit keinem Wort erwähnt.

Was bedeutet dann aber dieses Kaddischgebet, das der Sohn für seine Eltern sprechen soll, wenn sie gestorben sind?

Das himmlische Gericht dauert ein Jahr, das Gerichtsurteil wird bei der ersten Jährung des Todestages »verkündet«. Kein Mensch ist vollkommen, und daher wird der himmlische Ankläger stets genug Argumente finden, warum diese Seele bestraft werden soll. Die Liste ist bei jedem Menschen lang, sehr lang. Doch wenn dieser Mann, diese Frau einen Sohn hinterlassen hat, der während der Gerichtsverhandlung auf Erden das Kaddisch sagt, also mehrmals am Tag den Namen Gottes verherrlicht, dann kann der himmlische Verteidiger zu Gott sagen: Schau her, dieser Mensch hat gesündigt, keine Frage. Aber er hat einen Sohn hinterlassen, der dich verherrlicht, der deine Herrschaft, dich als den Einen und Einzigen anerkennt und dir folgt. Welch größere Leistung kann ein Mensch in seinem Leben vollbringen, als ein Kind in Deinem Sinne zu erziehen? Und Gott wird sofort sehr, sehr milde und sehr, sehr nachsichtig und wird die Seele freisprechen, und ihr Schicksal wird ein positives sein.

Und nun will ich an einem kleinen Beispiel jüdisches Denken erklären, das, was man im Jiddischen auch »Chutzpe« nennt, ein Wort, das sich auch im Deutschen eingebürgert hat und wohl nicht übersetzt werden muss. Die Frage, die sich zu diesem Ritual stellt, ist: Sagt der Sohn ein ganzes Jahr Kaddisch, also bis zum Tag des Gerichtsurteils, dem ersten wiederkehrenden Todestag? Die Antwort, die sehr jüdische Antwort, ist: nein, natürlich nicht. Der Sohn sagt nur elf Monate Kaddisch. Denn welcher Sohn glaubt von seinem Vater oder seiner Mutter schon, dass er oder sie so sündig waren, dass er sie ein ganzes Jahr lang »verteidigen« muss? Daher hört er bereits nach elf Monaten mit der Verteidigung auf. Mehr ist nicht nötig. Gott hat längst verstanden! Na, ist das Chutzpe?

Doch der Sohn wird zum Segen und Wohle der verstorbenen Seele jedes Jahr am Todestag, der so genannten Jahrzeit, das Kaddisch erneut sprechen, damit die Seele immer weiter aufsteigen kann in jener Welt, die wir nicht kennen.

Kehren wir zurück auf den Friedhof, denn wir sind ja erst am Ende des unmittelbaren Begräbnisses angelangt. Die Trauer geht jetzt erst richtig los. Die Angehörigen fahren nach Hause, wo sie nun eine Woche »Schiwa« (wörtlich: sieben – für die Woche) sitzen. Man hockt auf kleinen Schemeln oder am Boden, trägt keine Schuhe und verlässt eine Woche lang nicht das Haus. Freunde und Bekannte aus der Gemeinde kümmern sich um die Trauernden. Sie bringen ihnen Essen und lassen sie keine Minute allein. Die Männer kommen zum gemeinschaftlichen Gebet dreimal täglich im Haus der Trauernden zusammen, anstatt in die Synagoge zu gehen. Der Sohn oder der nächste männliche Angehörige kann so während der Schiwa das Kaddisch sagen.

Nach sieben Tagen steht man von der Schiwa auf. Es folgen die Schloschim (wörtlich: dreißig), der erste Trauermonat. Man geht allmählich wieder seiner geregelten Arbeit nach, als Sohn sagt man ab jetzt das Kaddisch in der Synagoge, man trägt wieder Schuhe und muss auch nicht mehr am Boden hocken. Man trägt allerdings immer noch das zerrissene Trauergewand, eine Jacke oder Weste, über der natürlich täglich frischen Kleidung.

Und dann sind die Schloschim vorbei. Die Männer dürfen sich wieder rasieren und die Haare schneiden, auch die Frauen dürfen wieder zum Friseur gehen, das Trauergewand wird ausgezogen, und in manchen Gemeinden wird nach dem ersten Trauermonat der Grabstein aufgestellt, zu dem man sich erneut auf dem Friedhof versammelt. Meistens geschieht dies jedoch erst nach einem Jahr. Man soll doch die Seele während des Gerichtsjahres nicht stören, darum soll man mit der Aufstellung der Mazewah, des Grabsteins, warten, bis Gott sein Urteil gesprochen hat.

In den elf Monaten nach den Schloschim ist das Leben der Angehörigen zumindest vom religiösen Standpunkt her wieder »normal« bis auf wenige Ausnahmen. Man vermeidet in diesem Jahr jegliche Festivität oder Freudenfeier. Ist man beispielsweise zu einer Bar Mitzwah von Freunden eingeladen, dann nimmt man zwar am Gottesdienst teil, aber nicht an dem anschließenden Freudenfest. Ein Angehöriger, der die Absicht hatte, in diesem Jahr zu heiraten, muss seine Hochzeit verschieben, bis er kein Owel, kein Trauernder, mehr ist. Der zurückgebliebene Ehepartner ist übrigens nach den Schloschim kein Trauernder mehr, das sind dann nur noch die Kinder und andere nahe Verwandte. Die Thora will, dass der Mensch nicht allein bleibe. Und so soll der Witwer oder die Witwe so schnell wie möglich wieder heiraten können.

Und damit ist ein jüdisches Leben an sein Ende gelangt. War es ein erfülltes Leben? Wenn dieser Mensch nach der Thora gelebt hat, die Mitzwot erfüllt, die allgemeinen Werte der jüdischen Ethik, wie Gerechtigkeit, Mitgefühl, soziales Engagement und Liebe zu Gott und seinen Geschöpfen, in Ehren gehalten hat, wenn dieser Mensch auch noch jüdische Kinder hinterlassen hat, die nach dem Willen Gottes den jüdischen Glauben weiterleben, dann, so sagen die Weisen, dann war es ein erfülltes, ein sinnvolles, ein glückliches Leben.

Ist die Synagoge die jüdische Kirche?

Wenn wir über das Christentum sprechen, verwenden wir häufig als Synonym dafür den Begriff »Kirche«. »Die Kirche« – das ist die gesamte Hierarchie der jeweiligen Gemeinschaft. Das gilt besonders für die katholische Kirche, die mit dem Papst und dem Vatikan ein religiöses Zentrum hat, das mit den Insignien einer weltlichen Macht ausgestattet ist, die sie einst auch ausgeübt hat. Selbst wenn die protestantische Kirche etwas anders strukturiert ist, aus jüdischer Sicht ist sie ebenso hierarchisch aufgebaut wie die katholische. Das Judentum kennt eine solche Hierarchie nicht. Wir haben keinen Oberrabbiner, der wie der Papst Glaubensentscheidungen für alle Juden treffen kann, an die sich auch alle anderen Rabbiner zu halten haben. Das wäre bei uns kaum denkbar. Wie heißt es so schön in einem uralten Witz: zwei Juden, drei Meinungen!

Thora, Talmud, Halacha

In biblischen Zeiten sprach Gott direkt zu seinem Volk, durch den Mund Mose. Die Autorität im Judentum ist Gott selbst. Später, als ein jüdischer Staat etabliert war, gab es den so genannten Sanhedrin, die Versammlung der Weisen, die religiöse Entscheidungen traf, und noch später, nach der Zerstörung des Tempels, waren es die Weisen um Jochanan ben Sakkai, die das Judentum auf eine Post-Tempel-Existenz einrichteten. Sie alle trafen ihre Entscheidungen und ihre Anordnungen aufgrund der Thora, des Wortes Gottes.

Mit dem Babylonische Exil und der Rückkehr nur eines Teils der jüdischen Bevölkerung nach Zion gab es mindestens zwei religiöse Zentren: Babylon und Israel. In Babylon entstanden große Talmudschulen, an denen die besten Gelehrten dieser ersten Diaspora der nachbiblischen Geschichte lehrten, und auch in Jerusalem entstanden große Jeschiwot, Religionsschulen, die sich die Interpretation der religiösen Gesetze zur Aufgabe machten. So entstanden neben der Thora, der zentralen Botschaft des Judentums, zwei Talmud-Ausgaben: der größere, wichtigere Babylonische Talmud und der kleinere Jerusalemer Talmud.

Als Thora, was soviel wie »Lehre« bedeutet, werden die so genannten Fünf Bücher Moses bezeichnet, hinzu kommen die Werke der Propheten, aber auch die anderen Schriften wie die Bücher Josua, die Bücher der Richter, die Bücher der Könige, schließlich die Psalmen, die Sprüche Salomos, das Buch Hiob, das Hohelied Salomos, das Buch Ruth, die Klagelieder des Jeremias, der Prediger Salomo, das Buch Esther, das Buch Esra, das Buch Nehemia und die Bücher der Chronik.

Der Talmud (das Wort kommt vom Hebräischen »Lilmod«, »Lernen«) besteht aus zwei Teilen: Der Mischnah, die die ältere, mündlich überlieferte Lehre beinhaltet, und der Gemara, die die monumentale Aufzeichnung der Fallbeispiele, Diskussionen und Gesetzesdebatten der großen Weisen über mehrere Jahrhunderte festhält. Die Niederschrift des Talmud wurde im fünften Jahrhundert d.Z. vollendet.

Doch es kommen weitere Texte im Laufe der Jahrhunderte hinzu: Es sind dies Thora- und Talmudkommentare großer Gelehrter, die inzwischen ebenfalls zum Kanon der religiösen Literatur gehören, wie etwa die Schriften des »Rambam«, des Maimonides, der im Mittelalter in Spanien und später in Ägypten lebte, oder die herausragenden Thorakommentare des berühmten Rabbi Raschi, der im Mittelalter im französischen Troyes und im rheinischen Worms lehrte. Immer weitere rabbinische Responsa sind im Laufe der Jahrhunderte hinzugekommen. Religiöse Juden studieren sie natürlich auch, denn jeder große Rabbiner hat für seine jeweilige Ära neue Interpretationen der uralten Gesetze auf der Basis des Talmud gefällt, die für die Gemeinden dann wiederum in ihrer Zeit zum Leitfaden richtigen Verhaltens wurden. Das bedeutete natürlich aber auch, dass neben den von allen anerkannten überragenden Gelehrten, wie den beiden oben genannten, häufig lokale Gelehrte zum Teil unterschiedliche Entscheidungen über ein und denselben Sachverhalt fällten, weil vielleicht die Lebensbedingungen der Juden im Jemen andere Lösungen für bestimmte Probleme erforderten als die der Juden in Polen. Doch immer versuchten die Rabbinen ihre Entscheidungen im Rahmen der Halacha, des Religionsgesetzes, zu fällen.

Daraus ergibt sich bereits: Die eine und einzige autoritative menschliche Stimme im Judentum gibt es nicht. Ein Rabbiner, der früher einfach nur ein Gelehrter war und erst in den letzten Jahrhunderten auch zu einer Art Seelsorger und religiösem Vertreter einer Gemeinde wurde, hat also nur bedingte autoritative Kraft. Und selbst als einfacher Jude habe ich immer die Möglichkeit, mir denjenigen Rabbiner als spirituelles und religiöses Vorbild auszusuchen, der meinen Bedürfnissen entspricht.

Warum das so ist? Weil es im Judentum keinen »autorisierten« Vermittler zwischen mir und Gott gibt. Ich bin nicht mehr oder weniger wert als der größte Rabbiner aller Zeiten. Ich bin allein für all meine Taten vor Gott verantwortlich, und ich kann zwar einen Rabbiner bitten, für mich zu beten – doch wenn ich das nicht selber tue, wenn ich nicht selber mit Gott ins Reine komme, nutzt mir das wenig. Das Gespräch mit Gott ist also ein direktes und unmittelbares. Und wer das Musical »Anatevka« schon mal gesehen hat, der weiß, wie Tewje, der Milchmann, ständig mit Gott über sein Schicksal hadert, mit ihm Diskussionen führt über Dinge des täglichen Lebens. Hier wird ein sehr jüdisches Lebensgefühl vermittelt.

Wir Juden sind die Kinder des Einen und Einzigen und haben daher zu ihm ein Verhältnis wie ein Kind zu seinem Vater: ehrfurchtsvoll, mit viel Respekt, manchmal sogar mit ein wenig Angst, doch sehr familiär, auf »du und du«, und damit auch oft im Streit mit ihm.

Elie Wiesel hat einmal gesagt: »Ein Jude kann für oder gegen Gott sein. Aber niemals ohne ihn.« Und weil wir Juden so ein familiäres Verhältnis zu Gott haben, ist auch ein antisemitisches Klischee entstanden: das von der »Judenschule«. »Hier geht es zu wie in einer Judenschule« ist vor allem noch bei älteren Menschen ein sehr bekannter Ausspruch. Das bedeutete: hier herrscht Chaos, Lärm, Durcheinander.

Woher kommt diese dumme Verunglimpfung? Aus einer Beobachtung der Nichtjuden, die zwar das Richtige sahen, aber die falschen Schlüsse zogen. Mit »Judenschule« ist eine Synagoge gemeint. Denn in einer Synagoge, vor allem von osteuropäischen, chassidischen Juden geht es auf den ersten Blick laut und chaotisch zu. Da laufen Kinder herum, einige Männer unterhalten sich, einige beten und schaukeln heftig hin und her, wieder andere sitzen gemeinsam über einem Talmudfolianten, und ganz vorne steht ein Vorbeter, der immer wieder etwas singt, einige fallen in den Gesang mit ein, dann scheint sich alles wieder völlig aufzulösen. Erst wenn man versteht, womit das alles zusammenhängt, weiß man, dass man hier auf alle Fälle zweierlei sieht: Dass sich Juden in einem »Gotteshaus« so selbstverständlich bewegen, als ob sie daheim wären, bei sich zu Hause. Und genauso ist es ja. Das Gotteshaus ist das Haus des Vaters, des himmlischen Vaters zwar, aber doch des Vaters. Und daher habe ich auch keine Scheu, bewege mich da, wie ich es im Hause meines leiblichen Vaters täte. Und dass eine Synagoge mehr ist als nur ein Ort des geheiligten, ehrfurchtsvollen Gottesdienstes.

Schon zu den Zeiten des Salomonischen, vor allem dann später zur Zeit des Zweiten Tempels gab es Versammlungsräume, in denen sich Juden zum Gebet und zum Studium einfanden. Nach der Zerstörung des Zweiten Tempels durch die Römer, 70 d.Z., erhielten diese Versammlungsräume überlebenswichtige Bedeutung für das Judentum. Der zentrale Gottes- und Opferdienst fand stets im Heiligtum von Jerusalem statt. Dort fungierten die Priester zusammen mit dem Hohepriester und verrichteten ihr Amt. Dorthin wallfahrte das Volk Israel an den Hohen Feiertagen, denn im so genannten Allerheiligsten, einem zentralen Raum im Tempel, befand sich die Schechinah, die göttliche Präsenz auf Erden. Von Jerusalem aus gingen alle Gebete des Volkes gen Himmel.

Das Heiligtum wurde durch den Feldherrn und späteren Kaiser Titus endgültig zerstört, wie die Reliefs des Titusbogens am Forum Romanum in Rom dies bis heute bekunden. Es mussten neue Wege des Gottesdienstes gefunden werden.

Die Versammlungsräume, in denen sich Juden zum Gebet einfanden, mussten plötzlich den Tempel ersetzen. Ein Haus der Versammlung, auf Hebräisch: Beit haKnesset, war aber auch ein Haus des Lernens und des Lehrens, ein Beit haMidrasch. Zu bestimmten Zeiten wurde gebetet, ansonsten traf man sich dort, um die heiligen Bücher zu studieren und die Kinder zu unterweisen. Deshalb nannten die Römer die Synagoge »schola judaeorum« Auf Jiddisch, diesem deutschen Dialekt, den die Juden aus dem mittelalterlichen Deutschland nach Osteuropa mitgenommen haben, heißt so ein Haus der Versammlung »Schul«, also: Schule. Mit »Schul« ist eine Synagoge gemeint, wobei Synagoge nichts anderes ist als die nahezu wörtliche Übersetzung des hebräischen

»Beit haKnesset«. »Synagogein« heißt auf Altgriechisch: zusammenkommen.

Die Synagoge war also zunächst ein Zentrum für die Zusammenkunft einer Gemeinschaft. In der Diaspora erhielt sie dadurch zentrale Bedeutung für eine Gemeinde. Hier traf man sich zum Gebet, zum Lernen, aber auch zum gemeinschaftlichen Feiern. So wuchs die Synagoge als Gebäude und hatte irgendwann bald Räume, die sich an den Gebetsraum anschlossen: Dahin konnten sich Studiengruppen in aller Ruhe zurückziehen, oder man ging nach dem Gebet in einen der größeren Nebenräume, wo ein Kiddusch, ein feierliches Essen für die Gemeinschaft aus besonderen Anlässen, vorbereitet war.

Bis heute sind alle diese Funktionen einer Synagoge gültig geblieben, und jeder noch so neue Bau berücksichtigt diese Bedürfnisse. In der Synagoge befindet sich auch eine große Bibliothek mit religiösen Schriften: die Thora in Buchform zum Studium, der gesamte Babylonische und Jerusalemer Talmud mit seinen vielen Folianten, der Raschi-Kommentar, die Texte des Maimonides, die Mischnaiot, der Schulchan Aruch und andere wichtigen Bücher großer Gelehrter, Rabbiner und Weisen, all das gehört neben Gebetsbüchern zur Standardausrüstung.

In der jüdischen Tradition wird dreimal am Tag gebetet. Es gibt das Morgengebet, Schacharith genannt, das Nachmittagsgebet, Mincha, und das Abendgebet, Maariw. Es ist üblich, Nachmittags- und Abendgebet zusammenzulegen, so dass ein arbeitender Mann nicht dreimal, sondern nur zweimal in die Synagoge gehen muss.

Der Abend beginnt, sobald die drei ersten Sterne am Himmel zu sehen sind. Bis dahin ist Nachmittag. Inzwischen kann man diese Zeit für jeden Ort genau berechnen. Also trifft man sich einige Zeit vor diesem »Sman«, diesem

Zeitpunkt, betet sozusagen zur zeitlich letzten Gelegenheit Mincha, wartet eine Weile, während der man entweder einen kleinen Talmudtext studiert oder sich mit Freunden unterhält, und setzt dann mit dem Maariw wieder ein. Doch zum Lernen steht die Synagoge natürlich jederzeit offen. Auch die gesamte Nacht. Leider ist das an vielen Orten nicht mehr möglich. Die Sicherheitsbestimmungen lassen dies nicht mehr zu. In Gegenden, wo man keine Anschläge befürchten muss, sind die Synagogen aber weiterhin rund um die Uhr geöffnet.

Muss ein Jude zum Gebet in die Synagoge oder kann er auch allein beten? Natürlich ist das Einzelgebet möglich, und oft haben Juden gar keine andere Wahl. Weil sie zum Beispiel auf Reisen sind oder weil sie vor der Zeit des gemeinschaftlichen Gebets zu einem Termin müssen.

Generell gilt aber, dass man sich bemühen soll, am Gemeinschaftsgebet teilzunehmen. Als »Gemeinschaft« wird in orthodoxen Gemeinden eine Gruppe von mindestens zehn Männern, ein so genannter Minjan, bezeichnet. Sind zehn Männer anwesend, dann kann das Gebet beginnen. In liberalen Gemeinden werden auch Frauen zum Minjan gezählt. Als Mann oder Frau gilt jeder, der über dreizehn beziehungsweise zwölf Jahre alt ist, also jeder, der bereits ein Bar- oder eine Bat-Mitzwah ist.

Das Gemeinschaftsgebet ermöglicht bestimmte Gebete, die man als Einzelner nicht sagen kann, weil sie die »Antwort« der Gemeinschaft auf den Vorbeter brauchen. Das sind Gebete, die aus zwei Teilen bestehen, den Texten, die der Vorbeter spricht, und den Texten, mit denen die Gemeinde »antwortet«. Zu solch einem Gebet zählt zum Beispiel das Kaddisch, das man nach dem Tod eines Elternteils oder anderer Verwandten täglich spricht. Die Gemeinde muss bei dieser Lobpreisung Gottes antworten. Darum wird ein Trauernder immer eine Synagoge aufsuchen, was sich zugleich positiv auf seine Psyche auswirkt, er ist nicht allein in seiner Trauer.

Die großen Weisen um Jochanan ben Sakkai, die in Javneh nach der Zerstörung des Tempels dem Judentum ein neues Gesicht gaben, indem sie es für die Diaspora und eine Zeit ohne Tempel gestalteten, entwickelten eine Philosophie der göttlichen Präsenz auf Erden. Wie schon beschrieben, war der »Ort«, an dem sich die Schechinah sozusagen ständig »aufhielt«, das Allerheiligste im Tempel. Mit der Diaspora des jüdischen Volkes ging auch die Schechinah mit ihrem Volk ins Exil. So interpretierten ben Sakkai und seine Kollegen die neue Situation. Jedesmal wenn ein Minjan, also eine Zehnerschaft an betenden Juden, zusammenkomme, senke sich die Schechinah über sie herab und sei damit sozusagen auf Erden erneut anwesend. Das Gebet, die Versammlung erhalte dadurch eine weitere Dimension, die das Einzelgebet niemals haben könne.

Diese Idee hatte natürlich auch eine soziale Funktion. Man wollte vermeiden, dass das Volk sich im Exil völlig zerstreut. Durch diese Neuinterpretation der göttlichen Präsenz auf Erden waren die jüdischen Flüchtlinge gezwungen, zusammenzubleiben. Sie mussten also in der Fremde stets Gemeinden bilden, um Gott nicht zu verlieren. Eine sehr weise Entscheidung der Gelehrten, die wesentlich zum Überleben des Judentums bis in die heutige Zeit beigetragen hat.

Die Gebete sind im Siddur, im Gebetbuch für jeden Tag, oder in einem Machsor, einem speziellen Gebetbuch für einen bestimmten Feiertag, festgehalten. Siddur bedeutet »Ordnung«, denn die Gottesdienste sind nach einer genauen Ordnung, die die Rabbinen vor mehr als 2000 Jahren festlegten, abzuhalten. Dabei bemühten sie sich, den Tempel- und Opferdienst in eine abstrakte Form, in die des reinen Gebets, zu transformieren. Doch der Siddur ist nicht starr. Im Laufe der

Jahrhunderte wurden immer wieder neue Gebete aufgenommen, die nicht nur große Rabbiner ihrer jeweiligen Zeit geschrieben haben und die in den gültigen Kanon Einlass fanden.

Im Wesentlichen ist die Gebetsordnung jedoch seit ewigen Zeiten fast unverändert. Im liberalen Judentum wurden in den vergangenen Jahren einige einschneidende Veränderungen vorgenommen, die Gebetbücher haben vieles weggelassen, was im orthodoxen Gebet weiterhin vorhanden ist, neue Gebete wurden entwickelt. Die vielleicht einschneidendste Entscheidung des liberalen Judentums ist jedoch, den Gottesdienst teilweise, oder mancherorts sogar ganz, in der jeweiligen Landessprache abzuhalten und nicht mehr ausschließlich auf Hebräisch. Der Vorteil: Viele Juden in der Diaspora, die kaum noch Hebräisch können, sind froh, in ihrer Muttersprache zu beten und somit zu wissen, was sie überhaupt sagen. Der Nachteil: Es war stets ein Vorteil für die Juden, dass ein Jude aus Moskau ohne weiteres in eine Synagoge in Kapstadt gehen und mit der Gemeinschaft beten konnte. Wenn Juden also nicht mehr auf Hebräisch beten, einer Sprache, der Heiligkeit zugesprochen wird, weil sie die Sprache der Thora ist und weil sie natürlich zahlreiche Worte und Wendungen hat, die in keine andere Sprache zu transportieren sind, dann verlieren sie nicht nur wesentliche spirituelle Aspekte des Gebets, sondern sie verlieren auch das einigende Band, das Juden bis heute immer zusammengehalten hat, die gemeinsame Sprache.

Zurück zum Gebetbuch. Nach dem orthodoxen Ritus dauert das Morgengebet etwa eine Stunde, Nachmittags- und Abendgebet insgesamt etwa eine Dreiviertelstunde. An den hohen Feiertagen und am Schabbat wird nach dem Morgengebet noch eine zusätzliche Gebetsanordnung, das Mussafgebet, angeschlossen. Das hängt mit dem zusätzlichen Opferdienst im Tempel an diesen Tagen zusammen. Die Gebetsdauer an den Feiertagen ist unterschiedlich. Jom Kippur dauert einen ganzen Tag, an Pessach dauert ein Schacharith- und Mussafgebet etwa vier Stunden.

Dreimal in der Woche, montags, donnerstags und am Schabbat, wird während des Morgengottesdienstes der jeweilige Wochenabschnitt aus der Thora vorgelesen. Auch an allen Feiertagen werden spezielle Abschnitte aus der Thora vorgetragen. Während eines Jahres wird somit die gesamte Thora, das heißt es werden alle »Fünf Bücher Moses« in der Gemeinschaft gelesen.

Im Laufe der Jahrhunderte haben sich in den unterschiedlichen Regionen unterschiedliche Gebetsfolgen entwickelt. Der Kern eines jeden Siddurs ist jedoch identisch. Manchmal aber ist die Reihenfolge ein wenig anders, in manchen Gemeinden hat man zusätzliche Texte aus der Thora oder Psalmen eingefügt, die in anderen Gemeinden fehlen.

Man unterscheidet zwei wesentliche Gebetsordnungen: Den aschkenasischen Ritus der deutschen und europäischen Juden, der beeinflusst wurde von den Lehren der großen Weisen in Israel, und den sefardischen Ritus der spanischen und orientalischen Juden, der sich an die Anweisungen der Gelehrten aus Babylonien hält. Daneben gibt es ein paar Varianten. Die osteuropäische chassidische Bewegung, die im 18. Jahrhundert entstand, hat Teile der sefardischen Liturgie übernommen, obwohl die Chassidim eigentlich aschkenasische Juden sind. Ihre Liturgie, ihr Nussach, heißt daher »Nussach Sefard«.

Im 18. Jahrhundert lebte in Wilna (heute Vilnius) einer der größten Gelehrten des aschkenasischen Judentums, der Gaon (hebr.: erhabener Gelehrter) Reb Elija. Seine Entscheidungen zur Gebetsabfolge waren für viele Juden bindend. Seine Liturgie wird »Nussach Hagra« genannt. Da viele seiner

Schüler bereits im frühen 19. Jahrhundert nach Palästina ausgewandert sind, hat seine Liturgie ganz wesentlich die aschkenasischen Synagogen Israels bestimmt.

Wie sieht eine Synagoge aus? Für die äußere Architektur gibt es keine Regelungen. Durch das Bilderverbot (»Du sollst dir kein Bildnis machen«) hat das Judentum erst sehr spät, erst nach der Aufklärung, begonnen, sich auch in den bildenden Künsten zu entwickeln. Insofern werden wir auf der ganzen Welt Synagogenbauten finden, die sich den Stilrichtungen ihrer Zeit und ihrer Umgebung angepasst haben. Es gab in China eine Synagoge mit Pagodendächern, es gab im »Wilden Westen« der USA Synagogen, die wie Holzfällerhütten gebaut waren. In den orientalischen Ländern erinnert der Baustil der Synagogen an muslimische Moscheen, in Europa an romanische oder gotische Kirchenbauten.

Entscheidend war und ist der innere Aufbau einer Synagoge. Die Ausrichtung ist in Richtung Osten, nach »Misrach«, wo Jerusalem und der Tempelberg liegen. In diese Richtung wird auch gebetet. So steht an der Ostwand der Aron haKodesch, der Heilige Schrank, in dem die Thorarollen einer Synagoge aufbewahrt und zum Gottesdienst nach Bedarf herausgenommen werden. In der Mitte der Synagoge befindet sich die Bima, die Empore mit dem Tisch, auf dem die Thorarollen zum Vortrag gelegt werden. In sefardischen Synagogen steht der Vorbeter während des gesamten Gebetes auf der Bima. In den aschkenasischen Synagogen dagegen gibt es zusätzlich vor der Empore, die zum Aron haKodesch führt, ein Stehpult mit Blickrichtung zur Ostwand. Dort ist der Platz des Vorbeters, die Bima dient den aschkenaischen Juden nur zum Vorlesen der Thora.

Die Sitzreihen in aschkenasischen Synagogen sind nach Osten ausgerichtet, in sefardischen Gotteshäusern sind sie hufeisenförmig um die Bima herum aufgestellt. Zu bestimmten Gebeten, die im Stehen gesprochen werden müssen, drehen sich dann die Betenden zur Ostwand, in Richtung Jerusalem, um, der Vorbeter schaut stets nach Jerusalem.

In orthodoxen Synagogen sitzen Männer und Frauen streng getrennt. Die Damenwelt ist meist einen Stock höher, über den Köpfen der Männer untergebracht. So können die Frauen auf uns Männer und unser Treiben buchstäblich herabschauen. In liberalen Synagogen gibt es diese Trennung nicht mehr. Männer und Frauen sitzen im eigentlichen Synagogenraum unten zusammen.

Das Innere einer Synagoge ist natürlich schön geschmückt, doch im Wesentlichen schlicht, denn auch hier ist das Bilderverbot wirksam. Es gibt keinerlei bildliche Darstellung Gottes oder wichtiger Figuren aus der Thora. In erster Linie bedient man sich nur schöner Ornamente zur Verzierung ähnlich wie in Moscheen.

Kippa, Tallith, Zizit, Tefillin

Für das Gebetsritual braucht der Mann einige Utensilien. Da ist zunächst die Kippa, die Kopfbedeckung. Sie stammt aus nachbiblischen Zeiten, ist also in der jüdischen Geschichte eine relativ »junge« Erfindung, lediglich anderthalb Jahrtausende alt! Die Kopfbedeckung ist ein Zeichen der Ehrerbietung gegenüber Gott. Zwischen dem menschlichen und dem himmlischen Teil der Welt wird ein Unterschied gemacht, das Haupt ist »verhüllt«, man steht nicht nackt vor seinem Schöpfer.

Der Tallith, der Gebetsumhang, ist sehr viel älter. Bereits die Thora spricht indirekt von dem Gebrauch dieses Kleidungsstückes:

»Und der Ewige sprach zu Mosche: ›Rede zu den Kindern Jisrael und sprich zu ihnen, sie sollen sich Quasten machen an die Ecken ihrer Kleider, für ihre künftigen Geschlechter, und sollen an die Quasten der Ecke einen pupurblauen Faden anbringen. Und es soll euch zu Merkquasten sein, dass ihr es anseht und aller Gebote des Ewigen gedenkt und sie ausübt und nicht nachgeht eurem Herzen und euren Augen, denen ihr nachbuhlt. Damit ihr gedenkt aller meiner Gebote und sie ausübt und heilig seid eurem Gott.‹« (Num. 15, 37–40)

Die Schaufäden, die so genannten Zizit, befinden sich an den vier Enden des Tallith. Er ist aus Wolle oder Seide, weiß mit zumeist schwarzen Streifen. In den meisten Gemeinden trägt man den Tallith ab dem dreizehnten Lebensjahr, in manchen Gegenden ist es bis heute üblich, dass ihn nur verheiratete Männer zum Gebet anlegen. Da religiöse Männer immer einen so genannten Tallith-Katan, einen kleinen Umhang, unter ihrer normalen Kleidung tragen und somit das Gebot der Schaufäden erfüllen, tragen sie den großen Tallith erst als Zeichen ihres neuen sozialen Status.

Man legt den Tallith um die Schultern, man kann ihn sich aber auch über den Kopf ziehen, wenn man sich während des Gebets besonders konzentrieren will. In modernen jüdischen Gemeinden hat sich der Tallith oft zu einem kleinen Seidenschal reduziert. Auch an ihm sind die Zizit an allen vier Enden befestigt, aber er hängt um den Hals wie jeder andere Schal auch.

Und schließlich gibt es die Tefillin, die Gebetsriemen, für viele Nichtjuden das geheimnisvollste und exotischste Gebetsutensil im Judentum. Sie werden nur von Männern zum Morgengebet getragen, denn Tefillin sind eines der Mitzwot, die mit Zeit zu tun haben, das heißt nur zu einem bestimmten Zeitpunkt einzuhalten sind.

Von all dem sind Frauen in der Orthodoxie völlig befreit. Einer der Gründe dafür: Männer brauchen eine Zeitstruktur, um ein diszipliniertes Leben führen zu können, Frauen nicht. Ihr Leben hat eine innere Zeituhr – den weiblichen Zyklus. Und: Frauen sind nicht immer in der Lage, sich an bestimmte Zeiten zu halten, ganz besonders nicht, wenn sie Babys zu versorgen haben.

Das liberale Judentum lehnt diese »Zeit«-Bestimmung aus Gleichberechtigungsgründen ab. Daher sieht man in manchen ihrer Gemeinden auch Frauen Tefillin legen. Ich muss zugeben, ohne dies bewerten zu wollen, dass ich als traditioneller Jude Mühe habe, mich an das Bild von Frauen zu gewöhnen, die Tefillin tragen. Manchmal denke ich, dass das liberale Judentum hier einen ähnlichen Fehler macht wie ein Teil der Frauenbewegung: Gleichberechtigung ja, keine Frage, aber bitte dabei nicht vergessen, dass der Unterschied zwischen Mann und Frau doch hoffentlich erhalten bleibt. Aber zurück zur Mitzwah des Tefillinlegens. Sie ist bereits in der Thora verankert und festgelegt:

> »Höre, Jisrael! Der Ewige ist unser Gott; der Ewige ist Einer. Und du sollst den Ewigen, deinen Gott, lieben mit ganzem Herzen, mit ganzer Seele und mit deiner ganzen Kraft. Und es sollen diese Worte, die ich dir heute gebiete, an deinem Herzen sein … Und knüpfe sie zu Bundeszeichen an deine Hand und sie seien zum Wahrzeichen zwischen deinen Augen; …« (Deut. 6, 4–9)

Dieser Abschnitt in der Thora ist die Basis für die Mitzwah des Tefillinlegens. Tefillin, im Deutschen als Gebetsriemen oder auch Phylakterien bezeichnet, bestehen aus zwei kleinen schwarzen Kästchen, die kleine Pergamentrollen mit vier Passagen aus der Thora beinhalten (Es sind dies die Abschnitte Exodus 13, 1–10, Exodus 13, 11–16, Deut. 6, 4–9 und

Deut. 11, 13–21). In diesen vier Abschnitten geht es stets um das Gebot, Tefillin als Zeichen und Symbol des jüdischen Glaubens und der Gottergebenheit zu legen.

Die beiden Kästchen sind jeweils an langen schwarzen Lederriemen befestigt, so dass man das eine Kästchen um den Arm binden kann, das andere auf die Stirn beim Haaransatz.

Die Lederriemen, die Kästchen und die Pergamentrollen sind natürlich aus der Haut koscherer Tiere gemacht. Die Textpassagen sind genauso wie die gesamte Thora von einem speziell geschulten Sofer, einem Schreiber, per Hand auf das Pergament geschrieben worden.

Das Wort Tefillin kommt ebenso wie das hebräische Wort für Gebet, Tefila, von der Wurzel »Palel«, was soviel wie Beurteilung bedeutet. Gebet und Ritualgegenstände, die wir zum Gebet verwenden, sind also dazu gedacht, unseren Glauben vor Gott zu bezeugen, während er uns beurteilt und wir uns einer Selbstprüfung, einer »Selbstbeurteilung« unterziehen.

Tefillin trägt man nur an Wochentagen. Sie sollen uns helfen, im Alltag, der uns mit seinen profanen Sorgen mit Beschlag belegt, der Gebote Gottes zu gedenken und sie nicht zu vernachlässigen oder gar zu vergessen. Darum ist es nicht üblich, an Schabbat oder an Feiertagen Tefillin zu legen, denn dann sind wir aus dem Alltag sowieso herauskatapultiert.

Wie legt man nun Tefillin? Man legt die Box, die für den Arm vorgesehen ist, auf den »schwächeren« Arm, das ist für die meisten Menschen der linke. Linkshänder legen die Armtefillin auf den rechten Arm. Das Kästchen wird auf den Bizeps gelegt, dann bindet man den Riemen siebenmal um den Unterarm. Anschließend legt man die Kopftefillin. Der Lederriemen ist so gebunden, dass man die Box auflegen kann und der Riemen um den ganzen Kopf liegt, die Enden hängen dann links und rechts vom Hals lose nach unten. Das

Kästchen wird oberhalb der Stirn auf den Vorderkopf gelegt, nicht zwischen die Augen.

Dann widmet man sich wieder dem Arm. Der Riemen wird jetzt um die Gelenke des dritten und vierten Fingers gewickelt und schließlich um die ganze Hand, so dass die Riemen drei hebräische Buchstaben bilden, die »Schaddai« bedeuten: der »Allmächtige«.

Auffällig ist, dass das Kästchen am Kopf vier Einkerbungen hat, während das Kästchen für den Arm ganz glatt ist. Die Weisen erklären, dass man in den Gedanken vielfältig sein soll, doch in der Tat dann entschieden. Und diese Tat soll von Herzen kommen, darum bindet man auch das Kästchen an den linken Arm, der am Herzen liegt. Linkshänder haben da ein Problem, doch sie müssen die Regel befolgen, dass die Tefillin grundsätzlich auf dem schwächeren Arm zu binden sind.

Natürlich ist das Anlegen der Tefillin verbunden mit entsprechenden Segenssprüchen. Danach kann das Morgengebet beginnen.

Tefillin sind eines der ältesten Zeichen des Judentums. Man hat bei Ausgrabungen in Israel Tefillin gefunden, die mehr als dreitausend Jahre alt sind. Es ist schon etwas Besonderes, als Jude heute Tefillin anzulegen und zu wissen, dass nicht nur der eigene Vater, der Großvater und die Ahnen bereits mit Tefillin beteten, sondern Juden vor tausend, zweitausend und dreitausend Jahren. Es ist ein sehr starkes Gefühl, das vorläufig letzte Glied einer uralten Kette zu sein, einer Tradition, die sich niemals hat zerstören lassen, die alle Angriffe, alle Veränderungen, alle Einflüsse bis auf den heutigen Tag überlebt oder so integriert hat, dass der Kern des Glaubens nicht berührt wurde.

In unserer immer schneller werdenden Welt, in der politische und kulturelle Gewissheiten von heute morgen schon wieder obsolet sind, hat diese Kette der jüdischen Tradition etwas Tröstliches. Selbst wer kein gläubiger Mensch ist, ist von der Kraft des uralten Rituals berührt. Tefillin, Tallith, Zizit, Gebet – sie haben allein durch ihre lange Tradition eine Art Ewigkeitswert erhalten. Die Transzendenz eines Rituals entwickelt sich auch durch die immer währende Wiederholung desselben über alle Generationen hinweg.

Warum ist Juden Israel so wichtig?

Die Stammväter

Um zu verstehen, warum Israel uns Juden so wichtig ist, muss man weit in unsere Geschichte zurückgehen. Alles begann mit Abraham, den wir als unseren Stammvater ansehen. Wir glauben, dass wir Abkömmlinge jenes Abraham sind, der ungefähr in der Zeit von 1900–1700 v. d. Z. gelebt hat. Er stammte aus Stadt Ur. Ur liegt im heutigen Irak. Abraham wuchs in einer Welt auf, die verschiedene Götter kannte. Sein eigener Vater hatte einen Laden, in dem er kleine Götzen verkaufte, die Menschen in der Hoffnung anbeteten, dass ihr Leben dadurch besser würde.

Es muss ein einträgliches Geschäft gewesen sein, denn als Abraham zum ersten Mal von Gott, dem Einen und Einzigen, angesprochen wurde, erhielt er eine interessante Alternative: Gott sprach zu ihm, dass er ihn zum Stammvater einer großen Nation machen würde, wenn er sein komfortables, sicheres Leben aufgäbe. Abraham akzeptierte diesen Vorschlag, wenngleich er allen Grund zum Zweifeln gehabt hätte: Er und seine Frau waren nicht mehr ganz jung und hatten keine Kinder. Wie also sollte er jemals der Ursprung einer großen Nation werden? Doch diese Frage stellte er hintan. Denn er war von seiner Begegnung mit Gott, dem Einen und Einzigen, so durchdrungen, dass er unbedingt glaubte und vertraute.

So hörte er auf Gott und zog mit seiner Frau und einer Gruppe Gleichgesinnter los. Sie wurden Nomaden und Schäfer und wanderten in Richtung Kanaan, dem Land, das Gott ihm verheißen hatte. Kanaan – das war der Name des Landes, das später Israel werden sollte.

Abraham zog also los, vergaß aber nicht, vorher noch im Laden seines Vaters vorbeizuschauen und all die netten Götter aus Tonerde in einem riesigen Wutanfall zu zertrümmern. Sein Vater war darüber sicher nicht sonderlich erfreut, konnte er doch den Entschluss seines Sohnes ganz gewiss nicht billigen, geschweige denn verstehen. Warum musste sein Sprössling plötzlich ins Ungewisse ziehen? Und ihm auch noch zum Abschied seine wunderbare Einkommensquelle kaputt schlagen?

Egal, Abraham war nun unterwegs. Doch von einem Kind war nach wie vor keine Rede. Er und seine offenbar unfruchtbare Frau Sarah bekamen keinen Nachwuchs. Doch Sarah wusste, was es für einen Mann bedeutet, kinderlos zu sein – eine Schande, eine Schmach. Also war sie großzügig und gestattete ihm, mit ihrer Sklavin Haggai zu schlafen, die jung und hübsch war. Es sollte wohl endlich Kindergeschrei durch die Zelte der frisch gebackenen Nomaden tönen.

Abrahams genehmigter Seitensprung war von Erfolg gekrönt. Er bekam mit der Sklavin einen Sohn: Ismael, der um 1850 v.d.Z. geboren wurde. Ismael sollte der Stammvater der Araber werden. Insofern hatte sich Gottes Prophezeiung schon mal erfüllt. Doch Gott meinte eigentlich nicht dieses Volk, sondern ein anderes, insofern musste noch ein zweites Kind her, mit Sarah. Gott versprach, dass es noch klappen würde. Doch Abraham, dem die weibliche Biologie nicht ganz unbekannt war, begann zu lachen angesichts seiner greisen Frau und dachte, dass Gott merkwürdige Versprechungen machte. Doch siehe da, entgegen Naturgesetz und Biologie: Sarah wurde schwanger, und so bekamen die beiden einen Sohn, Isaak, der kurz nach Ismael geboren wurde. Spätestens jetzt begriff Abraham, dass Gott auch der Herr über die Naturgesetze war – Er konnte alles, wenn Er sich dazu nur entschied!

Isaak ist also in der Genealogie des jüdischen Volkes der zweite Stammvater. Auch er musste also wieder einen Sohn bekommen. Doch so weit sind wir noch nicht.

Zuvor gab es noch ein anderes Ereignis. Gott und Abraham schlossen miteinander einen Bund, auf Hebräisch: Brit. Gott versprach, dass er für immer und alle Zeiten Abrahams Familie und deren Nachkommen beschützen wolle und dass sie so zahlreich wie die Sterne am Himmel und sein »Auserwähltes Volk« sein würden. Im Gegenzug aber müssten Abrahams Nachkommen die Ge- und Verbote Gottes befolgen.

Um diesen Bund in irgendeiner Form auch zu besiegeln, wurde entschieden, dass alle Männer sich beschneiden lassen. Abraham und alle Männer, die mit ihm waren, unterzogen sich dieser Prozedur. Eine ziemliche Selbstüberwindung muss das gewesen sein, aber der Glaube an Gott versetzt ja bekanntlich Berge. Gott aber war gnädig, er verlangte, dass in Zukunft die männlichen Babys am achten Tag nach der Geburt beschnitten werden sollten, als »Zeichen des Bundes« für immer und alle Zeiten.

Wer einer jüdischen Beschneidung schon mal beigewohnt hat, der weiß, dass sie professionell durchgeführt wird und für den »Betroffenen« ziemlich glimpflich abläuft. Ich habe die ganze Prozedur in dem Kapitel »Warum sind Juden beschnitten?« ausführlich beschrieben.

Bei den Nachkommen des Ismael gibt es ebenfalls die Beschneidung. In manchen Gegenden werden deren Söhne allerdings erst kurz vor der Pubertät dieser Prozedur unterzogen. Ziemlich bleich und zittrig kommen die Jungs zum Beschneider, denn auch sie dürfen vorher nicht betäubt werden. Irgendwie ist mir da die Wahl des Termins, die zwischen Gott und Abraham getroffen wurde, lieber.

Die Tatsache, dass Gott mit dem jüdischen Volk einen Bund geschlossen hat, ist heute ein sehr heikles Thema. Vielleicht noch mehr als früher. Gott hatte immer genügend Anlass, sich über sein Volk zu ärgern, denn es hielt sich nur selten an seine Gebote, und wenn, dann galt das immer nur für einen Teil des Volkes. Er hätte also allen Grund gehabt, sauer zu sein – war er auch ziemlich oft in der jüdischen Geschichte – und den Bund von seiner Seite aus aufzukündigen. Das hat er allerdings nie gemacht. Es gibt uns Juden ja immer noch.

Nach 1945 aber hat es zahlreiche Juden gegeben, die ihre Zweifel an dem Bund nicht mehr überwinden konnten. Sie konnten und können nicht begreifen, wieso Gott den Holocaust zuließ, wieso er zulassen konnte, dass sechs Millionen Juden einfach ermordet werden, davon über eine Million jüdische Kinder.

Diese Frage hat das Judentum in eine große Krise gestürzt. Tatsächlich gibt es bis heute nicht nur Rabbiner, die behaupten, das sei alles nur geschehen, weil die meisten Juden nicht mehr den Gesetzen Gottes gehorcht hätten. Doch diese Rabbis können zwei Fragen, die sich dann sofort aufdrängen, auch nicht beantworten: Wieso wurden so viele Fromme in den Gaskammern von Auschwitz und Majdanek und Treblinka und Sobibor ermordet? Und wieso waren es mehrheitlich die säkularen Juden, denen es gelang, einen jüdischen Staat unmittelbar nach der Katastrophe zu errichten, der als sicherer Hafen für das jüdische Volk dient?

Manche Religionsphilosophen sehen in der Entstehung des Staates Israel sogar eine Art Bestätigung des Bundes. Das jüdische Volk wurde zwar von den Menschen beinahe ausgerottet, aber Gott vollbrachte das Wunder, dass nach 2000 Jahren in der Diaspora Juden wieder einen eigenen Staat haben. Mit dieser Problematik werde ich mich im Kapitel »Warum glauben die Juden, dass sie das auserwählte Volk sind?« ausführlich beschäftigen.

Zurück also ins Jahr 1850 v.d.Z. Da ist der Holocaust noch weit weg, und erst mal geht alles seinen geregelten Gang. Isaak bekommt ca. 1750 v.d.Z. einen Sohn, den er Jakob nennt. Er wird der dritte Stammvater des jüdischen Volkes. In der Amidah, einem zentralen Gebet jedes Gottesdienstes, erinnern wir uns stets daran. Das Gebet beginnt mit dem Satz:

> »Gelobt seist du, Ewiger, unser Gott und Gott unserer Väter, Gott Abrahams, Gott Isaaks und Gott Jakobs ...«

Jakob wird eine besonders wichtige Figur in der jüdischen Geschichte, und er wird bald seinen Namen ändern.

Wir befinden uns nun schon seit einiger Zeit in Kanaan, Abraham ist ja an dem Ort der Verheißung nach einer langen Wanderschaft angekommen.

Jakob, der später zwei Frauen haben sollte, ringt eines Nachts mit einem Engel. Sie kämpfen die ganze Nacht miteinander bis zum Morgengrauen. Dem Engel gelingt es nicht, Jakob zu besiegen, allerdings verletzt er ihn an der Hüfte, so dass Jakob in Zukunft ein bisschen hinkt. Aber das ist egal, denn es stellt sich heraus, dass der Engel eigentlich Gott war oder zumindest in seinem Auftrag gehandelt hat. Von dieser Nacht an soll Jakob seinen Namen in Israel ändern. Israel heißt aber auf Hebräisch nichts anderes als: »Einer, der mit Gott gerungen hat«. Das war eine Ehrenbezeichnung, die bis heute für das jüdische Volk gilt.

Jakob heißt also jetzt Israel und wird mit seinen beiden Frauen Rachel und Rebekka zwölf Söhne und eine Tochter haben. Diese Söhne wiederum werden die Stammväter der Zwölf Stämme des jüdischen Volkes. Bevor sie das aber werden, machen zehn von ihnen etwas ziemlich Übles: Sie können Josef, den Zweitjüngsten, nicht ausstehen. Erstens ist er sehr klug, zweitens sehr schön und drittens Papas Liebling. Und da verkaufen sie ihn an irgendeine Karawane, reißen ihm aber vorher noch seine Kleidung vom Leib und tauchen sie in das Blut einer geschlachteten Ziege. Sie kehren dann in das Zeltlager des Vaters zurück und erzählen, Josef sei getötet worden. Israel ist verzweifelt und unglücklich und Benjamin, der jüngste, der völlig gegen diesen Plan war, traut sich nicht, gegen die Übermacht seiner älteren Brüder aufzubegehren. Er hält also den Mund.

Für Josef aber und für seine Brüder sollte sich dieser Frevel langfristig als Glück erweisen.

Josef gelangt nach Ägypten und wird, nachdem er zunächst eine Weile im Gefängnis gesessen hat, dank seiner Fähigkeit, die Träume des Pharao richtig zu deuten, zu einer Art Großwesir. Er erkennt nämlich, dass Mizraim, Ägypten, eine siebenjährige Hungersnot bevorsteht, und organisiert in den »sieben fetten Jahren« die Nahrungsvorsorge. Die Hungersnot kommt und überfällt die gesamte Region. Nur Ägypten ist dank der weisen Voraussicht Josefs davor gefeit.

Auch Kanaan ist von Missernten betroffen, und so hungern Jakob und seine Söhne und der Rest der Familie sehr. Die Brüder machen sich auf nach Ägypten, denn sie haben gehört, dass dort alles zum Besten steht. Sie kommen also zu Josef, den sie zunächst nicht erkennen. Doch er erkennt sie.

Schließlich kommt es zur großen Versöhnung der Brüder. Jakob, das heißt, Israel, wird nachgeholt, und so überleben sie alle. Und mehr noch: Der Pharao ist Josef so dankbar, dass er ihm und seiner Familie erlaubt, sich in einem der besten und schönsten Gebiete Ägyptens anzusiedeln. Die Vorfahren des jüdischen Volkes leben also über fast 400 Jahre in Ägypten. Zunächst ist das auch völlig in Ordnung, doch irgendwann kommt ein neuer Pharao an die Macht, der keine Ahnung mehr hat, wer Josef war und was er für sein Land getan hat.

Fremdenfeindlichkeit ist ja keine Erfindung der Neuzeit, die gab es schon immer. Und so kommt, was kommen musste: Die Ägypter bekommen Angst vor diesen Israeliten.

Aus Angst wird Hass, aus Hass Unterdrückung. Die Nachkommen von Josef und seinen Brüdern werden Sklaven in Mizraim und müssen schwerste Arbeit verrichten: Sie bauen die Städte Pitom und Ramses. Es heißt, dass sie auch die Pyramiden und andere bedeutende Denkmäler errichten mussten.

Auszug aus Ägypten

Eine große Ungerechtigkeit war das. Und es dauerte einige Zeit, bis damit Schluss war. Im Falle der Israeliten wird der Retter in der Not ein junger Mann namens Moses, den seine jüdische Mutter in einem kleinen Schilfbettchen auf dem Nil ausgesetzt hat. Der Pharao hatte nämlich angeordnet, die männlichen Erstgeborenen der Israeliten zu töten, und Moses' Mama wollte ihr Kind unbedingt retten. Das Baby wurde dann ausgerechnet von der Tochter des Pharao aus dem Fluss gefischt.

Moses wächst also am Hof des Pharao auf, und eigentlich könnte er das unbeschwerte Leben der ägyptischen Jeunesse dorée leben, wenn er sich nicht so sehr über die Ungerechtigkeit aufregen würde, die die Israeliten ertragen müssen. Als er einmal sieht, wie ein ägyptischer Aufseher einen Juden auspeitscht, erschlägt er den Mann. Moses muss daraufhin aus Ägypten fliehen. Er gelangt in die Wüste und wird dort, wie einst Abraham, von Gott direkt angesprochen. Der Eine und Einzige beauftragt ihn, zurückzukehren nach Mizraim und sein Volk herauszuführen aus der Sklaverei. Moses will nicht so recht. Er hat kein allzu großes Selbstvertrauen, weil er von klein auf stottert und fürchtet, er könnte sich vor dem Pharao lächerlich machen, wenn er stotternd seine Forderungen formuliert. Gott weiß auch dafür Rat und gibt ihm seinen Bruder Aaron als Sprachrohr mit.

Nun, die beiden Männer gehen an Pharaos Hof und fordern die »Ausreisegenehmigung« für ihr Volk. Doch der Pharao will nicht. Es kommt zu den berühmten Zehn Plagen, die Pharaos Sturheit allmählich aufweichen sollen. Die letzte Plage, die Gott über Ägypten verhängt, ist der Tod aller Erstgeborenen im Land. Damit es nur ägyptische Kinder und keine israelitischen trifft, befiehlt Gott seinem Volk, Lämmer zu schlachten und deren Blut an die Türpfosten ihrer Häuser zu schmieren. So werde der Todesengel, wenn er durch die Straßen von Mizraim gehe, an den jüdischen Häusern vorbeiziehen.

Diese letzte Plage bricht dem Pharao das Genick. »Let my people go!«, ruft Moses ihm zu, eine Formulierung, die sich in den Freiheitsbewegungen aller Völker als Slogan durchgesetzt hat. Die Israeliten sammeln ihr Hab und Gut in aller Eile ein und holen ihren Brotteig aus den Öfen, obwohl er noch gar nicht aufgegangen ist, und fliehen aus dem Land.

Dieses Ereignis, der Auszug aus Ägypten, wird bis heute als »Pessach« gefeiert. Pessach heißt »Überschreiten«. Das Wort erinnert an den Todesengel. Auf Englisch heißt der Feiertag entsprechend Passover (Pass-over).

Nachdem sie trockenen Fußes durch das Rote Meer gewandelt sind, das sich für sie geteilt hatte, wandern die Israeliten vierzig Jahre lang durch die Wüste Sinai.

Die Zehn Gebote

In dieser Zeit erhält Moses von Gott die ultimative Offenbarung. Am Berg Sinai bekommt er die Zehn Gebote, die Thora, das Buch, das die jüdischen Gesetze und die Grundlagen des jüdischen Glaubens enthält. Dort werden die Israeliten endgültig eine Nation. Mit einer Geschichte, einer Verfassung und einem Gesetz.

Anders als bei anderen Nationen findet dieser wichtige Moment nicht im eigenen Land, sondern in der Wüste, im

Niemandsland, statt. Das ist ein äußerst interessanter Aspekt, der erklärt, warum das jüdische Volk auch in der Diaspora, also wieder außerhalb des eigenen Landes, an der Thora, an dem eigenen Gesetz festgehalten hat – es ist eben universell gültig. Jenseits von Land und Besitz.

Das Gelobte Land

Nach vierzig Jahren in der Wüste wird es Zeit, dass die Hebräer endlich in ihr Gelobtes Land ziehen. Die Generation der Flüchtlinge ist gestorben. Das war Gott wichtig. Er wollte nicht, dass sich die Sklavenmentalität in der Freiheit weiter erhält. Die neue Generation ist schon in absoluter Freiheit, in der Wüste, geboren worden. Sie ist keine Generation von Sklaven mehr, es sind freie Männer und Frauen. Sie ziehen in zahlreichen Eroberungszügen in das von Gott verheißene Land Kanaan ein, das spätere Israel. Moses ist noch in der Wüste gestorben, nachdem er einmal auf das Land hat schauen dürfen. Das war seine Strafe dafür, dass er ein einziges Mal an Gott gezweifelt hat. Und schließlich – auch er ist, trotz aller menschlichen Größe, einer aus der Generation der Sklaven gewesen.

In Kanaan lebt das Volk mehr oder weniger friedlich, mehr oder weniger gesetzestreu dahin. Die Zwölf Stämme haben sich über das ganze Territorium verteilt. Es gibt verschiedene Herrschaftsformen, irgendwann jedoch wird es offensichtlich, dass es eines Königs bedarf, um die Stämme zusammenzuhalten. Der erste König der Israeliten ist ein junger Mann namens Saul. Er tritt etwa im 11. Jahrhundert v.d.Z in die Geschichte ein. Er wird von dem Propheten Samuel zum König gesalbt. Im Auftrag Gottes. Nachdem er jedoch in einer riesigen Schlacht mit einer benachbarten Nation eine entsetzliche Niederlage erlitten hat, begeht er Selbstmord.

Sein Nachfolger wird im 10. Jahrhundert David. David, der als Autor der Psalmen gilt, ist ein ganz besonderer Liebling Gottes. Er erobert Jerusalem, macht es zur Hauptstadt des Reiches und zum Zentrum der Gottesverehrung. Der Überlieferung nach wird der Messias, auf den wir Juden ja immer noch warten, ein Abkömmling aus dem Hause Davids sein. So bedeutend ist David, dass Gott ihm diese Ehre erweist. Doch Gott bestraft ihn auch: Weil König David die Frau eines seiner Feldherren begehrt, schickt er diesen in die Schlacht. Wo er stirbt. Nun kann David seine Geliebte Bathseba zwar ungestört in die Arme nehmen, verstößt aber gegen eines der Zehn Gebote. Gott verzeiht ihm das nicht und erteilt erst Davids Sohn Salomon die Erlaubnis und die Gunst, den Tempel von Jerusalem zu erbauen. Der salomonische Tempel, der dort stand, wo heute der so genannte Tempelberg ist und wo sich die beiden muslimischen Heiligtümer, Felsendom und Al-Aksa-Moschee, befinden, wird zum Zentrum jüdischer Glaubenspraxis. Hier finden täglich Tieropfer statt, hier verrichten die Priester, die Kohanim, die Abkömmlinge von Moses' Bruder Aaron, dem ersten Hohepriester, ihren Dienst. Hierhin wallfahrt das Volk mindestens dreimal im Jahr. Es ist vielleicht die beste Zeit der Hebräer, die glorioseste und glücklichste Zeit in der jüdischen Geschichte.

Doch nach dem Tod Salomons kommt es zum Streit zwischen den Zwölf Stämmen. Die zehn nördlichen Stämme trennen sich von den beiden südlichen, es werden zwei neue Königreiche errichtet. Im Norden Israel, im Süden Judah. In der Zeit der beiden Reiche, etwa 930–722 v.d.Z., leben die meisten der biblischen Propheten und warnen das Volk eindringlich davor, Sünden zu begehen und von Gott abzufallen.

Elijah lebt im 9. Jahrhundert, Hosea, Amos, Micah und Jesaja im 8. Jahrhundert v.d.Z. Sie warnen das Volk ununterbrochen, denn sie sahen voraus, dass Gott sein Volk bestrafen wird. Doch natürlich ignorierte man ihre Worte. Die Hebräer vergessen allmählich den Bund mit Gott und leben ein Leben fern von der Thora.

721 v.d.Z. wird die Prophezeiung wahr. Die Assyrer, die aus dem heutigen Irak kommen, zerstören das Königreich Israel. Die zehn Stämme, die dort leben, verschwinden aus der Geschichte. Es gibt allerdings Legenden, die besagen, sie hätten irgendwo in der Fremde überlebt. Am Tage der Ankunft des Messias würden sie »von allen vier Ecken der Welt« eingesammelt werden und nach Israel zurückkehren.

Die wissenschaftlichere Version muss aber wohl so lauten: Diejenigen, die überlebt haben und fliehen konnten, haben sich längst durch Mischehen in den Ländern, in die sie gelangten, assimiliert. So haben sie ihre Identität als Stamm verloren und natürlich auch den Glauben.

Doch in den letzten fünfzehn Jahren geschieht Eigenartiges. 1991 holte der jüdische Staat in einer 35-stündigen Luftbrücke fast sämtliche Juden aus Äthiopien nach Israel. In Äthiopien herrschte Bürgerkrieg, und die Falaschas, die Fremden, wie sie in der Landessprache Amharisch genannt werden, waren gefährdet. Die äthiopischen Juden, die schwarz sind und sich selbst Beta Israel, Haus Israel, nennen, behaupten von sich, dass sie die Abkömmlinge des Stammes Dan seien, eines der Stämme, der untergegangen ist. Die moderne Forschung hat große Zweifel an dieser These, doch wer sagt, dass die Historiker und Archäologen immer Recht haben müssen? Vielleicht ist ja etwas dran an dem Volksglauben.

Inzwischen haben sich in Afrika und in Fernost zahlreiche Volksgruppen in Israel gemeldet, die von sich behaupten, sie seien ebenfalls Abkömmlinge der verlorenen Stämme. Der Staat Israel bezweifelt das natürlich. Denn für viele, die auf diese Weise in den Genuss der Einwanderungserlaubnis für den jüdischen Staat kommen wollen, spielen vor allem wirtschaftliche Überlegungen eine große Rolle. In ihren Ländern sind die Lebensbedingungen wesentlich schlechter als in Israel, und sie hoffen hier auf eine neue Chance.

Doch es gibt unter den Bewerbern tatsächlich einige Gruppen, deren uralte religiöse Riten an die jüdischen Traditionen erinnern. Da sind etwa die Shinlungs, die an der indisch-burmesischen Grenze beheimatet sind. Eine kleine Gruppe von ihnen lebt bereits in Israel, weitere 5000 warten auf eine Einreisegenehmigung. Oder die Pathans, eine Volksgemeinschaft, die an der pakistanisch-afghanischen Grenze lebt, die Kashmiris aus Kashmir, die Chiang-Mins, die an der chinesisch-tibetischen Grenze leben. Letztere waren schon immer monotheistisch und bezeichnen sich seit Urzeiten als »Söhne Abrahams«. Wenn sie ein Tier opfern, stellen sie zwölf Fahnen um den Altar, mit denen sie an die zwölf Söhne ihres Urahnen erinnern wollen. Ob damit die Söhne Jakobs gemeint sind?

Das Rabbinat in Israel ist sehr skeptisch, doch Forscher sind sich bei einigen Gruppen sicher, dass sie von den zehn untergegangenen Stämmen abstammen und ihre Identität irgendwie bewahrt haben, natürlich in einer äußerst verwässerten Form.

Die Babylonische Gefangenschaft

Das Königreich Israel ist also 721 untergegangen. Das ist aber nur der erste Streich. Der zweite folgt, wenn auch nicht sogleich, so doch rund hundert Jahre später: 598 v. d. Z. erobern die Babylonier, die Nachfolger der Assyrer, das Königreich Judah mit den beiden Stämmen Judah und Benjamin. Sie zerstören den salomonischen Tempel und schleppen die beiden Stämme in das berühmte Babylonische Exil. In dieser Zeit entwickelt sich erst der Begriff »Jude«. Nannten sich die

Menschen früher selbst »Israelis« oder auch Hebräer, auf Hebräisch: Ivri, was so viel bedeutet wie »einer, der von drüben kommt«, so gab das Königreich Judah schließlich den Überlebenden seinen Namen.

Das Gelobte Land ist nun verloren, zerstört und öde. Doch alles ist nicht verloren. So wie nie alles in der jüdischen Geschichte verloren ist. Das Volk überlebt, ganz so, wie es der Prophet Ezechiel vorausgesagt hat. Er erinnert an Gottes Wort, in dem er verspricht, dass er sein Volk von allen Plätzen dieser Erde herausholen und sie zurückführen werde in ihr eigenes Land.

In den fünfzig Jahren der babylonischen Gefangenschaft beginnen die Weisen des jüdischen Volkes die Hoffnung auf die Zukunft aufzubauen. Die Vorstellung eines Messias kristallisiert sich allmählich heraus. Dieser Messias würde eines Tages kommen und das Volk zu früherer Blüte und Größe zurückführen und ein Ende aller menschlichen Konflikte auf Erden bringen. Die Propheten, die in jener Zeit leben, hören nicht auf, die sozialen Ungerechtigkeiten der Gesellschaft zu geißeln. Sie können es nicht ertragen, dass viele Juden sich dem Götzendienst der sie umgebenden Bevölkerung zuwenden oder aber die eigen Riten weiter verfolgen, doch völlig sinnentleert und ohne jegliche ethische Dimension in ihrem Handeln.

Die Propheten waren sich auch stets bewusst, welcher Gefahr die jüdische Identität in einer Umgebung voller Feinde ausgesetzt war.

Da der Tempel, der Ort der Tieropfer, nicht mehr existiert, muss man zeitgemäße Alternativen entwickeln. Aus jener Zeit stammt die Gewohnheit der Weisen, regelmäßig zusammenzukommen und über die Thora und deren Gesetze zu diskutieren. In Babylonien, in den Städten Pumbedita, Nehardea und Sura, sollen später zwei herausragende Lehrhäuser entstehen. Was in diesen beiden Schulen diskutiert wird, soll anhand der mündlich überlieferten Protokolle später den Grundstein dessen bilden, was schließlich als »Babylonischer Talmud« zur wichtigsten Anpassung der biblischen Gesetzgebung an die veränderte Lage in der jüdischen Geschichte wird. Es gibt zwar auch einen Jerusalemer Talmud, doch der hat bei weitem nicht die gleiche religionshistorische und -ideologische Bedeutung und das gleiche Gewicht wie das riesige Kompendium aus Babylonien.

Das Schicksal, dass die Juden durch die Babylonier in deren Land erleben mussten, ereilt auch diese. Sie werden von den Persern erobert. Die Perser aber gestatten den Juden, in ihre Heimat zurückzukehren. Doch wer meint, dass sich das ganze Volk aufmacht nach Jerusalem, irrt. Viele genießen das Leben in ihrer neuen Heimat, finden ein Leben in der Diaspora anregender als die Vorstellung, in ein verwüstetes Land zurückzukehren und wieder von vorn anzufangen. Und so macht sich nur ein Teil in Richtung Israel auf.

Unter der Führung von Zerubabel, einem Nachkommen von König David und dem Hohepriester Haggai, wird der Tempel an derselben Stelle, wo schon der salomonische Tempel gestanden hat, wieder aufgebaut. Er ist wesentlich kleiner als der einst prächtige Tempel des Salomon. Doch immerhin hat das Judentum wieder sein geistiges Zentrum; die Tieropfer, gepaart mit Psalmgesängen der Leviten, können wieder aufgenommen werden. Doch von nun an gab es zwei jüdische Zentren: Judäa mit seiner Hauptstadt Jerusalem und Babylon.

Das Leben ist tatsächlich nicht einfach für die Heimkehrer, doch alles ändert sich, als Nehemiah 445 v.d.Z. zum Verwalter des Landes bestimmt wird. Gleichzeitig tritt eine zweite, für den Gang der religiösen Entwicklung des Judentums besonders wichtige Figur, hervor: Der Schriftgelehrte Esra sammelt das Volk um sich herum und liest ihm die gesamte Thora vor. Er überzeugt die Juden davon, die Feiertage, die die Thora nennt, sofort wieder zu feiern: Pessach, Schawuot und Sukkot. Es sind dies Feiertage, von denen einer ein Erntedankfest ist, die anderen, vielleicht wichtiger noch, an die Güte Gottes erinnern, daran, wie Gott die Juden aus der Sklaverei befreite, wie er Moses das Gesetz gab und wie er die Israeliten in der Wildnis beschützte. Doch Esra geht noch weiter. Er besteht darauf, dass jüdische Männer sich von ihren nichtjüdischen Frauen scheiden lassen, damit das Land nicht von fremden Kulturen beeinflusst werde.

Bis heute sehen Juden ihre Treue zum Glauben vor allem durch das Lernen der Thora und das Leben in einer jüdischen Ehe und Familie als Grundfesten ihrer Identität an.

Als die Babylonier die Israeliten in die Gefangenschaft entführt hatten, waren sie schlau gewesen: Sie hatten nicht das ganze Volk mitgenommen, sondern lediglich dessen Führer, die Elite und die Reichen. Alle anderen hatten sie im zerstörten Land zurückgelassen.

Jetzt treffen die Heimkehrer aus dem Exil auf die Nachkommen jener, die im Lande geblieben waren. Sie haben sich längst mit anderen Volksgruppen gemischt, die die Babylonier aus ihrem Land anstelle der Israeliten ansiedeln ließen, doch den Glauben an den Einen und Einzigen Gott beibehalten haben. Sie nennen sich Samaritaner und bieten den Zurückgekehrten sofort an, ihnen beim Bau des Tempels zu helfen. Das lehnen diese jedoch ab, und so entwickeln Juden und Samaritaner fortan ihre Traditionen parallel und unabhängig voneinander.

Es gibt heute noch Samaritaner in Israel. Sie bestehen darauf, dass ihre Version der Thora die einzig richtige ist.

Auch behaupten sie, dass ihr Hohepriester ebenfalls ein Sprössling von Aaron sei. Sie haben später auf dem Berg Gerizim ein eigenes Heiligtum gebaut, in dem sie Tieropfer darbrachten. Jüdische Truppen zerstörten das Heiligtum irgendwann einmal, doch bis heute kehren die Samaritaner auf den Berg zurück und praktizieren dort ihre Form eines antiken Judentums.

Judäa blieb lange Zeit unter Fremdherrschaft. 333 v.d.Z. ist ein für alle Schüler sehr bekanntes Datum. Wir alle lernten es mal so: Drei Drei Drei – bei Issos Keilerei. Meistens wissen wir nur nicht mehr, was in dieser Schlacht eigentlich entschieden wurde.

Alexander der Große hatte damals den König von Persien vernichtend geschlagen. Sein Traum, die ganze Welt hellenistisch werden zu lassen, schien kurz vor der Erfüllung. Sein Imperium reichte von Griechenland bis zu den Grenzen von Indien. Ägypten und Babylonien, diese beiden großen antiken Kulturen, waren ebenfalls in seiner Hand, ebenso das kleine Judäa. Alexander, ein Schüler des großen Philosophen Aristoteles, erlaubte den Juden, ihren Glauben weiterhin zu leben. Eine interessante Entscheidung für einen Hellenen, dem der jüdische Monotheismus sehr fremd sein musste. Aus Dankbarkeit für diese Großzügigkeit gehört Alexander bis heute zu den wenigen nichtjüdischen Namen, den jüdische Eltern ihren Söhnen geben und mit denen sie im Gottesdienst zur Thora aufgerufen werden können, um dort einen Segen über die Thora zu sprechen und das Wort Gottes direkt zu vernehmen.

In der Diaspora hat sich im Laufe der Jahrhunderte die Tradition entwickelt, den Kindern nichtjüdische Namen zu geben. Man wollte einerseits so sein wie die anderen, andererseits wollte man versuchen, nicht unbedingt gleich über den Namen als Jude erkennbar zu sein. Der Antisemitismus war eine zu große Gefahr. Doch gab man den Kindern zusätzlich einen jüdischen, einen hebräischen Namen, der im Pass nicht immer auftauchte, sondern nur im religiösen Bereich. So heiße ich mit bürgerlichem Namen Paul, mein hebräischer Name ist jedoch Jitzchak ben Chaim, also Isaak, Sohn des Chaim. Alexander ist der einzige nichtjüdische Name, der den synagogalen Status der hebräischen Namen erhalten hat.

Nach dem Tod Alexanders wird sein Reich aufgeteilt. Ägypten wird von Ptolemäus I. übernommen. Er gründet die Dynastie der Ptolemäer, die auch über Judäa herrschen. Sie lassen die Juden im Großen und Ganzen in Ruhe. In Alexandria, einer blühenden Stadt am ägyptischen Nildelta, entwickelt sich eine der kulturell bedeutendsten jüdischen Gemeinden der Geschichte. Diese Juden bleiben ihrem Gott treu, sprechen jedoch auch Griechisch und sind mehr oder weniger assimiliert. Ihr berühmtester Sohn, Philo von Alexandria, der von 25 v. d. Z. bis 40 d. Z. lebte, wird Philosoph und versucht, griechische Philosophie und jüdische Gelehrsamkeit zu einem Lehrgebäude zu verbinden.

In Alexandria wird damals übrigens auch die hebräische Bibel zum ersten Mal ins Griechische übersetzt. Diese Übersetzung ist die berühmte »Septuaginta«. Sie bildet die Basis der Bibelkenntnisse, die in der nichtjüdischen und später christlichen Welt erst durch diese Übertragung verbreitet werden konnten.

Ein wichtiger Einschnitt in die judäische Geschichte bedeutet die Machtübernahme des Seleukidenkönigs Antiochus III. aus Syrien. Er stammt aus der Antiochen-Dynastie, die ebenfalls als Erbnachfolger Alexanders einen Teil seines Reiches verwaltet. Antiochus ist alles, nur nicht tolerant. Und er beginnt sogleich die Juden im Lande zu verfolgen. Er will aus Jerusalem eine griechische Stadt machen. So etwas wie

»Olympische Spiele« wird in Jerusalem eingeführt, die Sportler sind, wie in Hellas üblich, nackt. Für Juden eine Gotteslästerung besonderer Art. Doch sein Nachfolger, Antiochus Epiphanes IV., soll noch Schlimmeres über Jerusalem verhängen. Er besetzt die Stadt vollständig und verbietet den Juden die Religionsausübung. Beschneidungen können nicht mehr vorgenommen werden, die Religionsschulen werden geschlossen. Doch das ist noch nicht alles: Antiochus lässt den Heiligen Tempel Gottes plündern und stellt in das Allerheiligste eine Zeusstatue!

Diese Entwicklung führt zunächst einmal zu einem innerjüdischen Konflikt. Die hellenistischen Juden, die sich schon mehr oder weniger assimiliert haben, geraten mit den Traditionalisten in Streit. Die frommen Orthodoxen, die von dem Priester Matthathias (hebräisch: Matthatiahu) und später von dessen Söhnen angeführt werden, beginnen gegen die hellenistische Okkupationsarmee einen Guerillakrieg. Matthathias' Sohn Judah Makkabi tat sich diesbezüglich besonders hervor. Unter der Führung der Makkabäer-Dynastie soll es den orthodoxen jüdischen Kämpfern gelingen, ihren Guerillakrieg zu gewinnen und die syrischen Hellenisten aus dem Land zu treiben. Der Tempel wird gereinigt, die Zeusstatue natürlich entfernt, und schließlich wird das Gotteshaus wieder dem Einen und Einzigen geweiht. Der Feiertag Chanukkah (d.h. Tempelweihe) erinnert an dieses Ereignis.

Die Makkabäer Matthathias und seine Söhne wurden zum Namensgeber vieler jüdischer Sportvereine im 19. und 20. Jahrhundert. Überall auf der Welt gibt es einen SV Maccabi oder einen Fußballverein Makkabi – die jüdischen Sportler erhoffen sich von diesem Namen, so stark und erfolgreich zu sein wie jene Kämpfer von einst. In Israel gibt es übrigens ein Bier, das Makkabi heißt. Ob es stark und erfolgreich macht, kann ich nicht beurteilen.

Den Makkabäern gelingt es nach der Rückeroberung Jerusalems, das Reich noch auszuweiten nach Idumea (biblisch: Edom), nach Galiläa und in Teile von Transjordanien. Die Bewohner werden gezwungen, zum Judentum zu konvertieren. Alles scheint wieder einmal perfekt und grandios in der jüdischen Geschichte. Doch nur für kurze Zeit, denn der lange Arm Roms beginnt sich in Richtung Naher Osten auszustrecken.

Die römische Besatzung

Im ersten Jahrhundert v. d. Z. haben die Römer Judäa in ihre Gewalt gebracht und dem Römischen Reich als Provinz einverleibt. Zwar gelingt es den Parthern, kurzfristig die Römer zu vertreiben, doch schon 37 v. d. Z. kehren sie zurück. Herodes, Sohn eines idumäischen Militärgouverneurs von Judäa, wird von den Römern als König von Judäa eingesetzt. Das bleibt er bis zu seinem Tod. Das Volk hasst ihn als Unterdrücker, obwohl er selbst Jude ist.

Tatsache ist, dass er viel für das Land getan hat. Der Hafen von Caesarea wurde auf seinen Befehl hin gebaut, es gelang ihm, in Rom zahlreiche Privilegien für Juden durchzusetzen. Sie durften weiterhin ihren Obolus an den Tempel von Jerusalem entrichten. Den Tempel selbst ließ er weiter ausbauen und vergrößern. Er wollte, dass der herodianische Tempel noch prächtiger wird als der salomonische, was ihm objektiv gelang, selbst wenn in der jüdischen Folklore der erste Tempel als der prächtigere in Erinnerung blieb. Vom herodianischen Tempel, der auch als der »Zweite Tempel« bekannt wurde, existiert heute noch die Westmauer, die so genannte Klagemauer.

In jenen Jahren beginnt sich das Judentum pluralistischer zu entwickeln. Neben den »Sadduzäern«, die die Priester stellen, gibt es die »Pharisäer«. Sie sind Handwerker und Landwirte, aber vor allem Schriftgelehrte, die berühmt sind für ihre Bildung, Kenntnisse und ihre Begabung, die Gesetze und die

Heiligen Schriften auszulegen. Sie perfektionieren die mündliche Lehre immer weiter. In ihren Schulen und Synagogen kommen die Menschen zusammen, um ihnen zuzuhören und die Intentionen der Worte Gottes zu begreifen. Sie werden auch die Basis für das spätere rabbinische Judentum bilden.

Daneben gibt es die »Essener«, eine kleine, merkwürdige Gruppe von Asketen, die sich ans Tote Meer zurückgezogen haben, wo sie ihre ganz eigene Lebensweise führen und zusätzlich einige mystische und kryptische Texte verfassen. Diese wurden ab 1948 unter vielen anderen in den Höhlen von Qumran entdeckt. Die Schriftrollen vom Toten Meer sind eines der ältesten handschriftlich erhaltenen Zeugnisse der jüdischen Bibel und Gelehrsamkeit.

Damals hat sich, das darf man nicht vergessen, eine weitere kleine jüdische Sekte entwickelt, die einem Mann namens Jesus (hebr.: Jeschua) von Nazareth nach seinem gewaltsamen Tod durch die römischen Besatzer folgt. Jesus, der kein Religionsstifter ist, sondern die eigene, jüdische Religion reformieren will, entwickelt ein Lehrgebäude, das sich auf die Thora bezieht, das aber später von seinen Jüngern in den Evangelien festgehalten wird. Es war dann bekanntlich Paulus, der aus der jüdischen Sekte des Nazareners eine neue Religion schuf: das Christentum.

In der Zeit der religiösen Unsicherheit, der Unterdrückung und des Umbruchs entscheidet sich eine kleine Gruppe militanter Juden, die Zeloten, zum Aufstand gegen Rom. Im Jahre 66 d.Z. beginnen sie ihre Revolte, erobern Jerusalem und vertreiben die Römer aus der heiligen Stadt. Die Römer lassen sich das natürlich nicht gefallen. Sie schicken Truppen nach Judäa und belagern die Hauptstadt der Juden. Im Jahre 70 d.Z. ist es dann so weit: Die Römer erobern unter ihrem Feldherrn und späteren Kaiser Titus Jerusalem. Der Zweite

Tempel geht in Flammen auf und brennt bis auf die Westmauer, die »Klagemauer«, völlig nieder. Die Zeloten fliehen in eine Festung des Herodes, nach Massada am Toten Meer. Dort setzen sie ihren Kampf gegen die Römer fort. Diese benötigen dann noch einmal einige Jahre, ehe sie die Felsenfestung ebenfalls in ihre Hand bekommen.

In der Nacht vor der endgültigen Niederlage entschließen sich die Zeloten zum kollektiven Selbstmord. Sie betrachteten diesen Akt als eine Kiddusch haSchem, eine »Heiligung des Namens« des einzigen Gottes. Man will lieber sterben, denn als Sklaven in die römische Gefangenschaft zu gehen.

Der Mythos von Massada ist im Selbstverständnis des Staates Israel von großer Bedeutung. »Massada darf nicht wieder fallen!« ist die Losung von Zahal, der israelischen Armee. Die Rekruten werden nach ihrer Grundausbildung oben auf der Festung Massada feierlich vereidigt. Zuvor müssen sie den schier unüberwindlich erscheinenden Felsen hinaufsteigen. Eine letzte Prüfung der Rekruten, die sie zugleich mental einbinden soll in die Geschichte des jüdischen Volkes.

Massada ist 73 d.Z. gefallen. Rom hat auf ganzer Linie gesiegt. Einen jüdischen Staat gibt es nicht mehr. Die Juden werden aus Judäa vertrieben oder sie fliehen – nach Europa, nach Afrika, in den vorderen Orient. Viele kommen als Sklaven nach Rom in die Gefangenschaft. Sie werden in der Hauptstadt des Reiches im Triumphzug für Titus der johlenden römischen Menge vorgeführt. Auf dem Forum Romanum wird zu Ehren des Feldherrn der Titus-Bogen errichtet. In zahlreichen Reliefs kann man dort das Ende der jüdischen Selbstständigkeit betrachten. Zu sehen ist auch der siebenarmige Leuchter aus dem Tempel, den die Römer als eines von vielen Beutestücken nach Hause brachten. Dieser Leuchter hat der Menorah, die als Kerzenständer in vielen jüdischen Häusern steht, ihre Form gegeben. Vor dem israelischen Parlament steht heute ebenfalls eine überdimensionale Menorah. Sie ist Teil des Staatswappens, und so knüpft das heutige Israel an das alte Israel an.

132 d.Z. kommt es noch einmal zu einem Aufstand der übrig gebliebenen jüdischen Bevölkerung gegen die Römer in Judäa. Doch nach zwei Jahren ist schon wieder alles vorbei. Und Kaiser Hadrian entscheidet sich, Jerusalem zu einer heidnischen Stadt zu machen. Juden wird der Zutritt zur Stadt strengstens untersagt, die Stadt heißt nun Aelia Capitolina, und die Provinz Judäa erhält ebenfalls einen neuen, einen römischen Namen: Palästina! Diese Bezeichnung weist auf die fremden Eroberer der biblischen Zeit hin, auf die Philister.

Nun war die jüdische Geschichte im eigenen Land endgültig vorbei. Es sollte fast 2000 Jahre dauern, bis das jüdische Volk in die alte Heimat zurückkehren konnte. Was in den Jahrhunderten dazwischen wach blieb, war eine unendliche Sehnsucht nach der alten Heimat, die allmählich zu einem utopischen Traum wurde. Doch in allen Gebeten, Sitten und Bräuchen, in allen Liedern und Gesängen, in Erzählungen und Gedichten des jüdischen Volkes wurde die Erinnerung an Jerusalem, an Zion, einen Berg von Jerusalem, der bald für das ganze von Gott verheißene Land stand, bewahrt. Das jüdische Volk war von nun an auf Wanderschaft, im Exil – doch ihre alte Heimat nahmen sie auf ihre Reise in ihren Herzen, Seelen und in ihren Schriften mit.

Wer nun mehr über die Anfänge des jüdischen Volkes wissen möchte, dem kann ich ein großartiges Buch empfehlen, das die ganze Frühgeschichte ausführlichst beschreibt. Zugegeben, das Buch beginnt bei Adam und Eva, aber es lohnt sich dennoch: Es ist die Thora, die Fünf Bücher Moses, die Propheten, die Chronik, die Bücher Könige und alles, was sonst noch zu den jüdischen Heiligen Schriften gehört.

Warum leben Juden überall auf der Welt verstreut?

Als der Tempel von Jerusalem bereits brannte und kurz vor der Zerstörung war, als also die Römer, 69–70 v.d.Z., kurz davor waren, die Stadt Davids zu erobern und damit dem Judentum den vermeintlichen Todesstoß zu geben, gab es einen Mann, der in weiser Voraussicht »starb«, um das Judentum zu retten: Jochanan ben Sakkai, einer der größten Gelehrten seiner Zeit, ließ sich einen Trick einfallen, um aus der brennenden Stadt fliehen zu können. Er ließ sich in einem Sarg von seinen Schülern aus Jerusalem heraustragen, damit sie ihn vor der Stadt »begraben«. Das war nämlich der einzige Weg, um an den römischen Checkpoints an der Stadtgrenze vorbeizukommen.

Die Römer ließen den Sarg mit den »trauernden« jungen Männern ohne weiteres passieren. In gehörigem Abstand, außerhalb der Sichtweite der römischen Truppen, öffneten die jungen Hebräer den Sarg, und ihr Lehrer und Meister sprang quicklebendig aus der Kiste. Ganz gewiss allerdings nicht quietschvergnügt über das Schnippchen, das er gerade den Okkupationstruppen geschlagen hatte. Dazu war der Anlass zu entsetzlich. Das Zentrum jüdischen Kults war zerstört, das Volk besiegt. Keiner wusste, wie es eigentlich weitergehen sollte, und es wäre nur allzu natürlich gewesen, wenn das jüdische Volk nun untergegangen wäre, wie alle anderen besiegten Völker der Antike schließlich auch.

Dass es nicht so kam, ist das Verdienst dieses schlauen Mannes, Jochanan ben Sakkai. Er nämlich ging ganz forsch zu den römischen Befehlshabern und fragte bescheiden an, ob er in Javneh, einem kleinen Städtchen an der Küste Judäas, das nun bald unter den Römern »Palästina« genannt werden sollte, eine Religionsakademie eröffnen dürfe. Man müsse ja schließlich von etwas leben, und er könne nichts anderes als Thora lehren. Ist o.k., sagten die Römer, du darfst. Sie wussten nicht, welchen Dienst sie mit ihrem Ja dem Erhalt des Judentums gerade erwiesen hatten.

Jochanan, ein Pharisäer, ging nun daran, die besten Gelehrten des Landes an seine Schule zu holen, um mit ihnen darüber zu beraten, wie man den Glauben an den Einen und Einzigen bewahren könne, jetzt, wo der Tempel nicht mehr stand, wo es nicht mehr möglich war, Tieropfer darzubringen, wo der Tempeldienst der Vergangenheit angehörte. Es galt also, das gesamte Regelsystem des Glaubens zu transformieren, um es in seinem Wesen zu erhalten. Ohne Tempel, Priester und Opfer und überall auf der Welt – denn so viel war klar: Das jüdische Volk, das ja zum Zeitpunkt des Angriffs der Römer auf Jerusalem bereits *zwei* geistige Zentren hatte – Judäa und Babylonien – würde nun noch weiter verstreut werden.

Die Anstrengung war für ein Menschenleben zu groß. Jochanans Nachfolger, Gamaliel II., führte das Werk seines Meisters fort und setzte die oberste jüdische Legislative, den Sanhedrin, den jüdischen Gerichtshof, wieder ein, eine Versammlung von Schriftgelehrten, die miteinander debattierten und schließlich entschieden, wie ein göttliches Gesetz auszulegen und anzuwenden ist. Es wurde ziemlich viel debattiert in der Akademie von Javneh. Die Thoragelehrten machten es sich wahrlich nicht leicht, sie wussten um ihre Verantwortung, aber auch um die Chance, die sie hier durch ein willkürliches Ja irgendeines unbedarften Römers erhalten hatten.

Hier in Javneh wurde entschieden, welche Texte der jüdischen Geschichte zum allgemeinen Kanon der Heiligen Schrift gehören sollten, hier wurde die Gebetsordnung anstelle der Tempelopfer entwickelt, die zum großen Teil bis heute gültig ist, und hier wurde das rabbinische Judentum etabliert, wie wir es bis heute kennen. Man entschied sich für eine Art Ausbildung, die jüdische Glaubensführer durchlaufen sollten, ehe sie ordiniert wurden. Wobei man hier anfügen muss, dass ein Rabbi heute eine etwas andere Funktion hat, als in jenen Zeiten. Ein Rabbiner ist ein Mann (im konservativen und liberalen Judentum inzwischen auch eine Frau), der das jüdische Gesetz studiert hat, eine Abschlussprüfung vor einem Rabbinatskollegium ablegt und dann seine »Smicha« (Ordination) erhält. Mit dieser »Zulassung« wird ihm die Erlaubnis erteilt, zu lehren und zu urteilen (nach der Halacha). Meistens wird er dann von einer Gemeinde angestellt und erfüllt dort, gegen Lohn versteht sich, seinen Dienst. Hauptberuflich. In den Zeiten von Javneh, aber auch noch bis ins Mittelalter, hatten die Rabbiner einen ganz normalen Beruf, mit dem sie ihren Lebensunterhalt verdienten, und arbeiteten »nebenher« als spirituelle Führer. Viele berühmte Rabbiner waren einfache Handwerker: Schuster oder Schneider zum Beispiel.

Mischnah: Gesetzestexte

Während des allerletzten Aufstandes des jüdischen Volkes in ihrer Heimat, 132–135 d.Z., musste die Akademie aus Sicherheitsgründen umziehen: nach Galiläa. Die Führung übernahm inzwischen Judah haNassi, Juda, der Fürst (ein Ehrentitel!). Die gesamte mündliche Diskussion darüber, wie die Gesetze ausgelegt werden müssten, war inzwischen sehr komplex und umfangreich geworden, und allmählich hatten die Gelehrten Mühe, sich das alles zu merken. Vor allem: Sie hatten Angst, dass diese wichtigen Diskussionen, die den Juden für die Zukunft als Leitfaden dienen sollten, in Vergessenheit geraten könnten.

Judah haNassi entschied, die Debatten und Entscheidungen über jedes einzelne Thema, über jedes Gesetz niederzuschreiben und damit für immer festzuhalten. Da er in Gelehrtenkreisen über unglaubliches Ansehen verfügte, wurden die Bücher, die er daraufhin verfasste, offiziell als verbindlich angenommen. Diese Texte heißen »Mischnah« (hebr.: die Wiederholung, die Lehre). Es handelt sich dabei um sechs Bücher mit jeweils einem übergeordneten Thema: Das Buch »Seraim« beschäftigt sich mit den göttlichen Geboten für die Landwirtschaft, das Buch »Moed« behandelt die Gesetze für Schabbat, für Fast- und Festtage. »Naschim« setzt sich mit den Bestimmungen für die Heirat und die Scheidung auseinander, »Nesikin« ist dem Zivil- und Strafrecht gewidmet, »Kodaschin« behandelt die Gesetze des Tempel- und des Opferdienstes und »Tohorot« ist den Regeln der rituellen Reinheit gewidmet.

Man mag sich nun fragen, wozu das Buch »Kodaschin« gut war – schließlich gab es keinen Tempel mehr. Doch gerade an diesem Buch kann man zwei wesentliche Merkmale des Judentums, vor allem aber der Arbeit der Gelehrten von damals festmachen. Da ist zum einen der Aspekt der Erinnerung. Das Judentum ist eine Lebensweise, die stark der Erinnerung verpflichtet ist, denn nach jüdischer Überzeugung ist die Erinnerung ein entscheidendes Moment für die Vergewisserung der eigenen Identität. Inzwischen weiß das jeder Historiker – die Geschichtswissenschaft basiert auf dieser Erkenntnis, und jede Nation steckt viel Energie in die eigene Geschichtsaufarbeitung, damit man sich immer wieder klar machen kann, wer man eigentlich ist, woher man kommt, wohin man geht.

Doch damals war das nicht so selbstverständlich. Und das lag an der Auffassung von Geschichte bei den anderen Völkern. In sehr vielen Kulturen wurde Geschichte als eine Art Kreislauf angesehen: Alles wiederholt sich, alles beginnt immer wieder von vorn, ein ewiger Kreislauf der Natur, des Kosmos. Insofern waren Ereignisse der Vergangenheit austauschbar, keine »unwiederbringlichen Momente« – sie waren ja nur eine Variante des Immergleichen.

Das Judentum dagegen entwickelte seit seinen frühesten Anfängen eine zielgerichtete Geschichtsvorstellung, die man heute teleologisch nennt und die allen abrahamitischen Religionen (also auch Christentum und Islam) eigen ist: Die Schöpfung beginnt – und von da ab bewegt sich die Zeit wie auf einer Linie einem unbekannten Ziel (Griechisch: Telos) zu. Wenn Geschichte aber einem Ziel entgegenstrebt, dann ist jedes Ereignis wichtig, denn es führt zu diesem Ziel, hat also eine Ursache aus der Vorgeschichte und eine Auswirkung auf die Zukunft. Die Geschichte als Gottes Plan, den die Juden zu erfüllen haben – in solch einem Weltbild wird Erinnerung wesentlich und unverzichtbar.

Doch es gibt noch einen weiteren Grund dafür, ein Buch wie »Kodaschin« niederzuschreiben, obwohl der Tempel zu diesem Zeitpunkt bereits in Schutt und Asche lag. An die Stelle des Tempeldienstes kam jetzt das Lernen über den Tempeldienst. Dieses Lernen nahm quasi die Stelle des eigentlichen Rituals ein. Es war der Beginn der Abstraktion im Judentum, wie es Jochanan ben Sakkai, Gamaliel II., Judah haNassi und all die anderen Weisen vorgesehen hatten. Der Tempel, Jerusalem, Zion – all das war nur noch Staub. Alternativen mussten geschaffen werden, die metaphorisch, abstrakt oder sonst wie die Stelle der einstigen Rituale übernehmen sollten. Das Lernen der Regeln für den Tempeldienst (und damit die Erinnerung daran) war nun das Äquivalent für die eigentlichen Handlungen im Tempel. So verfuhr man in allen Lebensbereichen, die den Glauben tangierten und die nun, nach der Zerstörung, nicht mehr praktiziert werden konnten.

Die Mischnah war jedoch insgesamt noch viel mehr. Sie war nicht nur eine reine Protokollsammlung der Gelehrtendiskussionen. Judah haNassi brachte auch da ein System hinein. Eine Debatte beginnt in seinem Text zunächst mit der Ansicht der Minderheit, und jeder Abschnitt endet schließlich mit den Schlussfolgerungen, in denen die »Weisen aber erklären, dass …« – so wird die Auslegung eines Gesetzes festgehalten. Der Vorteil dieser Form der Niederschrift: Die Debatte ist nachvollziehbar, das Für und Wider einer Auslegung wird in allen Details sichtbar und somit eine Basis für weitere Diskussionen. Denn es war Judah klar, dass mit der Niederschrift der Mischnah die Gesetzesauslegung nicht beendet war. Jede Zeit, vor allem aber auch jeder Ort, jedes neue Umfeld verlangten eine Adaption an andere Umstände. Die Darstellung der vollständigen Debatten sollte zukünftigen Generationen als Grundlage und Hilfestellung dienen.

Midrasch: Auslegung der Thora

In jener Zeit beschäftigten sich die Gelehrten auch mit der genauen Auslegung der Thora. Die »Fünf Bücher Moses« wurden ja als das Wort Gottes begriffen, und so war es von vitalem Interesse, dass dieses genau verstanden wurde, nachdem so viel Leid über das jüdische Volk hereingebrochen war. Erst indem man diesen Text genau studierte, war man überhaupt in der Lage, die Gesetze Gottes zu formulieren, denn nicht alle Gesetze sind eindeutig in der Thora formuliert, nicht alles, was Gott gesagt hat, ist so ohne weiteres zu verstehen.

Diese Beschäftigung mit der Auslegung heißt »Midrasch« (hebr.: Forschung) und wurde ebenfalls schriftlich fixiert. Ein Beispiel: Wenn Gott sagt, man dürfe am Schabbat keine Arbeit verrichten – was heißt das dann? Was meint Gott mit »Arbeit«? Die Antwort findet sich im Text der »Fünf Bücher Moses« – doch man muss sie suchen. Tatsächlich haben die

Rabbinen dann 39 Grundformen von Arbeit festgestellt, die verboten sind.

Damals entwickelten sich neben der Schule von Jochanan ben Sakkai, die nun Judah haNassi weiterführte, zahlreiche andere Akademien, Jeschiwot auf Hebräisch.

Überall im Lande entstanden sie – das Bedürfnis, die spirituelle Zukunft zu bewahren, war enorm groß.

Auch in Babylonien schlief man nicht. Die Ereignisse von Jerusalem waren bekannt. Die jüdische Gemeinde erfreute sich ja großer Freiheiten. Der persische König hatte dem Führer der Gemeinde den Titel eines Exilarchen (etwa: Haupt der Diaspora) verliehen. Dieses Amt wurde vererbt, seine Besitzer beriefen sich auf das Erbe des letzten judäischen Königs aus dem Hause Davids, König Jehojachin im 6. Jahrhundert v. d. Z. Sie, die Exilarchen, seien unmittelbare Nachkommen, behaupteten sie natürlich, um ihren Anspruch auf das Amt, auf die Macht, rechtfertigen zu können.

In den berühmten Jeschiwot von Sura und Pumbedita studierte man schon lange die Thora. Die Leiter dieser Schulen in Babylonien nannte man »Geonim«. Gaon (der Singular von Geonim) heißt auf Hebräisch »Hoher Gelehrter« oder auch »Genie«. Übrigens, die anderen Gelehrten in Babylon wurden nicht Rabbi genannt, wie in Judäa, sondern »Raw«! Ein kleiner, feiner Unterschied, der in den Texten deutlich macht, woher die jeweilige Lehrmeinung stammt. Wenn es also heißt: »Rabbi Schimon hat gesagt …«, dann weiß man – der stammt aus Judäa. Wenn es jedoch heißt: »Raw Schimon hat gesagt …«, dann muss es sich um einen Babylonier handeln.

Ende des 4. Jahrhunderts d. Z. war die Mischnah vollendet. Alles zusätzliche Material, das noch existierte, wurde in der

Gemara festgehalten, in der so genannten Vollendung, einem weiteren, sehr umfangreichen Text.

In Babylonien ging man genauso vor. Die Mischnah sowie die judäische Gemara wurden festgehalten in einem Werk, das beide Texte vereinte, im Jerusalemer Talmud, der manchmal auch Palästinensischer Talmud genannt wird. Der Babylonische Talmud war im 6. Jahrhundert d.Z. vollendet und ist mindestens viermal so lang wie der Jerusalemer. Der Babylonische Talmud ist das wichtigere der beiden Werke geworden, da er Entscheidungen richtungsweisenderer Persönlichkeiten enthält. Er dient bis heute, neben der Thora, als Basiswerk des jüdischen Studiums.

Wer nun aber glaubt, dass dieser Gesetzestext genauso trocken ist wie etwa das Bürgerliche Gesetzbuch, der irrt. Im Talmud sind nicht nur die Debatten der Gelehrten festgehalten, sondern auch weiteres »jüdisches« Wissen aus den Bereichen der Geschichte, des Ackerbaus, der Wissenschaft, der Medizin, der Literatur und der Volkskunde. Es gibt Legenden und Märchen, Sprichwörter und Benimmregeln.

Der Talmud ist die schriftliche Fixierung der mündlichen Tradition. Er ist also das Erbe der Pharisäer, die das mündliche Gesetz für ebenso entscheidend hielten wie das schriftliche, wie die Thora.

Die Sadduzäer waren da anderer Meinung. Sie, die zur Zeit des Tempels die Priesterschaft stellten, hielten sich nur an die Thora und akzeptierten den Talmud nicht. Alles sei in der Thora zu finden, glaubten sie, man bedürfe der rabbinischen Interpretation nicht. 760 d.Z. entstand aus dieser Überzeugung eine eigene Glaubensrichtung. Anan ben David war der Begründer der Karäer, wie sie sich nannten. Man fand Karäer eigentlich nur in orientalischen Ländern und bis zur deutschen Besatzung auf der Krim. Diese Gruppe überlebte rund 800 Jahre, danach begann sie allmählich bedeutungslos zu werden.

Eine andere jüdische Sekte wurde dagegen *sehr* bedeutend: Die Nazarener, die sich inzwischen Christen nannten. Im vierten Jahrhundert wurde das Christentum zur Staatsreligion des Römischen Reiches. Die neue Theologie behauptete, dass nun die Christen – und nicht mehr die Juden – Gottes auserwähltes Volk seien, da sie ja schließlich Jesus als König und Messias erkannt und anerkannt hätten. Das war der Beginn von bis heute andauernden Auseinandersetzungen zwischen den beiden Religionen. Denn solange es Juden gab und gibt, steht das Christentum unter Beweisnot, dass es wirklich das »auserwählte Volk« ist. Dieser Hass der Kirche auf die Synagoge existiert in Teilen bis heute. Auch im 21. Jahrhundert ist der Antijudaismus der Kirche noch nicht gänzlich verschwunden, selbst wenn sie sich spätestens seit der Shoah bemüht, das Christentum als eine Lehre zu begreifen, die aus den Wurzeln des Judentums stammt und im Judentum eine »ältere« Schwester hat.

Schuld an den zwei Jahrtausenden christlicher Judenverfolgung hatten ursprünglich einige Autoren der Evangelien und später viele Kirchenväter. Sie beschrieben Juden als blind, verstockt und hartherzig, weil sie Jesus nicht als Messias anerkennen wollten. Die Evangelien beschreiben Juden gar als dämonisch und schließlich sogar als »Mörder Gottes«: »Sein Blut komme über uns und unsere Kinder …« – Das nahmen viele Anhänger jenes Mannes, der die Nächstenliebe gepredigt hatte, sehr ernst. Besonders ernst wurde diese Botschaft dann im 20. Jahrhundert genommen. Dem fortschrittlichsten Zeitalter, das wir bisher kennen.

Die Schwierigkeiten mit der Christenheit begannen bald. Nach der Zerstreuung erlaubten die christlichen Länder in Europa den Juden zunächst überall zu siedeln. Sie blieben unter sich und durften nach ihren Regeln und Gesetzen leben. Im 10. Jahrhundert gab es bereits große jüdische Gemeinden in Nordfrankreich und entlang des Rheins. Nachdem der Normanne William 1066 England erobert hatte, kamen auch Juden hinüber auf die Insel. Kleinere Gemeinden existierten im gesamten Heiligen Römischen Reich bis in jene Gegend, die heute Österreich heißt. Doch wirklich sicher waren die Juden nicht. Schließlich lehrte die Kirche, die Juden seien die Mörder ihres Gottes. Und so kam, was kommen musste: Die Gemeinden wurden überall in Europa immer wieder von Überfällen und kleinen Pogromen heimgesucht (dieses Wort, das aus dem Russischen stammt, gibt es natürlich erst seit Ende des 19. Jahrhunderts).

Die Kreuzzüge waren der Auftakt der ersten länderübergreifenden und systematischen Judenverfolgungen in Europa. Im 11. Jahrhundert stand das Heilige Land, wie Christen Israel bis heute nennen, unter muslimischer Herrschaft – und damit auch die heiligen Stätten des Christentums. Dann stachelte die Kirche die Herrscher Europas an, das von »Ungläubigen« beherrschte Land zu »befreien«, und die Kreuzzüge begannen. Eine riesige Welle so genannter Kreuzritter schwappte über Europa in Richtung Naher Osten hinweg. Muslime töten – das wurde zur heiligen Aufgabe. Warum dann nicht auch die Juden, die Gottesmörder? Sie hatten vor allem den Vorteil, dass sie im eigenen Land, also ganz nah wohnten, man konnte an ihnen also schon für die eigentliche Aufgabe »üben«. Und »Ungläubige« waren sie ja ebenso wie die Muselmanen. Beide wollten Jesus schließlich nicht als ihren Messias anerkennen. Gesagt, getan. Die wackeren Krieger der Kirche tobten sich in einem einzigartigen Blutrausch in Europa aus. Die berühmten »Memor«-Bücher der jüdischen Gemeinden von Worms, Speyer, Mainz und anderswo belegen dieses grausame Treiben. Sie sind eine einzigartige Sammlung von Namen und Geschehnissen, die an die ermordeten Juden der Gemeinden aus jener Zeit erinnern und belegen, was sich da im Mittelalter zugetragen hat.

Zur gleichen Zeit ereilte die Pest den ganzen Kontinent. Von Bakterien und Viren wusste man damals noch nicht viel. Also mussten die Juden dran schuld sein, dass nun auch Tausende von Christen starben. Wie sie das gemacht haben sollen? Indem sie die Brunnen vergifteten! An diesen Schwachsinn glaubten viele Christen, denn vermeintlich starben keine Juden an der schwarzen Pest! In gewisser Hinsicht stimmte das sogar. Die Zahl der jüdischen Opfer der Epidemie war proportional tatsächlich etwas geringer. Grund dafür waren die besseren hygienischen Verhältnisse in der jüdischen Gemeinschaft, die allein durch die vorgeschriebenen rituellen Waschungen garantiert waren.

Also, Juden sind Brunnenvergifter, hieß es. Aber schlimmer noch, sie töten kleine Christenkinder, um aus deren Blut die Mazza, das ungesäuerte Brot für Pessach, herzustellen. Wer weiß denn schon, dass es uns Juden verboten ist, Blut und sogar blutige Speisen zu essen, weil nach jüdischem Glauben das Blut der Sitz der Seele ist. Wer aber weiß, dass wir zwar Tiere töten dürfen, um uns zu ernähren, aber deren Blut vollständig entfernen müssen, um die Seele des Tieres unbeschadet zu lassen, der kann erahnen, wie hanebüchen jener Vorwurf war. Zum ersten Mal wurde er in England 1144 in der kleinen Gemeinde von Norwich erhoben. Das Gerücht, Kinder seien getötet worden, verbreitete sich in Windeseile in ganz Europa. Das Ergebnis: 1290 wurden die Juden aus England vertrieben, kurz danach geschah dasselbe in Frankreich, 1298 vernichtete der christliche Pöbel über 150 jüdische Gemeinden in Deutschland, 1492 vertrieben Ferdinand und Isabella nach der Reconquista sämtliche Juden aus Spanien.

Wohin gehen? Wer diesen Sturm der Vernichtung überlebte, wandte sich nach Osteuropa. Vor allem Polen und das osmanisch-türkische Reich hießen die Juden herzlich willkommen. Der polnische Adel brauchte die jüdischen Händler und Geldverleiher dringend. Da Juden durch ein christliches Verbot keinen Zutritt zu den Zünften hatten, mussten sie sich beruflich frühzeitig in Bereiche flüchten, die wir heute vornehm als »freie Berufe« bezeichnen würden. Handel und Geldverleih gehörten dazu. Kein Wunder, dass im Laufe der Jahrzehnte und Jahrhunderte viele Juden gute Kaufleute wurden und von Geld etwas verstanden. Sie verliehen Geld, das ihnen meist von der Kirche oder vom Adel anvertraut worden war, gegen Zins, was den Christen ja strikt verboten war. Der polnische Adel machte sich dieses Können zunutze. Juden wurden eingesetzt, die Steuern vom Volk zu erheben und den Besitz des Adels zu mehren und zu verwalten. Im Grunde war hier schon der Keim für spätere antijüdische Exzesse in Osteuropa gelegt. Zunächst aber flohen Juden aus Mitteleuropa noch nach Polen. Die Religionskriege zwischen Protestanten und Katholiken im 16. Jahrhundert sorgten für eine weitere Welle der jüdischen Immigration. Im 17. Jahrhundert gehörten die polnischen und baltischen jüdischen Gemeinden zu den größten der Welt, die litauische Stadt Wilna wurde schon bald wegen der vielen Religionsschulen, die es dort gab, »Jerusalem des Ostens« genannt.

In Spanien herrschte vor der Reconquista eine Blütezeit des Judentums. Die Mauren waren bis 1492 Herrscher über die iberische Halbinsel. Sie waren Muslime und lebten mit den Juden in völliger Eintracht zusammen. Tatsächlich haben die Muslime Spaniens die Kultur nach Europa gebracht. Es waren die arabischen Wissenschaftler, Philosophen, Literaten und Künstler, die das barbarische, noch im tiefsten Dunkel heidnischer Mythen lebende, christianisierte Europa mit ihrem Wissen und Können erleuchteten. Arabische Autoren brachten den Hellenismus wieder nach Europa, Platon und Aristoteles wurden erst via Spanien, häufig durch jüdische Übersetzer, in Europa bekannt. Auch Astronomie, Physik, Chemie und Medizin waren bei den Muslimen auf dem Höchststand des damaligen Wissens. Wesentlichen Anteil daran hatten die Juden, die ebenfalls wesentlich gebildeter und belesener waren als das Gros der christlichen Gesellschaft, die vor allem vom Klerus gerne unwissend und klein gehalten wurde, um die Macht der Kirche zu mehren. Denn der Klerus war sehr gebildet, wie die Bibliotheken der Klöster aus jener Zeit beweisen. Doch dieses Wissen wollte man nicht teilen.

In Spanien entwickelte sich damals eine eigene jüdische Tradition, die später als »sefardisches«, als spanisches Judentum berühmt werden sollte. Es gab zum Beispiel den Dichter und Philosophen Judah Halevi, dessen Lyrik von bestechender Schönheit ist und dessen wichtigstes philosophisches Werk, der »Kusari«, bis heute im Unterricht religiöser Juden gelesen wird. Der Kusari ist ein wirklich einzigartiger Text. Geschrieben aus der Erfahrung der so genannten Disputationes, fingierter Streitgespräche, bei denen sich jüdische Gelehrte mit christlichen Gelehrten messen lassen mussten, um zu beweisen, dass ihr Glaube der richtige sei (was völlig umsonst war, denn die christlichen Gerichte hatten den Ausgang dieser Disputationen von vornherein festgelegt), nahm Halevi im »Kusari« einen Vergleich der drei abrahamitischen Religionen vor, um zu zeigen, warum das Judentum die Wahrheit für sich beansprucht.

Halevis Sehnsucht nach Zion war so groß, dass er sich auf den Weg nach Jerusalem gemacht haben soll, um die Stadt Davids mit eigenen Augen zu sehen. Der Legende nach soll er vor den Toren der heiligen Stadt von einer Horde reitender Krieger zertrampelt und getötet worden sein.

Neben anderen großen jüdischen Philosophen wie Solomon Ibn Gvirol, Josef ibn Pakuda oder Moses ibn Esra, die mit ihren muslimischen Kollegen in regem Meinungsaustausch standen, ragte in jener Zeit vor allem ein Mann heraus, der bis heute einer der wichtigsten jüdischen Gelehrten aller Zeiten ist: Mosche ben Maimon, besser bekannt als Maimonides. Er lebte von 1135 bis 1204.

Hauptberuflich Arzt, verfasste er zahlreiche Werke, die bis heute zum Standard der rabbinischen Literatur gehören, wie etwa die »Mischne Thora«, eine umfassende Kodifizierung des gesamten jüdischen Gesetzeswerkes, sowie den »Führer der Verwirrten«, einen philosophischen Text, der Zweiflern und Unschlüssigen helfen sollte, sich mittels des jüdischen Glaubens Gott zu nähern.

Maimonides' herausragende Leistung lag unter anderem darin, dass er als Kenner der Werke des Aristoteles, dessen Gedankengebäude er mit jüdischer Philosophie zu verbinden wusste, ebenso wie er durch die Kenntnis der Texte des berühmten muslimischen Philosophen Averroes auch arabisches Gedankengut verarbeitete.

Heute, angesichts des Nahost-Konfliktes, kann man sich überhaupt nicht mehr vorstellen, dass es tatsächlich einmal eine Zeit gegeben haben könnte, in der sich Juden und Muslime prächtig verstanden haben. Doch damals, im so genannten Goldenen Zeitalter des islamischen Spanien und in der osmanischen Türkei, war es so. In der Person des Maimonides wird das besonders deutlich: Denn seine Werke sind nicht etwa auf Hebräisch, sondern auf Arabisch geschrieben! Und sein Ruf als Arzt war so hervorragend, dass er weit über die Landesgrenze hinausreichte. So wurde der Jude Maimonides in seinen späten Jahren Leibarzt des größten arabischen Führers aller Zeiten, Salah al-Din, bei uns besser bekannt als Saladin. Er diente dem arabischen Herrscher treu an dessen Hof in Ägypten. Was ihn nicht im Geringsten davon abhielt, sich weiter seinem Glauben verpflichtet zu fühlen und seine religionsphilosophischen Texte zu verfassen.

Doch wie schon angedeutet – das Goldene Zeitalter war zu Ende, als die Christen, als die katholische Kirche sich Spanien zurückeroberte. Sämtliche Juden, die im Rahmen der berüchtigten Inquisition nicht bereit waren, zum Christentum zu konvertieren, wurden aus Spanien vertrieben. Das waren rund eine Viertelmillion Menschen. Für damalige Zeiten eine unvorstellbar hohe Zahl.

Die meisten jener Juden aber, die unter Zwang und Folter, ja Androhung der Todesstrafe zum Christentum übertraten, blieben ihrem Glauben heimlich treu. Man nannte sie auf Spanisch Marranos, Schweine. Als Kirche und Staat davon erfuhren, hatten die Marranos inzwischen bis in den hohen Adel hinein geheiratet. Da entwickelte sich in Spanien ein Wahn, der einer Erfindung Adolf Hitlers gleich kam: die Lehre vom »reinen« Blut. Hitler hat sich also, wie auch später bei dem Gelben Stern, der bereits existierenden absurden Ausgeburten kranker Gehirne bedienen können. Die Spanier waren besessen von der Angst, irgendwie von jüdischen Marranos abzustammen. Das galt vor allem für den Adel. Und so mussten Nachweise erbracht werden, die belegten, dass bis zur x-ten Generation kein Jude in der Familie gewesen war! Im letzten Jahrhundert, unter den Nazis, nannte sich so etwas dann »Ariernachweis«.

Neben diesem Irrsinn gibt es allerdings auch wundersame Geschichten. Am Freitagabend, also zu Beginn des Schabbats, ist es üblich, mit einem Segensspruch zur Heiligung des Ruhetages zwei Kerzen anzuzünden. Viele Marranos behielten dieses Ritual bei, doch sie zündeten die Kerzen in einem Schrank an, den sie danach sofort schlossen, damit der Schein der Kerzen nicht auf die Straße fiele und damit die Juden verriete. Elie Wiesel erzählt in einem bewegenden Text von einem Erlebnis während einer Spanienreise, die er irgendwann in den siebziger Jahren gemacht hatte. Er lernte damals einen Spanier kennen, der ihn zu sich nach Hause einlud. Dort entschuldigte sich der Mann für einen Moment, ging zu einem Schrank, zündete zwei Kerzen an und schloss den Schrank wieder. Wiesel war völlig elektrisiert, denn er wusste von diesem Ritual der Marranos und fragte den Mann, was er denn da mache. Seinem spanischen Gastgeber war nicht klar, was das zu bedeuten hatte, er erklärte nur, das sei ein alter Brauch seiner Familie, er würde ihn aus Traditionsbewusstsein weiterführen. Wiesel klärte ihn auf. Der Mann war völlig überrascht. Jahre später trat er zum Judentum über. Vielleicht sollte man in diesem Fall eher sagen, er war zum Judentum zurückgekehrt.

Was also die katholische Kirche damals unter allen Umständen zu verhindern suchte – das Gegenteil hat sie erreicht. In der spanischen Gesellschaft finden sich überall jüdische Wurzeln. Es gibt kaum einen Stammbaum, in dem sich heute nicht zumindest ein Marrano finden lässt.

Die anderen jedoch, jene Viertelmillion, die nicht bereit war zu konvertieren und deshalb vertrieben wurde, dieser Rest des spanischen Judentums flüchtete sich in Regionen, die diese Heimatlosen bereitwillig aufnahmen. Sie gingen nach Nordafrika, nach Italien, nach Holland, in die Türkei, nach Bulgarien und Jugoslawien.

In den muslimischen Ländern fanden sie bereits existierende jüdische Gemeinden vor. Es handelte sich dabei entweder um Nachkommen jener Juden, die nach dem Ende der Babylonischen Gefangenschaft nicht nach Judäa zurückgekehrt waren, oder aber um die Kindeskinder der Juden, die nach der Zerstörung des Tempels von Jerusalem Zuflucht in den orientalischen Ländern gefunden hatten.

Im Orient hatte sich inzwischen ein neuer »Ableger« des Judentums entwickelt: Der Islam. Gründer dieser dritten abrahamitischen Religion ist der Prophet Muhammad. Er lebte von 590 bis 632 und brachte die Araber, die sich als Nachkommen Ismaels ansehen, des Sohnes Abrahams mit Haggai, zu Allah, dem Einen und Einzigen Gott. Bei uns Juden gibt es auf Hebräisch viele Umschreibungen von Gott. El oder Elohim sind zwei davon. Sie haben dieselbe semantische Wurzel wie das arabische Wort Allah. Was nicht nur die Verwandtschaft der beiden semitischen Sprachen beweist, sondern auch die enge Verwandtschaft zwischen den Nachkommen Ismaels und den Nachkommen Isaaks.

Muhammad hat in seiner Lehre viel aus dem Judentum übernommen. Den radikalen Monotheismus sowieso, dann aber auch das Bilderverbot, das im Christentum ja nicht existiert. Fasttage, das Verbot Schweinefleisch zu essen, rituelle Waschungen, fixe Gebetszeiten, die Gastfreundschaft, die religiös motivierten Pilgerreisen – all das erinnert stark an die Halacha, das jüdische Religionsgesetz, aus dem noch viele andere Elemente in den Islam eingeflossen sind. Auch eine mündliche Überlieferung gibt es im Islam, ganz so wie im Judentum. Muhammad warb lange um die Juden in seinem Wirkungsgebiet. Er wollte unbedingt, dass sie zu dem von ihm neu geschaffenen Glauben übertreten. Doch wie sagte schon Gott am Berg Sinai? Die Juden sind ein hartnäckiges Volk. Und so, wie sie schon bei Jesus und Paulus Nein gesagt hatten, so taten sie es auch jetzt wieder. Sie sahen nicht ein, warum sie einem Mann folgen sollten, der ihrer Meinung nach nicht der Messias sein *konnte*. Denn was geschehen würde, wenn der echte Messias eines Tages käme, das war ja in den Heiligen Schriften genau beschrieben: »Die Schwerter würden zu Pflugscharen umgeschmiedet«, »das Zicklein würde neben dem Wolf liegen« und so weiter. Ist das so auf dieser Welt, seitdem Muhammad sein Prophetentum der Menschheit offenbart hat? Na also! Keine Notwendigkeit also, irgendetwas am Status quo des eigenen

Glaubens zu ändern. Die Juden blieben Juden. Punkt. Aus. Basta.

Es ist schon fast langweilig zu erzählen – aber dieser Widerstand hatte natürlich ein ähnliches Resultat zur Folge wie der gegen die christliche Welt. Der arabische Prophet begann die Juden zu hassen. In der Stadt Medina, heute als zweitwichtigste heilige Stätte des Islam verehrt, wurde die gesamte jüdische Gemeinschaft vertrieben oder vernichtet. Nichts Neues unter Gottes Sonne, also! Dennoch: unter der Herrschaft der Muslime lebten Juden viel besser als unter christlichen Königen und Kaisern. Sie wurden nicht als Ungläubige angesehen, da sie ja auch an den Einen und Einzigen glaubten, und als »Volk des Buches« wurden sie mehr oder weniger respektiert. Gegen sie musste man keinen »Heiligen Krieg« führen (das sehen heute viele Imame gegenüber dem Staat Israel anders). Die islamischen Führer gestatteten ihnen zwar eine begrenzte Religionsfreiheit, doch speziell gekennzeichnete Kleidung mussten die Juden auch im Orient tragen. Und obendrein noch höhere Steuern zahlen als die anderen.

Auf diese orientalischen Juden stieß also 1492 jener Teil der sefardischen, der spanischen Juden, der nirgendwo in Europa Zuflucht gefunden hatte. Heutzutage unterscheidet man generell zwei große jüdische Gruppen: die Aschkenasim (oder: Deutsche), also all jene, die aus Deutschland und Nordfrankreich stammten und später nach Osteuropa gewandert waren, und die Sefardim (oder: Spanier), die sich heute aus den Nachkommen der spanischen Flüchtlinge von 1492 und den orientalischen Juden zusammensetzen. Ein irakischer Jude, dessen Familie seit Jahrtausenden dort und nur dort ansässig war, wird heute auch als Sefarde bezeichnet. In Marokko übrigens, einem der Länder, wohin spanische Juden einwanderten, konnte man bis in die fünfziger Jahre mehr oder weniger leicht erkennen, wo die Wurzeln einer jüdischen Familie lagen. Jene, die sefardischen Ursprungs waren, sprachen zu Hause Spanisch, jene, die quasi immer schon in Marokko waren, sprachen und sprechen bis heute Arabisch oder Französisch, die Sprache der einstigen Kolonialmacht.

Obwohl sefardisches und aschkenasisches Judentum sich über weite Strecken unabhängig voneinander entwickelten, blieben beide Gruppen in ihren religiösen Grundfesten identisch. Die Texte waren dieselben. Talmud und Thora sowieso, aber auch die Gebete waren überwiegend gleich, selbst wenn sie in anderer Reihenfolge und, natürlich, mit anderen Melodien gesungen wurden. Generell kann man sagen, dass die Melodien der aschkenasischen Juden aus dem osteuropäischen Raum mit slawischen Elementen, die sefardischen Melodien natürlich mit andalusischen oder orientalischen Elementen versetzt waren. Auch sprachen europäische und sefardische Juden ihr Hebräisch mit unterschiedlichen Vokallauten aus. Da Hebräisch ja eine reine Konsonantenschrift ist, war das kein Wunder. Ein Beispiel: während osteuropäische Juden das hebräische Wort für Neujahr etwa »Roisch haSchunu« aussprechen, klingt dasselbe Wort in der westeuropäischen Sprechweise etwa wie: »Rausch haSchono«. Bei den Sefardim heißt der Feiertag schließlich »Rosch haSchana«. Diese Sprechweise gilt heute als die »richtige«. Denn die Zionisten hatten sich früh darauf geeinigt, die Sprechweise der Sefardim zur allgemein gültigen Aussprache auf Neuhebräisch in Israel zu erklären.

Heute spricht jeder Israeli, egal ob Sefarde oder Aschkenasi, Hebräisch wie ein Sefarde. Die ost- oder westeuropäische Sprechweise findet sich in Israel nur noch in einigen ultra-orthodoxen Kreisen, die nicht von ihrer Tradition lassen, oder in sehr frommen Kreisen in der Diaspora. Ein jüdisches Kind, das heute in der Diaspora Hebräisch lernt, bekommt nur noch das israelische Hebräisch in der sefardischen Vokalisation beigebracht.

Wie gesagt, die Gebetstexte beider großer Gruppen blieben beinahe identisch. Das war der späte Lohn für die Mühen, die sich Jochanan ben Sakkai und seine Getreuen gemacht hatten. Die Übereinstimmung der Rituale bei Sefardim und Aschkenasim auch noch nach Jahrhunderten war der beste Beweis dafür, dass es den Weisen von Javneh gelungen war, das Judentum so zu transformieren, dass in Ermangelung eines eigenen Staates die Thora und der Talmud zur »transportablen Heimat« aller Juden geworden waren.

Natürlich gab es unterschiedliche Rituale, unterschiedliche zusätzliche Gebete, die sich im Laufe der Jahrhunderte entwickelt hatten. Auch war das aschkenasische orthodoxe Judentum wesentlich rigoroser als das sefardische, denn in der islamischen Welt durften die Juden einen wesentlich größeren Anteil am normalen gesellschaftlichen Leben haben als in der christlichen Welt, doch man war sich im Ritus, im Kult, im Glauben ganz und gar nicht fremd. Im Gegenteil. Die Texte und Entscheidungen großer Rabbiner wurden hüben wie drüben angenommen. Der aschkenasische Rabbi Gerschom aus Worms entschied einst im Mittelalter, dass Juden nicht mehr mehrere Ehefrauen haben dürften – wie das aus den biblischen und orientalischen Zeiten noch gang und gäbe war. Er wollte, dass Juden sich an die Gepflogenheiten ihres Gastlandes anpassten, solange diese nicht den Gesetzen der Thora widersprachen. Aber die Anzahl der Ehefrauen war biblisch nicht festgelegt. Es war eine Gepflogenheit aus dem Vorderen Orient, die so in Europa nicht mehr weitergeführt werden konnte. Dieser rabbinischen Entscheidung beugten sich sehr oft auch die Sefardim. Und so kommen wir jüdischen Männer nicht mehr in den Genuss von mehreren Frauen gleichzeitig. Manche sagen: zum Glück.

Einer der wichtigsten Gesetzcodices ist der »Schulchan Aruch«, der »Gedeckte Tisch« des sefardischen Rabbiners

Josef Karo. Der Schulchan Aruch gilt natürlich auch für die Aschkenasim, wenngleich sie noch einige besondere Regeln hinzufügten, die ihren Gewohnheiten entsprachen. Auch hier, zur Anschaulichkeit, ein Beispiel.

An Pessach ist es verboten, »Gesäuertes« zu essen, also alles, was irgendwie gären könnte. Dies in Erinnerung an den Teig, den die Juden beim hastigen Aufbruch aus Ägypten aus dem Ofen nehmen mussten, obwohl er noch nicht aufgegangen war, noch nicht gegärt hatte. Dieses ungesäuerte Brot, die Mazza, ist das Brot der Freiheit. Und so isst man an den acht Tagen von Pessach überhaupt nichts, was gären könnte. Was aber könnte gären? Aschkenasim und Sefardim sind sich da in der Beurteilung überwiegend einig. Doch wie auch in anderen Bereichen gehen die europäischen Frommen ein klein wenig weiter. Für sie ist Reis auch Getreide und somit »Gesäuertes«, für die Sefardim aber nicht. Daher wird man Reis an Pessach im Hause von aschkenasischen Juden nicht auf den Tisch bringen. Die orientalischen Juden haben damit kein Problem. Inzwischen aber gibt es vor allem in Israel viele Ehepaare, die »gemischt« sind. In einem Haushalt, in dem die Frau sefardisch ist und der Mann aschkenasisch, muss eben einer bestimmen, nach welcher Tradition an Pessach gegessen wird.

Wie wir sehen, hatten sich am Vorabend der Moderne notgedrungen überall auf der Welt Juden angesiedelt. Sie lebten in ganz Europa, in Nordafrika, im Orient und sogar in einigen asiatischen Ländern. Hatten sie das gewollt? Nein, gewiss nicht. Schuld daran war die Zerstörung ihrer Heimat, die Vertreibung. Später dann, im Galut, im »Exil«, lag es an dem christlichen Antijudaismus und den im Vergleich milderen antijüdischen Ausschreitungen der Muslime, dass Juden sich immer wieder auf die Wanderschaft machen mussten, um irgendwo eine neue Bleibe zu finden. So wurden sie zerstreut über die ganze Welt.

Gibt es ein modernes Judentum?

Gibt es eigentlich ein modernes Judentum, werde ich immer wieder gefragt. Denn für die meisten Nichtjuden hat das Judentum nur zwei Gesichter. Da gibt es einmal die Juden, die wie ich aussehen: modern gekleidet, ohne Bart, ohne Kaftan, ohne Kippa, anscheinend genauso säkular wie alle anderen Menschen. Und dann sind da die »eigentlichen« Juden: das sind jene Ultra-Orthodoxen, die mit schwarzem Kaftan, mit Hut, Bart und Schläfenlocken herumlaufen und somit als Juden sofort erkennbar sind.

Viele glauben, dass diese Juden das uralte Judentum verkörpern, eine Art archaisches Judentum, das unverändert seit Jahrtausenden, seit den biblischen Anfängen existiert. Natürlich ist das nicht so. Aber mehr noch – diese »Kaftanjuden«, wie man sie auch despektierlich nennt, sind eigentlich ein Ergebnis der modernen Entwicklung des Judentums! Es gibt sie gerade mal erst etwas mehr als 200 Jahre! Diese chassidischen Juden, wie sie heute auch genannt werden, sind das Ergebnis einer politischen und spirituellen Katastrophe, die das Judentum im 17. Jahrhundert heimgesucht hat.

Wir schreiben das Jahr 1648. In diesem Jahr wird Bogdan Chmielnicki zum Führer der Kosaken gewählt. Die Kosaken begannen eine Revolution gegen die polnische Aristokratie, die Land und Menschen finanziell ausbluten ließ. Eben diese Aristokratie aber hatte die verfolgten Juden aus Mitteleuropa herzlich willkommen geheißen und sie gerne in Polen aufgenommen. Juden wurden zu Verwaltern ihrer Reichtümer, und sie hatten die Aufgabe, bei den Untertanen der polnischen Fürsten die Steuern einzutreiben. Kein Wunder, dass Chmielnicki und seine Mannen ihnen nicht wohlgesonnen waren. Die Kosaken bringen im Laufe der Revolution rund ein Viertel der polnischen Judenheit um, viele werden als Gefangene auf den Sklavenmarkt von Konstantinopel gebracht und dort verkauft.

Die fröhlichen Zeiten in Polen sind damit ein für alle Mal vorbei.

Die Massaker des Bogdan Chmielnicki an den polnischen Juden waren so furchtbar, dass viele jüdische Gemeinden glaubten, das Ende der Zeiten sei nahe. Denn in der Überlieferung heißt es, dass eine besonders schlechte Zeit der Ankunft des Messias vorausgehe. In ihrer Verzweiflung griffen die Juden nach jedem Strohhalm, der ihnen irgendwie Halt bieten konnte. Die Idee, die Ankunft des Messias stünde unmittelbar bevor, begann sich wie ein Lauffeuer in ganz Europa auszubreiten. In der jüdischen Welt machte sich ein merkwürdiger esoterischer Spiritismus breit, der alle Schichten erfassen sollte.

Kabbalisten, Messianisten, Rabbiner

Die Sehnsucht nach dem Messias war größer denn je. Und er kam. In Gestalt des Schabbatai Zwi, eines jungen Talmudschülers, der 1626 in Smyrna ausgerechnet am 9. Av geboren wurde. Der 9. Av ist im jüdischen Kalender der Tag, an dem der Tempel zerstört wurde. Traditionell heißt es, dass der Messias an einem 9. Av geboren wird. Bei Schabbatai war das tatsächlich der Fall. Sein wichtigster Jünger und Verkünder wurde ein Mann namens Nathan von Gaza, der von sich glaubte, er wäre die Reinkarnation des Propheten Elijahu, der nach der Überlieferung die Ankunft des Messias verkünden werde. Nathan von Gaza muss ein PR-Genie gewesen sein. Denn bis 1665 hatte er die meisten jüdischen Gemeinden Europas davon überzeugt, dass Schabbatai Zwi tatsächlich der lang ersehnte Messias wäre. Nathan machte irrsinnige Prophezeiungen: Bald würden die Zwölf Stämme von allen vier Enden der Welt eingesammelt, der türkische Sultan würde entthront und die Erlösung am 18. Juni 1666 beginnen!

Die jüdische Welt war in Aufruhr und geriet in Ekstase. Ganze Gemeinden schlossen sich Schabbatai Zwi an, ließen alles stehen und liegen, um zu dem »Messias« zu eilen. Familien verkauften ihr Hab und Gut, um dem Erlöser zu folgen, es war eine einzige, große, wahnsinnige Raserei.

Doch es kam – natürlich – alles ganz anders. Als Schabbatai in der Nähe der osmanischen Hauptstadt Konstantinopel seinen Fuß an Land setzte, wurde er von den Behörden prompt verhaftet. Er kam als Aufrührer vor Gericht und hatte die Wahl, zum Tode verurteilt zu werden oder zum Islam zu konvertieren. Ganz irdisch wählte der verängstigte »Messias« die Konversion. Als Muslim starb er 1676 in Albanien.

Doch damit war das Ende des Spuks noch nicht erreicht. Werbemanager Nathan von Gaza beeilte sich, diese Konversion als Teil des göttlichen Erlösungsplanes und andauernden Kampf mit den »Mächten des Bösen« kundzutun. Der gute Nathan würde heute wahrscheinlich sofort einen Job als Regierungssprecher bekommen!

Tatsächlich gab es einige Juden, die Nathan auch diesen Quatsch noch abnahmen und sich ebenfalls zum Islam bekehrten, um ihrem Herrn und Meister auf allen Wegen folgen zu können. Sie wurden später Dönmeh genannt, »Apostatensekte«, und bis ins 20. Jahrhundert konnte man sie in Istanbul finden.

Die Dönmeh folgten dem falschen Messias in den Islam.

Für die große Mehrheit der Judenheit aber war der Übertritt das Ende. Nicht nur das Ende ihrer Träume, sondern auch das Ende ihrer psychischen, religiösen und teilweise sogar physischen Existenz, sie hatten alles für ihre Hoffnung auf Erlösung aufgegeben. Die jüdischen Gemeinden Osteuropas standen spirituell vor dem Ruin. Das traditionelle Judentum jener Zeit, die talmudische Gelehrtheit ebenso wie die rabbinische Gesetzesstrenge, hatte auf ganzer Linie versagt und den jüdischen Massen nichts mehr anzubieten. Wenn das Judentum überleben wollte, so musste es sich radikal und tief greifend erneuern.

Die Kabbala

Während das klassische, rabbinische Judentum sich strikt auf das rationale Studium der heiligen Schriften und der Erfüllung der rituellen Gesetze konzentrierte, hatten viele Scharlatane in der Periode Schabbatai Zwis ebenfalls ihr Unwesen getrieben. Kabbalistische Kreise, also jüdische Gruppen, die sich dem Studium der esoterischen Lehre des Judentums, der Kabbala, widmeten, hatten versucht, die seit Jahrtausenden überfällige Erlösung durch magische Riten und Beschwörungsformeln zu beschleunigen. Sie verteilten obskure Amulette und merkwürdige Spruchzettel, eine Art »Mantras«, die – so sagten sie – Heilung und vollständige Erlösung brächten. Alles Humbug, wussten die Juden am Schluss.

Kabbalisten, Messianisten, Rabbiner – sie alle erwiesen sich als Lügner, als Versager. Wie aber sollte es weitergehen?

In diesem verzweifelten politischen Klima entstand im frühen 18. Jahrhundert in Podolien, Galizien und Wolhynien der Chassidismus als eine Volksbewegung, die den Juden wieder Hoffnung und spirituelles Erlebnis ermöglichte. Israel ben Elieser, später Baal Schem Tow, der »Meister des guten Namens«, eignete sich talmudische und kabbalistische

Kenntnisse an, ohne jedoch den Wissensstand zu erreichen, den die damaligen Talmudhochschulen vermittelten.

Er zog nach Brody, heiratete dort die Schwester des Gelehrten Rabbi Abraham Gerschom, der ihn jedoch nicht besonders mochte, weil sich Israel als einfacher Bauer ausgab. Mit seiner Frau wanderte er daraufhin in den Karpaten umher (das ist die Gegend, aus der auch die Vampire stammen!) und zog sich immer wieder in die Einsamkeit der Berge zurück.

Nach sieben Jahren kam das Ehepaar erneut nach Brody und pachteten eine Schankwirtschaft, die jedoch die Frau führte, während sich Israel die ganze Woche in eine Klause im Wald zurückzog, um dort über die Geheimnisse der Thora und der jüdischen Gebete zu meditieren. Lediglich am Schabbat kam er heim. Er erwarb sich naturheilkundliche Kenntnisse und heilte damit Patienten.

Schon bald wurde ihm seine geistige Größe bewusst, doch er verbarg sie weiterhin vor seinen Mitmenschen. Er wartete auf den richtigen Zeitpunkt für seine Offenbarung. Als er 36 Jahre alt war, hatte er das Gefühl, es wäre soweit. In Kotow hatte er seine ersten Auftritte, und sein Ruf als Tröster, Helfer und inspirierter Geist verbreitete sich schnell. Baal Schem Tow kam dabei nicht einen Augenblick auf den Gedanken, er könnte der Messias sein. Es ging ihm lediglich darum, den Juden neuen Glauben an Gott zu geben, ihnen zu helfen, nach der Zeit des völligen spirituellen Zusammenbruchs, dem die Rabbiner jener Zeit hilflos zusahen, ihnen neue Hoffnung zu geben.

Bald scharten sich Schüler um ihn, um seine Lehre und seine Lebensweise kennen zu lernen und zu übernehmen. Als Israel ben Elieser 1760 starb, hinterließ er eine Lehre, die sich auf die Kabbala, die jüdische Mystik, beruft und heute allgemein als »Chassidismus« bezeichnet wird.

Das Wort Kabbala bedeutet so viel wie »empfangen«. In den »Sprüchen der Väter«, einer der wichtigsten Textsammlungen der mündlichen Lehre des Judentums, heißt es:

> »Moses empfing die Lehre vom Sinai und überlieferte sie dem Josua, Josua den Ältesten, die Ältesten den Propheten, und die Propheten überlieferten sie den Männern der großen Versammlung [dem Sanhedrin].«

Nach jüdischem Glauben empfing Moses von Gott am Berg Sinai eben nicht nur die schriftliche, sondern auch die mündliche Lehre – dieser Glaube basierte auf der Überzeugung jener Pharisäer, die nach der Zerstörung des Tempels das rabbinische Judentum in Javneh entwickelt hatten. Neben der schriftlichen und mündlichen Lehre, die zusammen die exoterische, allgemein verständliche Lehre des Judentums ausmacht, empfing Moses am Sinai aber auch die esoterische Lehre, eben die Kabbala. Das heißt, zwei »Traditionsketten« durchlaufen die jüdische Geschichte, die »äußere« für die Allgemeinheit und eine »innere«, die nur für bestimmte, gereifte Persönlichkeiten bestimmt ist. So lässt sich ein Bibeltext buchstäblich und geschichtlich auslegen, aber möglich ist auch eine »transzendente« Interpretation.

Um zu begreifen, was der Chassidismus im 18. Jahrhundert intellektuell und spirituell geleistet hat, um das Judentum am Leben zu erhalten, muss ich jetzt ein wenig ausholen und im Instant-Verfahren kurz die Kabbala – es handelt sich dabei ja »lediglich« um Zehntausende von Textseiten – in wenigen Sätzen »erklären«. Es dürfte jedem Leser klar sein, dass alles, was jetzt folgt, eine sehr vereinfachte Darstellung höchst komplexer Gedankengänge ist.

Stürzen wir uns also kurz hinein in diese Welt:

Zentrale Bedeutung hat in der Kabbala der so genannte

Sefirot-Baum mit seinen zehn Emanationen Gottes. Diese zehn Aspekte der Gottheit finden eine Entsprechung in der exoterischen Lehre: in den Zehn Geboten der Bibel. Im Judentum ist Gott stets verborgen, wir normalen Sterblichen können ihn nicht sehen. Dazu kommt noch die Unbenennbarkeit des Einen und Einzigen, wir dürfen also den Namen Gottes nicht aussprechen und finden daher stets Umschreibungen um Ihn irgendwie zu benennen. »Unser Herr« oder »Herr der Heerscharen« sind nur zwei Begriffe, die in den hebräischen Texten immer wieder auftauchen. Gott, so der Glaube, kann nur von Auserwählten, wie etwa Moses, gesehen werden und dann auch nur in einer »Verkleidung«, etwa als brennender Dornbusch.

Die zehn Sefirot stehen nun in einem wechselhaften und spannungsgeladenen Bezug zueinander. Sie symbolisieren in der Kabbala aber nicht nur die Gottheit, sondern auch die Schöpfung. Eine dieser Emanationen ist die »Schechinah«, die »göttliche Gegenwart unter den Menschen«. Diese göttliche Gegenwart ist mit dem Volk Israel gemeinsam verbannt: Sie teilt mit dem Volk den Galut, das Exil. Zur Zeit des Tempels befand sich die Schechinah in jenem Raum des Tempels, der als das »Allerheiligste« bezeichnet wurde und den selbst der Hohepriester nur einmal im Jahr betreten durfte: An Jom Kippur, dem Versöhnungstag, dem höchsten jüdischen Feiertag. Mit der Zerstörung des Tempels ist die Schechinah sozusagen mit den Juden auf Wanderschaft ins Exil gegangen. Das klingt natürlich ein wenig merkwürdig, dass ein Teil Gottes ins »Exil« geschickt werden kann, aber so ist der Glaube. Vielleicht ist es leichter verständlich, wenn man sagt, dass diese göttliche Gegenwart die Juden überallhin begleitet hat und damit ihren eigentlichen Ort, den Tempelberg von Jerusalem, also dort, wo sie hingehört, zeitweilig aufgegeben hat.

Es ist die Schechinah, diese göttliche Gegenwart auf Erden, über die allein sich der Kabbalist oder Chassid mit Gott verbinden kann, die anderen neun Sphären oder Emanationen Gottes sind dem Menschen unzugänglich. Indem man sich aber mit der Schechinah verbindet, ist man automatisch auch mit den anderen neun Sphären Gottes verbunden, wenngleich nur indirekt. Hier und jetzt setzt die Thematik der Erlösung in der Kabbala, wie sie Jitzchak Luria im Mittelalter weiterentwickelt hat, ein. Erlösung heißt auf Hebräisch: Tikkun. Es geht um Tikkun Olam, um die Erlösung der Welt.

Was ist aber mit Tikkun Olam gemeint? Es ist interessant, dass die kabbalistische Vorstellung der Schöpfung den modernen Urknall-Theorien ähnelt. In beiden Welten gibt es die Idee eines »Raumrückzuges«, dass also irgendwie »Platz« für die Schöpfung gemacht wurde, damit sie sich überhaupt ausbreiten konnte. In der Kabbala ist es Gott, der sich um seiner Schöpfung willen zurückgezogen hat. Dieser göttliche Rückzug wird Zimzum genannt. Gott wird in der Kabbala stets nur als »Ein Sof«, als »Unendlich«, bezeichnet. Der Unendliche hat also Platz gemacht für seine Schöpfung. Doch dabei kam es zu einem kleinen Betriebsunfall. Er wird in der Kabbala als das Mysterium des »Zerbrechens der Gefäße« bezeichnet.

An jenem Ort, der nun durch den Rückzug Gottes frei geworden ist, hat der Unendliche Gefäße aufgestellt, die das Licht aufzunehmen hatten, in dem die Welt entstehen sollte (die Forscher bezeichnen das Licht als Energie – es ist alles nur eine Frage der Sprache!). Diejenigen Gefäße, die der Lichtquelle am nächsten standen, waren spiritueller Natur und nahmen das Licht ohne weiteres auf, die weiter entfernt stehenden waren jedoch bereits Materie und zerbrachen, als das göttliche Licht eindrang. Diese Funken sind nun durch den Fall der Welten und dadurch, dass Adam und Eva die Frucht vom Baum der Erkenntnis aßen, im Exil und irren sinnlos umher. Zugleich irrt auch die Schechinah umher, denn sie ist eine Gefangene des menschlichen Falles im Paradies und existiert wie abgetrennt von der transzendenten Gottheit.

Daher ist es also Aufgabe des Menschen, diese Funken wieder einzufangen und zu erheben, nur dadurch kann die Schechinah, und somit auch das ganze Volk Israel, ja, die gesamte Welt, erlöst werden.

Jetzt wird vielleicht klar, warum die Ankunft des Messias von so großer Bedeutung ist und warum so häufig in der Geschichte des Judentums immer wieder Versuche unternommen wurden, um seine Ankunft zu erzwingen und zu beschleunigen. Und warum immer wieder »falsche« Messiasse auftauchten, wie Schabbatai Zwi, aber auch Jesus von Nazareth.

Doch zurück zu den Anfängen des osteuropäischen Chassidismus im 18. Jahrhundert. Nach der riesigen Enttäuschung über den falschen Messias ging es einmal darum, die Messiasidee wieder zu entpersonalisieren. Zum anderen musste die Kluft, die im Laufe der Zeit zwischen den rabbinischen Gelehrten und dem einfachen, weniger geschulten Juden entstanden war, überbrückt werden. Es ging darum, die Wirklichkeit der zu erlösenden Welt jedem Einzelnen erlebbar zu machen. Es ging darum, jeden einfachen Juden an der Erlösungsarbeit teilhaben zu lassen, sie ihm erlebbar zu machen.

Der Chassidismus, sein Begründer Israel ben Eliezer, ging daran, die Kabbala aus dem abgeschlossenen Raum eines elitären Zirkels herauszuholen und sie in den Alltag zu integrieren, sie als aktiv gelebte Mystik erfahrbar zu machen.

Dafür bedurfte es eines »Zaddiks«, eines Gerechten, der als Führer seiner Gemeinschaft in einem ständigen Paradoxon lebte. Er war einerseits ein Mystiker, der in ständiger Verbindung mit Gott, mit der Schechinah stand, der aber gleichzeitig zu jedem Hilfsbedürftigen seiner Gemeinde herabsteigen musste, um diesem seiner Visionen teilhaftig werden zu lassen. Das Bild einer Leiter, deren Fuß auf der Erde steht und deren Ende in den Himmel ragt, bietet sich an und bildet zugleich ein Symbol für das Prinzip der chassidischen Gemeinschaft und Lebensweise.

Im Mittelpunkt des Chassidismus steht nicht mehr nur die Gelehrsamkeit, sondern die Bindung der Seele an Gott. Das ist eine permanente Beziehung, die sich nicht nur auf Gebet oder Schriftstudium beschränkt, sondern das ganze Leben mit einbezieht. Selbst die profansten Dinge müssen mit Dewekut, mit einer »Bindung« der Seele an Gott, verrichtet werden. Nur wer so lebt, ist in der Lage, die heiligen Funken emporzuheben und die Mitzwot, die Gesetze Gottes, in der entsprechenden spirituellen Haltung so zu vollziehen, dass jede ausgeführte Mitzwah zur Erlösung der Welt beiträgt.

Um auch den einfachsten und ungebildetsten Juden an dieser Erlösungsarbeit teilhaben zu lassen, setzte der Baal Schem Tow den Gottesdienst vor das reine Schriftstudium. Freude, Gesang, Tanz, das rhythmische Hin- und Herschaukeln während des Gebets sind wichtige Elemente chassidischen Lebens. Man dient Gott in tiefster Begeisterung, in Ekstase. So und nur so kann die Wiederherstellung der Verbindung Gottes zu seiner sich auf Erden im Exil befindlichen Schechinah erreicht werden.

Die chassidische Konzeption steht also in scharfem Gegensatz zur rabbinischen des 17. und 18. Jahrhunderts. War damals nur der Gelehrte in der Lage, Gott zu dienen, da er über das nötige Wissen verfügte, so zählte bei den Chassidim auch die einfache, aufrichtige Tat eines einfachen Mannes. Die Auffassung, dass das gesamte jüdische Volk eine Einheit ist, wird von den Chassidim wörtlich verstanden. Jeder trägt für jeden Verantwortung und ist am Erlösungsprozess beteiligt, der Zaddik genauso wie der Verbrecher.

Wer bei diesen Erläuterungen an Praktiken aus dem Zenbuddhismus oder der Sufis denkt, liegt nicht so falsch. In gewisser Weise verlangt Zen ja die volle Konzentration auf den Augenblick und den Respekt vor der Tat, die jeder in jedem Augenblick an jeglicher Stelle zu verrichten hat. Die Straße zu fegen ist daher genauso wichtig wie stundenlanges Meditieren. Und dass Sufis durch Tanz und Musik in Ekstase geraten, ist bekannt – wenn man dann Chassidim beim Gebet tanzen und singen sieht, dann versteht man, wie nah sich oft die unterschiedlichsten Kulturen sind, ohne es zu wissen.

Nun, dass sehr viele Juden den Chassidismus begeistert aufnahmen, versteht sich. Die Mitnagdim, die Vertreter des knöchernen Gelehrtentums, gerieten bald ins Hintertreffen, nachdem sie obendrein vergeblich versucht hatten, gegen die Chassidim vorzugehen. Ihr wichtigster Vertreter war der berühmte Gaon von Wilna, Elija, einer der größten Schriftgelehrten der jüdischen Geschichte. Er war ein erbitterter Gegner der Chassidim. Doch selbst sein Bannfluch von 1772 nutzte nichts. Der Chassidismus begann seinen Siegeszug und erfasste weite Teile Osteuropas.

Wie alle charismatischen Bewegungen durchlitt irgendwann auch der Chassidismus eine große Krise, die allmählich zu seiner Degeneration führte. So faszinierend seine Entstehung war, dieses Phänomen, dass auf einem geographisch beschränkten Raum in einer überraschend kurzen Zeit eine riesige Zahl wahrhaft heiliger und inspirierter Führer auftrat, so banal endete seine Blütezeit. Die Zaddikim wurden zu Wunderrabbis erkoren. Sie entwickelten Dynastien, und anders als noch der Baal Schem Tow, der nicht seinen Sohn, sondern seinen besten Schüler zu seinen Nachfolger erklärte, weil er klar erkannt hatte, dass sein Sohn nicht über die nötigen Fähigkeiten verfügte, so entwickelten die Dynastien der Rebbes ein Erbrecht, das natürlich nur im Desaster enden konnte. Einer der letzten wirklich großen Rebben war Rabbi Nachman von Bratzlaw, ein Urenkel des Baal Schem Tow. Er ging hart ins Gericht mit den geld- und machtgierigen Zaddikim, die ihre Gemeinden nur noch für ihre persönlichen Interessen ausnutzten, doch alles war vergeblich. Rabbi Nachman war einer der letzten großen Visionäre aus den Anfängen des Chassidismus.

Natürlich hat sich der Chassidismus bis heute erhalten. Und immer wieder tauchen große Persönlichkeiten auf, wie zuletzt die des Lubawitscher Rebben in New York, Menachem Mendel Schneerson, der Anfang der neunziger Jahre verstarb. Doch sie blieben die Ausnahme.

Der Grund für die ausführliche Beschreibung der chassidischen Bewegung jedoch ist, zu zeigen, dass das, was die meisten Europäer heute als das »ursprüngliche« Judentum wahrnehmen, in Wirklichkeit eine Entwicklung des 18. Jahrhunderts ist. Dass vor allem die Kleidung, wie etwa der Kaftan, nichts mit einer »jüdischen« Kleidung zu tun hat, sondern mit den Gepflogenheiten Osteuropas in jener Zeit.

Die Chassidim, oder noch eher: die Orthodoxie war in gewisser Weise auch eine Reaktion auf die Emanzipation, die durch die Aufklärung zunächst in Westeuropa den Juden bessere, freiere Lebensbedingungen gewährte. Viele Juden wandten sich von der Tradition ihrer Väter vollständig ab oder entwickelten neue Formen des jüdischen Glaubens. Eine Orthodoxie gab es im Grunde bis ins späte 18., frühe 19. Jahrhundert nicht. Ein Jude definierte sich nicht so. Man hielt die Gesetze, mehr oder weniger, Punkt.

Erst durch das Entstehen neuer Strömungen, wie dem Reformjudentum oder dem säkularen Judentum, mussten sich die Frommen einen Namen geben: »Orthodoxe« – und sie begannen sich in ihrer Kleidung immer deutlicher von den anderen Juden zu unterscheiden, weil diese heftigst darauf erpicht waren, wie Nichtjuden auszusehen.

Übrigens ist heute die Feindschaft zwischen Mitnagdim und Chassidim größtenteils überwunden, da sie jetzt einen gemeinsamen Feind haben: die säkularen, zionistischen oder reformistischen Juden. Ein neuer gemeinsamer Feind verbündet alte Opponenten schnell.

Assimilation – Reformjudentum

Zu dem Zeitpunkt, als sich in Osteuropa Mitnagdim und Chassidim noch befeindeten, kam es zu den großen sozialen Veränderungen im Westen Europas, die schließlich in der Emanzipation ihren krönenden Abschluss fanden.

Im Heiligen Römischen Reich erließ Kaiser Joseph II. ein Toleranzedikt. Juden waren ab sofort nicht mehr an einen Ort gebunden, mussten nicht mehr nur in ihre eigenen Schulen gehen und waren auch nicht mehr gezwungen, irgendeine »spezielle« Kleidung zu tragen. Sie mussten jedoch deutsche Nachnamen annehmen, und in jeder Familie durfte nur ein Sohn heiraten. Zur gleichen Zeit verlieh die französische Nationalversammlung der jüdischen Bevölkerung die vollen staatsbürgerlichen Rechte und garantierte vollständige Religionsfreiheit. Man schrieb das Jahr 1791. Napoleon I., kein Geringerer, ging 1806 noch einen Schritt weiter, indem er den Sanhedrin wiederzubeleben versuchte. Er hatte die wichtigsten jüdischen Standespersonen dazu eingeladen. Von diesem Augenblick an konnten sich Juden in Frankreich selbst verwalten und waren ein Teil der zivilen Verwaltung.

Trotz eines wachsenden Antisemitismus nahmen die Freiheiten der Juden in Westeuropa zu. Viele Intellektuelle setzten sich für ihre Rechte ein, in Deutschland war das vor allem Gotthold Ephraim Lessing, der mit dem jüdischen Philosophen Moses Mendelssohn eng befreundet war. 1869 erhielten die Juden in Norddeutschland die vollen emanzipatorischen Freiheiten, und 1871 wurden in Deutschland offiziell die letzten antijüdischen Gesetzgebungen gestrichen. Juden durften studieren, höhere Beamte konnten sie jedoch nicht werden. In England sah es ähnlich aus. 1858 saß zum ersten Mal ein Jude als Abgeordneter im englischen Parlament.

Gleichzeitig mit diesen äußeren Veränderungen vollzog sich im Inneren des westeuropäischen Judentums ein religiöser Wandel. Der Einfluss der Aufklärung und ihrer Denker auf jüdische Intellektuelle ist unbestreitbar. Der bereits erwähnte Moses Mendelssohn (1720–1781) ist der wichtigste Wegbereiter dieser geistigen Veränderung des Westjudentums. Kern seines Denkgebäudes ist die Idee, dass die Existenz Gottes und seine Unsterblichkeit allein durch die Vernunft erkannt werden könne. Die Aufgabe des Judentums sei es, die Welt an die Einzigartigkeit Gottes zu erinnern, an den ethischen Monotheismus.

Mendelssohn verlangte, dass der Staat sich nicht in religiöse Angelegenheiten einmische. Er übersetzte die Bücher Moses' ins Deutsche und schrieb Bibelkommentare. Er wurde zur geistigen Brücke zwischen dem deutschen Judentum und der säkularen, aufgeklärten Welt.

Mendelssohn, in der heutigen Terminologie noch ein orthodoxer Jude, entwickelte jedoch mit seinen aufklärerischen Gedanken und dem Versuch, das Judentum in die Moderne zu führen, gewissermaßen das neuzeitliche Dilemma, das Juden bis heute beschäftigt und prägt: die Frage, inwiefern die Annäherung an die säkulare Kultur zugleich die Aufgabe der eigenen jüdischen Identität bedeutet und somit der Assimilation Vorschub leistet.

In gewisser Hinsicht entstand aus dieser Ambivalenz eine Fülle von jüdischer Literatur, die allerdings nicht mehr »religiöse« Literatur genannt werden kann. In diesen Texten, teilweise Essays, teilweise philosophische Abhandlungen, teilweise Romane, setzen sich Juden immer wieder mit der Frage auseinander, was es denn nun heißt, ein Jude zu sein in dieser Welt, vor allem, wenn man nicht mehr nach dem Religionsgesetz lebt. Diese Ambivalenz hat uns Juden ganz schön neurotisch werden lassen! Kein Wunder, dass ausgerechnet ein Jude der Erfinder der Psychoanalyse wurde. Ambivalenz und Neurose – zwei jüdische Eigenschaften, die Grundvoraussetzung jeglichen psychischen Defekts sind.

Doch zurück zur Aufklärung. Die Juden Westeuropas konnten endlich das Getto verlassen, und nichts war ihnen wichtiger, als sich ihrer Umwelt anzupassen und Teil der Gesellschaft zu werden. Dieser lang gehegte Wunsch, ebenso wie der Zeitgeist, der die Vernunft zur neuen Gottheit erhob, führten schließlich dazu, dass vielen Juden die althergebrachte Lebensweise veraltet, überholt, um nicht zu sagen: peinlich war. Man suchte neue Wege, um der neuen Lebenssituation gerecht zu werden.

Das Ergebnis hieß: Reformjudentum. Es begann, wie konnte es anders sein, in Deutschland. Israel Jacobson ließ den ersten »Reformtempel« in Seesen erbauen. Die Liturgie enthielt nun auch Gebete auf Deutsch, nicht mehr nur auf Hebräisch. Choräle und andere Formen musikalischer Darbietung, wie irgendwann auch der Gebrauch der Orgel, wurden vom christlichen Protestantismus übernommen.

1818 entstand in Hamburg eine zweite Reformgemeinde, die sogar ein eigenes Gebetbuch drucken ließ. In den Gebeten wurde jeder Hinweis auf den Messias gestrichen sowie – noch wichtiger – jede Anmerkung über die Einsammlung der Zwölf Stämme im Lande Israel. Was jahrtausendelang

Bestand gehabt hatte – die Hoffnung auf eine Rückkehr des jüdischen Volkes in die alte Heimat –, wurde nun von diesen deutschen Juden einfach über Bord geworfen. Man befand sich bereits in der Heimat. Und die hieß Deutschland.

Die theologische Entwicklung war dementsprechend: Immer häufiger verneinten liberale jüdische Gelehrte die Göttlichkeit der Thora. Sie glaubten nicht mehr daran, dass sie in ihrer Gesamtheit Wort für Wort genau so, wie sie bis heute existiert, von Gott dem Moses am Berg Sinai übergeben worden war. Man sah in der Thora zunehmend einen Text, der von verschiedenen inspirierten Männern, denen sich Gott offenbart hatte, geschrieben worden war. Mit dieser Interpretation konnte man endlich die Göttlichkeit und damit die Unverrückbarkeit der Gesetze der Thora in Frage stellen. Man betonte den ethischen Monotheismus, berief sich eher auf die moralische Lehre der Propheten als auf die Gesetze, die man nun über Bord zu werfen begann, weil sie den modernen Gepflogenheiten nicht mehr entsprachen und für manche berufliche Entwicklung hinderlich waren. Die Speisegesetze wurden modifiziert, und einige Gemeinden gingen sogar so weit, die Kopfbedeckung für Männer abzuschaffen und den Schabbat von Samstag auf den Sonntag zu verlegen, um sich noch weniger als sowieso schon von den christlichen Nachbarn zu unterscheiden!

Das Reformjudentum, das bis heute von der Orthodoxie als »Judentum light« angegriffen und abgelehnt wird, wurde im Westen ähnlich erfolgreich wie im Osten der Chassidismus. 1838 fand die erste Konferenz für Reformrabbiner statt, 1841 wurde die West-London Synagogue für Reformjuden gegründet, in Breslau wurde 1854 ein Seminar eröffnet, das Reformrabbiner ausbildete, 1869 geschah dasselbe in Budapest. In Berlin wurde 1872 die Hochschule für die Wissenschaft des Judentums gegründet.

Doch es war die Neue Welt, die schließlich zur Heimat der Reformjuden werden sollte. 1824 wurde in Charleston, South Carolina, der erste Reformtempel der USA eröffnet. Und schon bald gab es in allen größeren amerikanischen Städten Reformgemeinden. Diese begannen bald ihre eigenen Gebetsbücher zu drucken sowie weitere Reformtexte, die die Heiligen Schriften ganz im neuen Stil interpretierten. 1875 wurde das mittlerweile bedeutende Hebrew Union College in Cincinnati, Ohio, eröffnet. Dort werden bis heute Reformrabbiner ausgebildet.

In der so genannten Plattform von Pittsburgh wurden 1885 die Leitgedanken des Reformjudentums festgeschrieben. Sie sahen vor, dass nur noch die moralischen Gesetze der Thora zeitlos und auf ewig bindend sind, dass die Juden nicht mehr auf den Messias oder auf die Wiederentstehung eines jüdischen Staates in Israel warten, dass die Speisegesetze sowie die Regeln für die Reinheit der Frau überholt sind. Selbst wenn das Reformjudentum bis heute viele Veränderungen durchgemacht hat und dem traditionellen konservativen Judentum heute näher ist als zu Beginn, selbst wenn auch Reformjuden längst den Staat Israel als zentralen Teil ihrer jüdischen Identität ansehen, in gewisser Weise haben sie die alten Pfade der Tradition verlassen und sind zum ersten Mal Wege gegangen, die außerhalb der Halacha liegen.

Denn in der Geschichte des Judentums, in der Veränderung und Anpassung der Gesetze an die jeweiligen Lebensumstände zum Alltag der Rabbinen gehörte, war es doch selbstverständlich, sich stets innerhalb der Halacha zu bewegen. Der große Philosoph Jeschajahu Leibowitz sagte Ende der 1980er-Jahre, dass die Emanzipation im Grunde zwei jüdische Völker geschaffen habe: eines innerhalb der Halacha und eines außerhalb – dazu zählte er auch die säkularen und zionistischen Juden. Im Grunde genommen hat Leibowitz Recht, selbst wenn vor allem der Holocaust dazu führte, dass sich Juden mehr denn je als eine Einheit, zumindest als eine Schicksalsgemeinschaft verstehen. Doch wer den Blick auf Israel wirft, wird sehen, mit wie viel Abneigung und Unverständnis orthodoxe und säkulare Israelis sich gegenüberstehen. Sie haben sich so sehr voneinander entfremdet, dass sie in Parallelwelten leben, die nur noch durch die gemeinsame Bedrohung von außen zusammengehalten werden.

Nun ist es nicht so, dass es im 19. Jahrhundert in Osteuropa nur orthodoxe Juden, in Westeuropa nur Reformjuden gegeben hätte. Auch Westeuropa hatte natürlich ein orthodoxes Judentum, das aber, anders als im Osten, ebenfalls die Vorzüge der Aufklärung und Emanzipation genoss. Nur, was machten die Juden damit? Es war klar, dass der neue soziale Status, ebenso wie die religiöse Herausforderung, die das Reformjudentum bedeutete, einer Antwort bedurfte. Diese kam, natürlich, auch aus Deutschland. Aus Frankfurt am Main. Dort lebte der bekannteste orthodoxe jüdische Denker seiner Zeit, Samson Raphael Hirsch, der in seiner eigenen Biografie bereits die Antwort auf die Herausforderungen der Zeit gab.

Orthodoxer Rabbiner und Absolvent der Universität Bonn zugleich, fand er eine einfache Lösung: Man könne orthodoxer Jude sein und gleichzeitig an der modernen Bildung teilhaben und somit ein Teil der Gesellschaft werden. Zwar beharrte er auf der orthodoxen Feststellung, die Thora sei das Wort Gottes, und darauf, dass der Sinn des Lebens nicht eine »pursuit of happiness« sei, wie es die amerikanische Verfassung festschreibt und wie viele Reformjuden es auch sahen und deswegen – in seinen Augen – ihre Religion ihren Bedürfnissen anpassten und nicht umgekehrt. Für Hirsch galt weiterhin: Der Sinn des Lebens ist es, Gott zu dienen. Doch darüberhinaus konnte und wollte er sich nicht den gesellschaftlichen Umwälzungen seiner Zeit verschließen. Samson

Raphael Hirschs neue Form der jüdischen Orthodoxie hat einen Namen: »Modern Orthodox«, und es ist bezeichnend, dass dieser Begriff englisch und nicht deutsch ist. Denn die »moderne Orthodoxie« fand im Laufe der Jahre ihre eigentliche Heimat, wie das Reformjudentum, in den USA, wo sie bis heute in verschiedenen Abwandlungen und Weiterentwicklungen existiert.

Ihre berühmteste Schule: Die Yeshiva University in New York. Diese Institution beinhaltet bereits in ihrem Namen das Programm der »modern orthodox«-Bewegung: Sie ist Jeschiwa, also Talmudschule alter Tradition, ebenso wie Universität. Religiöse und wissenschaftliche Studien werden vereinigt. Aus dieser Universität sind zahlreiche namhafte Ärzte, Juristen und andere Wissenschaftler hervorgegangen, die gleichzeitig orthodoxe Juden mit einer fundierten religiösen Bildung sind.

Die Lösung, die Samson Raphael Hirsch im 19. Jahrhundert für das orthodoxe Judentum Westeuropas fand, funktionierte in Osteuropa nicht. Die Aufklärung kam in Polen, im Baltikum oder in Russland nur langsam in Gang, die jüdische Bevölkerung fand nicht so ohne weiteres den Zugang zur christlichen Gesellschaft. Diejenigen aber, die mit den Traditionen der Väter nichts mehr anfangen konnten, fanden andere Wege heraus aus dem Getto. Viele von ihnen wurden Sozialisten und vereinigten sich im »Bund«, der sozialistischen jüdischen Arbeiterbewegung, deren Sprache das Jiddische blieb, die aber ansonsten mit der Kultur des Chassidismus oder der Mitnagdim nichts mehr zu tun hatte. Der Weg hin zum Sozialismus war nicht nur das Ergebnis einer nur mühsam sich durchsetzenden Aufklärung in Osteuropa, sondern vielmehr eine Reaktion auf den radikalen Antisemitismus, der sich in dieser Region auch gewaltsam seinen Weg bahnte.

Es war schon ein wenig verrückt im 19. Jahrhundert. Da gehen die fortschrittlichsten Staaten einen Weg der Vernunft, der Freiheit, Gleichheit, Brüderlichkeit. Sie holen die Juden aus dem Getto, und gleichzeitig, in einer Phase, in der das Judentum sich in einer Art und Weise entwickelt und blüht wie nur selten zuvor, macht sich ein Antisemitismus breit, der im krassen Gegensatz zu diesen Entwicklungen steht und eben die neu gewonnenen Freiheiten für Juden in Abrede stellt. Mit der Entstehung der Nationalstaaten und dem Machtverlust der Kirche musste sich auch der traditionelle, religiös begründete Antijudaismus quasi einen neuen Weg suchen.

1870 erfindet Wilhelm Marr den Begriff des »Antisemitismus«. Er erklärt, ganz Kind seiner Zeit, dass die Juden nicht wegen ihrer Religion immer und ewig »Fremde« sein werden, sondern wegen ihrer Rasse. Geschichte sei ein ewiger Kampf zwischen der teutonischen und der semitischen Rasse.

Bereits 1881 wurde der physiognomische »Typus« des Juden als Gefahr für die »reine« deutsche Nation gesehen. Das Erbgut des Juden sei so dominant, dass es sich bei einer Mischung mit deutschem Erbgut auf alle Fälle »durchmendeln« würde.

Wir befinden uns im Zeitalter der Aufklärung! Im Zeitalter der aufblühenden Wissenschaften! Und wären die Konsequenzen langfristig nicht so entsetzlich gewesen, so wäre es durchaus amüsant, heute, aus der Distanz, zu beobachten, wie sich uralte Vorurteile ein modernes Mäntelchen umlegten, um »in« zu bleiben. Dass die Juden Gottesmörder waren – das zog im Zeitalter der Vernunft nicht mehr. Aber dass ihr Erbgut eine Gefahr bedeute – das war ja nun höchst wissenschaftlich und »vernünftig«, das machte jetzt Sinn.

Das Erbgut der Juden, was bedeutete das eigentlich? Es ging dabei nicht nur um Äußerlichkeiten. Jeder Jude hätte demzufolge krauses Haar, dunkle Augen, eine krumme Nase und Plattfüße haben müssen, aber er hatte ganz ekelhafte Charaktereigenschaften, die das noble deutsche Volk gefährden könnten. Der Jude war eine Händlernatur, ein Egoist. Er war verschlagen und ausschließlich an Geld interessiert und – die größte Gefahr für den reinen Deutschen – er war *degeneriert*. Mit anderen Worten: Sein Erbgut war ungesund, krank.

Die Judenhasser aller Länder jubelten! Sie hatten endlich die neue Form für ein altes Vorurteil gefunden. Und schon begann sich diese Wahnidee epidemisch auszubreiten in ganz Europa.

Im zaristischen Russland ging man noch weiter. Da man für eigene politische und soziale Verfehlungen einen Sündenbock brauchte und dieser in Europa schon traditionell der Jude war, verfassten die entsprechenden Organisationen des Zaren eine Hetzschrift, die als »Beweis« für die Degeneriertheit der Juden, aber auch für die Gefahr, die sie für die Nationen der Welt bedeuteten, dienen sollte: »Die Protokolle der Weisen von Zion«.

Diese »Protokolle« waren so verfasst, als hätte sie eine jüdische Geheimorganisation selbst geschrieben, eben jene dubiosen »Weisen von Zion«. Dem Text zufolge strebten sie nichts Geringeres an als die Weltherrschaft. Die Mär von der jüdischen Weltverschwörung war hiermit geboren! Adolf Hitler glaubte an sie, Stalin glaubte daran (oder bediente sich zumindest dieses Aberglaubens für seine Zwecke), und auch heute noch gibt es genug »aufgeklärte« Intellektuelle, die an eine moderne Version dieses Märchens glauben: Die USA, heute Weltmacht Nr. 1, würden von den Juden beherrscht. In der arabischen Welt sind die »Protokolle der Weisen von Zion« zur Zeit ein

Bestseller! Wieder aufgelegt auf Arabisch, gehen sie rasend schnell und in hoher Zahl über den Ladentisch.

Als Jude kann man auf diese These nur mit einem Witz reagieren:

> Berlin 1938. Auf einer Parkbank (»Nur für Juden«) sitzt Blau und liest den »Völkischen Beobachter«. Kommt der Weiss vorbei, sieht seinen Freund bei der Lektüre des Nazi-Blattes und ist entsetzt: »Blau, weißt du denn nicht, was das für ein Blatt ist?« Blau: »Doch, es ist eine hervorragende Zeitung!« Weiss: »Aber es ist das Organ unserer schlimmsten Feinde seit den biblischen Amalek! Hitler und seine Leute wollen uns vernichten, wie kannst du nur dieses Schmierblatt lesen?« Blau ist empört: »Du weißt ja nicht, was du redest. Es ist eine hervorragende Zeitung. Schau, wenn ich sie lese, dann erfahre ich, dass uns Juden alle Banken gehören, dass wir ganz Deutschland in der Hand haben, ja, dass wir Amerika und die Sowjetunion beherrschen und bald die ganze Welt! Wenn ich die anderen Zeitungen lese, erfahre ich nur Entsetz–liches: wie man uns alles wegnimmt, wie wir keine Rechte mehr haben, wie wir gedemütigt und zerstört werden. Sag mal ehrlich, Weiss, findest du nicht auch, dass der ›Völkische Beobachter‹ ein tolles Blatt ist?«

Der moderne Antisemitismus und die »Protokolle der Weisen von Zion« führten bald zu einer entsprechenden Judenpolitik in Europa. Zunächst in Osteuropa, wo die Aufklärung ja nicht so erfolgreich gewesen war. In Russland brach die Zeit der Pogrome an, der schlimmsten Judenverfolgungen seit rund dreihundert Jahren. Sie waren eine Folge der Ermordung des Zaren Alexander II. durch die Anarchisten. Natürlich wurde den Juden die Verantwortung dafür in die

Schuhe geschoben. Zwischen 1881 und 1884 kam es dann zu zahlreichen gewalttätigen Exzessen im zaristischen Reich. Viele Juden suchten ihr Heil in der Auswanderung.

1903 kam es zu dem berühmten Pogrom von Kischinew, das nur der Auftakt einer neuen Pogromwelle war, die bis 1906 andauerte. Und schließlich kam es während und nach der russischen Revolution erneut zu einer Pogromwelle, bei der allein schätzungsweise 150000 Juden getötet wurden. In jener Zeit wanderten rund 2,5 Millionen Juden aus Russland aus. Etwa zwei Millionen gingen in die USA, der Rest verteilte sich über Westeuropa, Palästina, Südafrika, Argentinien und Kanada.

Aber auch in Westeuropa konnte sich der Antisemitismus als politische Kraft durchsetzen. Die Dreyfus-Affäre in Frankreich sollte der erste offizielle Auftakt für ein neues Denken werden. Alfred Dreyfus (1859–1935) war ein französischer Jude, der als Offizier der französischen Armee des Hochverrats angeklagt war. Er habe im deutsch-französischen Krieg Geheimnisse an den Feind verraten, hieß es. Es gab keinerlei Beweise dafür. Alle Dokumente, die gegen ihn vorgebracht wurden, erwiesen sich später als Fälschungen.

Der Prozess stank zum Himmel. Kein Geringerer als der französische Schriftsteller Émile Zola schrieb in einer großen Tageszeitung einen empörten Artikel über die antisemitische Hetze gegen den armen Dreyfus mit dem Titel: »J'accuse«, »Ich klage an«. Aber es nutzte alles nichts. Dreyfus wurde verurteilt. Erst viele Jahre später, 1906, durfte er von der Teufelsinsel, auf die er lebenslänglich verbannt war, nach Paris zurückkehren, und nachdem sich seine Unschuld erwiesen hatte, wurde er mit allen offiziellen militärischen Ehren rehabilitiert. Doch da war Dreyfus bereits ein gebrochener Mann. Und schlimmer noch, der Antisemitismus hatte längst einen festen Platz im politischen Europa. Das Hauptmotiv der Dreyfus-Affäre hatte sich längst in ganz Europa als »Tatsache« festgeschrieben: Ein Jude könne kein loyaler Staatsbürger sein.

Der Antisemitismus war eine Herausforderung, auf die keine jüdische Strömung eine wirkliche Antwort wusste, nicht die Chassidim, nicht die Mitnagdim, nicht die jüdischen Sozialisten, nicht die Reformjuden, nicht die modernen Orthodoxen und auch nicht die assimilierten Juden. Sie alle waren das Ergebnis der Moderne, die im 18. und 19. Jahrhundert begonnen hatte. Sie alle hatten sich als hochinteressante Entwicklungen des Judentums erwiesen, hatten gezeigt, dass dieser uralte Glaube durchaus die Fähigkeit besaß, sich auf verschiedenste Weise zu modernisieren. Und wir alle, die wir heute als Juden in Europa, in den USA oder Israel leben, sind Produkte dieses »modernen Judentums«, selbst die Ultra-Orthodoxen, wenngleich ihnen das häufig gar nicht so recht ist.

Doch wie gesagt, sie alle hatten keine Antwort auf die neue Bedrohung, die sie alle gleichermaßen meinte. In diesem Augenblick entwickelte sich die Idee der Rückkehr in die alte Heimat, der Zionismus.

Der junge Wiener Journalist Theodor Herzl war als Korrespondent der österreichischen Zeitung »Neue Freie Presse« beim Dreyfus-Prozess anwesend. Er beobachtete ihn sehr genau und begriff, dass der Antisemitismus des christlich-säkularen Europas eine Krankheit ist, die nicht vergehen und die Juden auf Dauer gefährden würde. Der Dreyfus-Prozess wurde für ihn zum Auslöser, ein politisches Pamphlet mit unglaublicher Wirkungskraft zu schreiben. »Der Judenstaat« war seine Vision eines jüdischen Staates in der alten Heimat, im Lande Israel, das noch zu seiner Zeit, nach dem römischen Namen für die Provinz, Palästina genannt wurde.

Der Zionismus war die modernste und letztendlich radikalste Reaktion des Judentums auf die Entwicklungen der

Moderne. Denn er schuf nicht nur den jüdischen Staat, Israel, er schuf auch die Voraussetzungen für eine jüdische Identität, die sich jenseits der Religionsgesetze entwickeln konnte, ohne sich zugleich in die Gefahr der Assimilation und völligen Auflösung zu begeben. Mit der Wiederbelebung des Hebräischen als lebendige, im Alltag gebrauchte Sprache, gelang dem Zionismus eine kulturelle Leistung, die einzigartig ist. Das Hebräische wurde zum Garanten dafür, dass die jüdische Identität auch in einem säkularen Staat Israel nicht verloren geht.

Gibt es also ein modernes Judentum? Das 19. Jahrhundert ist der Beweis, dass es ein »antikes Judentum«, das sich über die Jahrtausende erhalten haben soll, nie wirklich gegeben hatte. Das Judentum, das sich heute, im 21. Jahrhundert, der Welt präsentiert, ist in all seinen Denominationen und Ausprägungen »modern«. Es sei denn, man hält es für altmodisch, weil es im 19. Jahrhundert entwickelt wurde. Das aber ist eine andere Geschichte!

Wie sieht ein Jude aus?

Wie sieht eigentlich ein Jude aus? Die Antwort auf diese Frage wird sehr unterschiedlich ausfallen. Es kommt darauf an, wer gefragt wird – ein Deutscher oder ein Marokkaner, ein Russe oder ein Amerikaner oder – ein Antisemit.

Der wird die gängigste Beschreibung haben: Ein Jude hat dunkle, düster oder traurig blickende Triefaugen, eine große Hakennase, abstehende Ohren, dicke, wulstige Lippen. Der Körper ist gedrungen und feist, die Füße platt und so weiter.

In antisemitischen Hetzschriften gibt es genügend Karikaturen, die dieses absurde und klischeehafte Bild endlos wiederholen. Ob Nationalsozialismus oder Kommunismus, wenn es darum ging, »den Juden« kenntlich zu machen, griffen beide Seiten gerne auf die gleichen uralten Vorbilder zurück, die aus der antijudaistischen Tradition der Kirchen stammen. Heute findet man solche Abziehbilder als antiisraelische Karikaturen in arabischen Zeitungen wieder.

Wie sieht eigentlich ein Jude aus? Im Grunde ist die Frage so ohne weiteres natürlich nicht zu beantworten. Wer einmal in seinem Leben in Israel war und dort Juden aus mehr als 120 Ländern auf einem Fleck sehen konnte, weiß: Das typisch jüdische Gesicht, den typisch jüdischen Körperbau oder die typisch jüdische Haarfarbe gibt es nicht. Es gibt Juden, die sind semmelblond, haben blaue Augen, sind schlank, drahtig und groß. Und es gibt Juden, die sind dunkel, ja, auch schwarz, haben braune Augen, sind klein und fester gebaut. Und dazwischen gibt es sämtliche Varianten der Menschheit bis hin zum »Gingi«, wie man in Israel Rothaarige liebevoll nennt.

Denn anders, als es uns der Antisemitismus moderner Prägung seit über 150 Jahren einzureden versucht: Wir Juden sind keine Rasse, sondern ein Volk. Und als solches sind wir in unserem Äußeren sehr unterschiedlich.

Juden aus Europa sind überwiegend heller als Juden aus den orientalischen Ländern, aber auch diese Feststellung kann man durch Tausende von Gegenbeispielen widerlegen. Denn in Europa gibt es seit Jahrhunderten sefardische Juden, Juden, die ursprünglich aus Spanien stammen. Man findet sie im Elsass genauso wie in Holland, in Jugoslawien ebenso wie in Bulgarien.

Als 1492 Ferdinand und Isabella von Spanien mit dem Sieg der Reconquista eine Viertelmillion Juden aus ihrem Land vertrieben, flohen diese entweder in andere europäische Länder oder hinüber in den afrikanisch-orientalischen Raum. Andererseits findet man unter algerischen und marokkanischen Juden häufig Menschen mit stechend grünen oder auch blauen Augen.

Aber ist etwas dran an der antisemitischen Karikatur? Gibt es den krummnasigen Juden nicht vielleicht doch? Dieser Typus ist in der Tat *auch* zu finden, allerdings fiel er in der Vergangenheit nur dadurch auf, dass er vielleicht etwas anders aussah als seine Umwelt. Doch diese Typisierung des europäischen Ostjuden ist ungefähr so zutreffend wie die Behauptung, alle Deutschen seien blond und blauäugig.

Dennoch, manchmal können Nichtjuden einen Juden auf der Straße durchaus erkennen. Doch das liegt nicht an seiner Physiognomie, sondern häufiger an seiner Kleidung und an seiner Haar- und Barttracht.

In Deutschland, aber auch anderswo, hat es sich längst eingebürgert, auf CDs mit jüdischer Musik oder auf Covers von

Büchern, die sich mit dem Judentum auseinander setzen, einen orthodoxen Juden abzubilden. Man hält das wohl für »typisch jüdisch«. Dieser chassidische Jude, der einer strenggläubigen osteuropäischen Gruppe angehört, wird heutzutage gerne als Prototyp des frommen Juden verstanden und für solche Zwecke missbraucht. Es ist ein Jude im schwarzen Kaftan, mit langem Bart, Schläfenlocken und einem merkwürdig unkonventionellen Hut, oftmals mit einer Pelzkrempe. So sieht ein frommer Jude aus, denken viele Nichtjuden, und sind ganz irritiert, wenn sie einen normal gekleideten Mann treffen, im Anzug oder in Jeans, der einfach nur ein kleines Käppchen, eine Kippa, trägt und von sich behauptet, er sei ein frommer Jude.

Kleidungsvorschriften

Wie also zieht sich ein Jude nun an? Welche Kleidung muss, darf er tragen?

Das Religionsgesetz macht da nur einige Vorgaben. Und fast alle sind zur Interpretation freigegeben – und führen somit zu einem Reichtum an unterschiedlichen Kleiderformen in der Geschichte, die dennoch gewisse Gemeinsamkeiten aufweisen, je orthodoxer der Jude oder die Jüdin ist. Manche Einzelheiten, die jetzt folgen, habe ich schon in früheren Kapiteln erklärt. Zum besseren Verständnis werde ich hier einige Fakten wiederholen.

Das wohl eigenartigste Gebot der Thora ist das so genannte Schatness-Gesetz. Es besagt, dass man keine Kleider tragen darf, die aus einer Leinen-Woll-Mischung oder schlechthin aus Mischgewebe hergestellt sind. Es ist ein Gesetz, dessen Sinn wir nicht kennen. Allerdings wurde es in zahlreichen Auseinandersetzungen zwischen orthodoxen und reformerischen Gelehrten immer wieder anlässlich heftiger religionsphilosophischer Auseinandersetzungen zitiert.

Nach der orthodoxen Überzeugung ist die Thora das unmittelbare Wort Gottes, das dem jüdischen Volk nach seinem Auszug aus Ägypten von Moses am Berg Sinai verkündet und gegeben wurde. Demnach ist jedes Wort, das in der Heiligen Schrift vorkommt, göttlich, unwiderruflich und ewig gültig. Eine »Mitzwah« (religiöse Pflichterfüllung) ist also ein göttliches Ge- oder Verbot. Es gibt nichts daran zu rütteln. Gott will es so, also muss man es auch so befolgen, ganz egal, was wir kleinen Menschen davon halten, egal, ob wir verstehen, warum er das so will. Der göttliche Wille ist für den menschlichen Verstand nicht begreifbar.

Als das Reformjudentum im ausgehenden 18. Jahrhundert in Deutschland entstand, als Folge des beginnenden Kampfes für die Emanzipation, die Aufklärung und den Rationalismus, brach eine kleine Gruppe von Juden radikal mit der jahrtausendealten Tradition, die Thora als das Wort Gottes zu akzeptieren. Jetzt waren die »Fünf Bücher Moses« in ihren Augen ein vom Menschen selbst geschriebener Text. Und zwar von mehreren Menschen. Sie alle hatten eine »Gotteserfahrung« gemacht, hatten eine »Begegnung« mit dem Göttlichen. Dieses Erlebnis hatte sie veranlasst, die Thora zu schreiben. Sie ist also nichts als ein Zeugnis der göttlichen Erfahrung, die eine Gruppe ganz besonderer Menschen hatte. So die Lesart der Reformjuden.

Damit aber ist der Text nicht mehr »Thorat Emet«, die »wahre Thora«, oder auch: »Die Wahrheit der Thora«, sondern ein von Menschen niedergeschriebenes Buch, das über das Heilige erzählt, aber als Text keinerlei Heiligkeit mehr besitzt. Durch diese neue Deutung musste man sich nicht mehr streng an den Text halten. Er war ja menschlich – so wie ein Roman, und man konnte bestimmte Passagen, die für die eigene Zeit keinen »Sinn« mehr machten, vernachlässigen oder sie gar, im Falle so genannter sinnloser Gebote, ad acta legen. Das frühe Reformjudentum fühlte sich dem

Zeitgeist der Aufklärung ganz besonders verpflichtet und lehnte daher jede Mitzwah, die für den Juden des ausgehenden 18. und beginnenden 19. Jahrhunderts irrational erschien, ab. So auch das Schatness-Gesetz. Mal ganz abgesehen davon, dass die Orthodoxie über den grundsätzlichen Zweifel an dem göttlichen Charakter der Thora völlig entsetzt und empört war und ist, haben die besten Religionsphilosophen dieser Glaubensrichtung immer wieder versucht, gerade an der Irrationalität des Gebotes, Wolle und Leinen nicht mischen zu dürfen, die Göttlichkeit des Gesetzes zu beweisen.

Auch heute, zu Beginn des 21. Jahrhunderts, ist das durchaus noch ein ernstes Thema.

Der vor einigen Jahren verstorbene israelische Religionsphilosoph Jeschajahu Leibowitz hat in seinem Essay über den größten jüdischen Gelehrten des Mittelalters, Mosche ben Maimon, genannt Maimonides (siehe auch Kapitel »Warum leben Juden überall auf der Welt verstreut?«), die Frage nach der Sinnhaftigkeit der irrationalen Gesetze aufgegriffen. Leibowitz, ein orthodoxer Jude mit zwei Doktoraten in Biochemie und Medizin, identifiziert sich in seinem Aufsatz mit einigen grundlegenden Gedanken des Maimonides. Dieser erklärt zum Beispiel, dass es seiner Meinung nach nicht sinnvoll ist, ein Gebet zu sprechen in der Hoffnung, dass Gott einem hilft oder erhört oder einen Wunsch erfüllt. Das Gebot zu beten ist eine Kategorie für sich. Man darf dafür keinen Lohn erwarten. Beten ist eine Verpflichtung im Gottesdienst, und diese ist immer und stets zu erfüllen, ohne Vorbedingung, ohne Erwartung und ohne Gedanken an den Nutzen eines Gebets. Das ist es, was »Gott dienen« im Jüdischen bedeutet, so Maimonides und auch Leibowitz. Ein gesetzestreuer Jude sein heißt: die Mitzwot erfüllen, ohne zu fragen, wofür, warum man dies tut. Gott will es so – also halte ich mich daran. Gott ist die höchste Instanz des Kosmos – also erfülle ich seinen Willen. Und das gilt dann ebenso für all die Gesetze, die wir Menschen nicht verstehen. Es kommt nicht darauf an, was wir uns dabei denken. Wir dürfen keinen Unterschied machen zwischen logischen und unlogischen, zwischen sinnvollen und uns sinnlos erscheinenden Mitzwot. Das sind Kategorien des menschlichen Verstandes, der nicht nur beschränkt, sondern vor allem auch relativ und willkürlich ist. Darum – Schatness muss sein.

Zu den Kleidungsvorschriften im Judentum, die auch in anderen Kapiteln schon kurz beschrieben wurden, gehört auch die biblische Forderung, an die »vier Ecken« der Gewänder Quasten mit Fransen aus Wolle zu befestigen.

> »Und der Ewige sprach zu Mosche: Rede zu den Kindern Jisrael und sprich zu ihnen, sie sollen sich Quasten machen an die Ecken ihrer Kleider, für ihre künftigen Geschlechter, und sie sollen an die Quasten der Ecke einen purpurblauen Faden anbringen.«

Die Rabbinen haben dieses Gebot, das zunächst geschlechtsneutral ist, ausschließlich für Männer geltend gemacht. Fromme Juden tragen daher unter ihrem Hemd meist ein viereckiges Kleidungsstück, das auf Hebräisch »Arba Kanfot« (vier Ecken) oder »Tallith Katan« (kleiner Tallith, kleiner Gebetsmantel) heißt. An jedem Ende sind die Zizit, die Fransen, entsprechend einer genauen Vorschrift befestigt. Doch wozu sind sie da? Welchen Sinn haben sie?

Der oben zitierte Thoravers geht noch weiter:

> »Und es soll euch zu Merkquasten sein, dass ihr es anseht und aller Gebote des Ewigen gedenkt und sie ausübt und nicht nachgeht eurem Herzen und euren Augen, denen ihr nachbuhlt. Damit ihr gedenkt aller meiner Gebote und sie ausübt und heilig seid eurem Gott.« (Num. 15, 37–40)

Die Zizit sind, wenn man so will, biblische »Post-its«, sie sollen einen religiösen Juden daran erinnern, dass er die 613 Mitzwot der Thora erfüllen muss. Die Form der Zizit ist interessant. Im Hebräischen, das eine reine Konsonantenschrift hat, steht jeder Buchstabe auch für einen Zahlenwert. Der Zahlenwert des Wortes Zizit ist 600 (Z ist 90, ij ist 10, t ist 400). An jeder Ecke des Kleidungsstückes sind jeweils acht Quasten befestigt, die aus fünf Doppelknoten bestehen. Der Zahlenwert des Wortes Zizit zusammen mit der Zahl der Quasten und Knoten ergibt 613 – die Zahl der Mitzwot, die zu erfüllen sind.

Fromme Juden tragen daher die Zizit, die Fransen gut sichtbar, »damit ihr es anseht«, sie ragen meistens aus dem Hemd heraus – sonst würden sie ja keinen Sinn machen.

Allerdings sind die Zizit heute durchgehend weiß, anders als die Thora dies verlangt, warum? Die purpurblaue Farbe, von der die Rede ist, wurde damals aus einer äußerst seltenen Schneckenart gewonnen. Da man heute nicht mehr genau weiß, um welche Schnecke es sich gehandelt hat und ob es sie überhaupt noch gibt, entschieden die Rabbinen, auf die Einfärbung einer Franse zu verzichten.

Kippa und Barttracht

Das wohl bekannteste »Kennzeichen« eines männlichen Juden ist die Kopfbedeckung, die Kippa. Es ist wichtig, darauf hinzuweisen, dass die Juden, oder besser: die Hebräer aus der Thora noch keine solche Kopfbedeckung trugen. Diese Tradition entwickelte sich erst sehr viel später. Sinn dieser Kopfbedeckung ist die Ehrfurcht, das Bewusstsein, dass es etwas »über« einem Menschen gibt, etwas Höheres.

Das Christentum hat dieses Bild der Ehrfurcht umgekehrt: Man nimmt in einer Kirche oder vor einer wichtigen Persönlichkeit den Hut als Zeichen der Ehrerbietung ab. Allerdings möchte ich hier nur kurz daran erinnern, dass der Papst und andere kirchliche Würdenträger auch ständig eine Kippa oder eine andere Kopfbedeckung tragen, jedoch aus völlig anderem Grund!

Die jüdische Kopfbedeckung hat sich bis heute in verschiedenen Varianten ausgeprägt. Da sind zunächst einmal die oft merkwürdig ausschauenden Hüte, die die chassidischen Juden aus Osteuropa tragen. Die Form dieser Hüte hat oft etwas mit der jeweiligen Mode der Zeit und der Gegend zu tun, in der sich der Chassidismus entwickelte: Das waren vor allem die Länder Russland, Galizien und die Ukraine im 18. Jahrhundert. Ein Spojdik, ein turmartiger Pelzhut, den einige chassidische Gruppen bis heute tragen, war eine Hutform, die damals auch viele Nichtjuden getragen haben. Ein Streimel, ein tellerförmiger breiter Hut mit einem schmalen Pelzrand, hat eher etwas mit den Kleidervorschriften zu tun, die die nichtjüdische Umwelt Juden immer wieder aufzwang, um sie als solche kenntlich zu machen, um sie zu demütigen oder der Lächerlichkeit preiszugeben. Während Nichtjuden im Winter ihre dicken Fellmützen über die Ohren zogen, um sich vor der Kälte zu schützen, war der Streimel nutzlos – zwar mit Pelz, aber er ließ sich nicht über die Ohren ziehen. Die Tellerform machte diese Kopfbedeckung obendrein abstrus, so dass sein Träger auf den Straßen seines Stetls rasch zur Spottfigur wurde. Typisch für die jüdische Geisteshaltung ist jedoch, dass solch ein Kleidungsstück, das zur Erniedrigung des Juden erfunden wurde, schließlich mit Stolz getragen und im Laufe der Zeit als eigene Tracht angenommen wurde. Das gilt für viele antijüdische Kleidervorschriften.

Die unterschiedlichen Hutformen der chassidischen Juden dienen heute ihrer Unterscheidung. Der Chassidismus entwickelte sich parallel, wie schon erwähnt, in mehreren Ländern. Die wichtigsten Gruppen werden nach Städten benannt, in denen der Wohnsitz des Rebben war. Dort hielt er Hof und ließ sich von seinen Anhängern verehren. Seine Auslegung der Thora war für die Anhänger bindend. So gibt es Munkatscher Chassidim (aus der ehemals slowakisch-ungarischen Stadt Munkács, heute das ukrainische Mukatschew) oder Sathmarer Chassidim (aus dem ungarischen Szatmár, heute in Rumänien: Satu Mare), Lubawitscher Chassidim aus der russischen Stadt Lubawitsch und so fort. Wer sich also mit den Hutformen auskennt, wird diese Gruppen, die grundsätzlich schwarz gekleidet sind, in Jerusalem oder New York ohne Probleme auseinander halten können.

Bei den runden kleinen Kippot oder Yarmulkes, wie sie auch genannt werden, kann man aus ihrer Farbe, ihrem Material und ihrer Größe einiges über die Frömmigkeit des Trägers erfahren. Eine schwarze Kippa aus Samt oder Seide kennzeichnet einen Juden als Orthodoxen, der jedoch nicht unbedingt ein Chassid sein muss, sondern einer anderen frommen Richtung angehören kann. Eine »Kippa sruga«, ein kleines, aus Wolle oder Baumwolle gestricktes oder gehäkeltes Käppchen in unterschiedlichen Farben mit Mustern zumeist am Rand, kennzeichnet in Israel überwiegend national-religiöse Juden, von denen viele als Siedler in den besetzten Gebieten leben. In den USA steht die kippa sruga für die »modern-orthodox movement«, eine neo-religiöse Bewegung, die an die Tradition der Neo-Orthodoxie des berühmten Frankfurter Rabbiners Samson Raphael Hirsch aus dem 19. Jahrhundert anknüpft. Jener Rabbi Hirsch versuchte, das moderne und das gesetzestreue jüdische Leben nach der Thora in Einklang zu bringen. Sein Motto lautete: »Thora im Derech Eretz«, Thora mit Ehrfurcht. Damit meinte er, dass man als Jude der Thora Ehrfurcht entgegenbringen müsse, aber auch seiner nichtjüdischen Umwelt, in der man sich mit Respekt und Natürlichkeit bewegen sollte. »Sei draußen ein Mensch und daheim ein Jude«, war ein anderes Motto dieses Rabbiners, der bis heute hoch verehrt wird.

Amerikanische Juden, die sich als modern-orthodox bezeichnen, sind in ihrer Kleidung so gut wie gar nicht von Nichtjuden zu unterscheiden – bis auf das Käppchen, das die Männer tragen. Sie leben »the American way of life« und befolgen dennoch die Mitzwot.

Übrigens – wann das Käppchen getragen wird, war anfänglich eine vage Angelegenheit. Wie schon gesagt, zu Beginn der jüdischen Geschichte gab es die Yarmulke noch gar nicht. Als die dann eingeführt wurde, gab es lange Zeit sehr unterschiedliche Auffassungen, wann genau man sie tragen müsse. Es war zwar bald üblich, dass Männer ihre Kopfbedeckung immer trugen, doch bis heute findet man auch unter religiösen Juden welche, die ihre Kopfbedeckung nur bei religiösen Anlässen oder beim Essen tragen wegen der Segenssprüche, die vor dem Mahl auf Hebräisch gesprochen werden. Im Alltag, bei der Ausübung des Berufes und so weiter sind sie barhäuptig, und doch bezeichnen sie sich als orthodoxe Juden, die natürlich in der Synagoge, aber auch beim Lernen der Thora oder auf Hochzeiten, bei einer Bar Mitzwah oder einer jüdischen Beerdigung die Kippa tragen.

> »Ihr sollt den Rand eures Hauptes nicht runden, und du sollst nicht zerstören den Rand deines Kinnbarts.«
> (Lev. 19, 27)

> »Sie sollen auf ihrem Haupt keinen Kahlschnitt schneiden und den Rand ihres Kinnbarts nicht abscheren …«
> (Lev. 21, 5)

Während das letzte Zitat eine Anordnung für die Priesterschaft ist, gilt Ersteres für alle jüdischen Männer. Was aber meint diese Etwas ungewöhnlich klingende Vorschrift genau?

Ursprünglich diente dieses Gebot als Abgrenzung von den Götzendienern in Kanaan. Die Rabbinen einigten sich irgendwann darauf, dass mit dem »Rand des Kinnbarts nicht abscheren« nichts anderes gemeint sein kann, als dass man zum Stutzen des Bartes kein Rasiermesser verwenden dürfe.

Und was soll nun diese merkwürdige Formulierung bedeuten, dass man den »Rand des Hauptes nicht runden« solle?

Auch hier bietet der klassische Text der Thora viel Raum für Interpretationen. Die einen glaubten, dass damit gemeint war, ein jüdischer Mann dürfe sich nicht die Koteletten wegmachen, andere waren überzeugt, es sei sogar verboten, die Schläfenlocken (auf Hebräisch: Pejot, später auf Jiddisch dann: Pejes) insgesamt abzuschneiden.

Vielen Nichtjuden ist der etwas bizarre Anblick eines chassidischen Juden mit langem Bart und den merkwürdig an den Seiten herunterhängenden Schläfenlocken vertraut – und sei's nur von besagten CDs und Buchcovers. Doch die Länge der Schläfenlocken besagt nichts über den Grad der Orthodoxie: Sie ist lediglich eine Frage der Auslegung von Gottes Wort.

Gleiches gilt für den Bart. Ultra-orthodoxe Juden begreifen die obigen Zitate so, dass sie ihre Bärte einfach wild wuchern lassen und niemals mit einem Rasiermesser Hand anlegen an die Haare in ihrem Gesicht. Andere stutzen sich ihre Bärte – allerdings nur mit einer Schere oder einem elektrischen Bartschneider. Das ist ja nach der Entscheidung der Rabbinen erlaubt. Also: Rasiermesser – nein, Schere – ja.

Und was ist mit frommen Männern, die gar keine Bärte haben? Gibt es das überhaupt? Die Antwort klingt kurios:

Seitdem es den elektrischen Rasierapparat gibt, gibt es auch glattrasierte fromme Männer (allerdings meist mit einem kleinen Ansatz von Koteletten). Denn die Scherblätter eines Rasierapparates funktionieren, wie der Name bereits sagt, wie eine Schere, nicht wie ein Messer. Diejenigen, die sich also ein solches Gerät zulegen, tun das mit bestem Wissen und Gewissen und in völligem Einklang mit der Halacha, dem Religionsgesetz.

Znijut: Bescheidenheit

Und was ist mit den Frauen? Dürfen sie sich kleiden, wie sie wollen? Natürlich nicht. Die wichtigste Grundregel: »Znijut«, Bescheidenheit. Interessant ist, dass es in der Thora keinerlei Vorschriften für Frauenkleidung gibt, außer dass sie keine Männerkleidung tragen dürfen. Es waren also die Rabbinen, die die Regeln aufstellten. Und was dabei herauskommt, wenn Männer bestimmen, wie Frauen sich zu kleiden haben, ist höchstens dann spannend, wenn diese Männer Giorgio Armani, Yves Saint Laurent oder Karl Lagerfeld heißen.

Nun, Frauen sollen sich gesittet kleiden. Was genau aber ist »gesittet«? Es bezeichnet alles, was den Mann sexuell nicht erregen kann. Aber wir wissen ja – selbst heute ist sexuelle Erregung etwas sehr Relatives. Während wir in Westeuropa mit großer Selbstverständlichkeit am Strand neben barbusigen Frauen in Mini-Tangas liegen, diese zwar mit großem Interesse beobachten, aber nun nicht unbedingt völlig außer Rand und Band geraten, weil uns die Hormone übermannen, so gibt es Länder, in denen bereits der Anblick eines Frauenknöchels die Männer zur Raserei bringt.

Deshalb ist »Znijut« ein Begriff, der zu jeder Zeit und an jedem Ort neu interpretiert werden muss. Doch einige Grundregeln können als Gemeinsamkeit festgestellt werden:

Frauen dürfen ihre sexuellen Reize nicht betont zur Schau stellen. Die Länge der Ärmel oder des Rockes oder die Tiefe des Dekolletés haben dem Rechnung zu tragen. Doch wie gesagt – das ist eine Frage des Zeitgeistes und des Geschmacks. Natürlich sind Frauen von ultra-orthodoxen Juden am gründlichsten bedeckt. Doch zu keiner Zeit mussten jüdische Frauen einen Schleier tragen. Das Gesicht war immer zu sehen, im Gegensatz zu den Haaren.

Unverheiratete junge Frauen tragen ihr Haar offen und für alle sichtbar. Frauenhaar ist bis heute ein sexuelles Symbol geblieben. Und das soll natürlich einem Mann gefallen. Es gilt nicht als primäres oder sekundäres Geschlechtsmerkmal – diese müssen auch von unverheirateten Frauen bedeckt gehalten werden. Doch mit ihrem Haar dürfen sie für sich »Werbung machen«. Damit ist es natürlich nach der Eheschließung vorbei. Denn von da an gehört die Sexualität der Frau in die Ehe, oder etwas weniger chauvinistisch ausgedrückt: Kein Fremder soll in Versuchung geraten beim Anblick einer verheirateten Frau. Nur der Ehegatte soll verführt werden, soll durch den Anblick seiner Frau in Erregung geraten.

Das Bedecken der Haare ist nun wiederum eine Frage der Interpretation. Manche tragen einfache Kopftücher oder Hüte, andere ein Haarnetz. In beiden Fällen kann man die Haare noch sehen, doch die Verpflichtung zur Bedeckung ist erfüllt. Andere tragen ständig Hüte oder binden ihre Kopftücher derart, dass das Haar versteckt ist. Langes Haar wird dabei nach oben gebunden und unter dem Hut verborgen.

Die radikalste Interpretation haben wieder einmal die osteuropäischen Juden für ihre Frauen erkoren: Sie müssen einen Scheitel, zu Deutsch: eine Perücke tragen. Nach der Trauung müssen die frisch gebackenen Ehefrauen erst einmal zum Friseur. Ihr Haar wird, für immer, ganz kurz geschnitten und unter einer Perücke vor dem Blick fremder

Männer in Sicherheit gebracht. Einige ganz extreme Gruppen rasieren ihren Frauen die Haare vollständig ab und stülpen ihnen dann einen Scheitel auf.

Ohne mich zum Richter über religiöse Praktiken und Interpretationen aufschwingen zu wollen, doch als ganz normaler Mann darf ich mich zumindest fragen, welche Attraktion eine kahlrasierte Frau hat.

Ein wenig absurd wirkt die Tradition des Scheitels insofern, als so manche orthodoxe Frau heute zwar eine Perücke trägt, doch deren Qualität dermaßen perfekt ist, dass auf den ersten Blick gar nicht mehr zu erkennen ist, ob dies nun ihr eigenes Haar ist oder nicht. Und wenn sich dann solche modernen frommen Frauen auch noch ganz normal schminken, Ohrringe tragen und zwar dezent, aber durchaus attraktiv gekleidet sind, dann fragt man sich, was die Perücke eigentlich verbirgt. Sie wirken auf ihre Umwelt, und sie tun alles, damit sie als Nachkommen Evas wahrgenommen werden. Nun ja.

Gelber Stern und Judenhut

Übrigens, was ich bislang beschrieben habe, gilt für die Juden aus dem orientalischen Raum ebenso. Natürlich trugen sie Kleidung, die zu ihrer arabischen Umwelt passte. Doch die religiösen Grundregeln gelten für sie genauso. Die jemenitischen Juden beispielsweise hatten ebenso lange Pejes wie die Chassidim aus Osteuropa. Und die Frauen trugen und tragen Kopfbedeckungen, die für uns Europäer »arabisch« anmuten, wenngleich sie sich häufig in Farbe oder gar in der Form von den Verhüllungsformen muslimischer Frauen unterscheiden. Der Grund hierfür ist das Bedürfnis religiöser Juden, sich von der Umwelt zu unterscheiden, um sich auch äußerlich nicht zu assimilieren. Zugleich haben antijüdische Kleidervorschriften sie gezwungen, sich als Juden zu erkennen zu geben.

Wie bereits erwähnt, wurde schon 1215 auf dem Laterankonzil der katholischen Kirche der gelbe Fleck oder auch der gelbe Ring für Juden eingeführt. Juden mussten sich einen solchen auf die Brust ihres Wamses nähen. Damit waren sie als »Mörder Gottes« auf der Straße sofort erkennbar und Beschimpfungen und tätlichen Angriffen hilflos ausgesetzt. Nicht nur in dieser Hinsicht konnten die Nazis, die ja das Tragen des gelben Sterns befohlen hatten, auf eine uralte Tradition des christlich-europäischen Judenhasses zurückgreifen.

Weitere diskriminierende Vorschriften kamen im Laufe der Jahrhunderte hinzu. Besonders der »Judenhut« wurde für die Christen ein wichtiges Kleidungsstück, um Juden zu desavouieren. In Italien mussten Juden sich an ihren Hut ein rotes Tuch binden, in Deutschland und Osteuropa erfand man abstruse Hutformen, die ihren Träger verunstalteten. Der oben erwähnte Streimel ist solch ein Beispiel. Es gab auch Hüte, an deren Spitze eine Kugel befestigt sein musste. In manchen Ländern hatte der »Judenhut« gelb zu sein. Immer wieder gelb! Warum, ist mir bis heute ein Rätsel.

Wie schon gesagt: Für viele Juden wurden die ihnen vorgeschriebenen Kleider häufig zum Symbol ihres Stolzes. »Tragt ihn mit Stolz, den Judenstern«, hieß es in der Nazi-Zeit. Ähnlich dachten Juden auch in vergangenen Jahrhunderten. So manches Kleidungsstück, das sich einst kranke Hirne von Nichtjuden ausdachten, um Juden zu schmähen, wird heute von Juden und Nichtjuden gleichermaßen als ganz selbstverständliche »Uniform« eines frommen Juden angesehen. Der Kaftan der Chassidim ist so ein Teil. Es wurde von Juden und vornehmen Nichtjuden des 18. Jahrhunderts gleichermaßen getragen. Heute denken viele, dass der schwarze Kaftan ein typisch orthodoxes Kleidungsstück ist.

Es ist interessant, dass fromme Juden sich häufig ein wenig »altmodisch« kleiden. Deutsche Juden trugen noch im 19. Jahrhundert gerne eine weiße Halskrause, die die Nichtjuden längst abgelegt hatten, nachdem sie aus der Mode gekommen war. Ähnliche Beobachtungen kann man im orientalischen Raum machen. Der Grund mag vielleicht darin zu finden sein, dass Fromme sich ja nicht als sexistisch herausfordernde Wesen darstellen wollen.

Mode ist aber nicht nur eine Form der körperlichen Verhüllung, sondern stets und zu jeder Zeit ein Versuch, sich als Mann und Frau so darzustellen, dass man angenehm auffällt – für das andere Geschlecht. Wer sich nicht an die aktuelle Mode hält, sondern an Vergangenes, wirkt zunächst einmal weniger »attraktiv«.

Doch die Mehrheit der Juden ist inzwischen von ihrer nichtjüdischen Umwelt, egal wo sie leben, nicht mehr zu unterscheiden. Man zieht sich nach der Mode an, die, vor allem in Europa und den USA, inzwischen uniform geworden ist. Die gängigen Labels, aber natürlich auch Jeans und T-Shirts, ebenso wie Business-Anzüge und Miniröcke – all das ist in einem »jüdischen« Kleiderschrank genauso zu finden wie in einem »nichtjüdischen«. Der Grund: Die Anpassung in der demokratischen Welt ist Normalität geworden, und Gott sei Dank gibt es zumindest in unseren Breitengraden keine antijüdischen Kleidervorschriften mehr.

Eine moderne Entwicklung sei hier noch zum Schluss angemerkt: In Israel hat sich das religiöse sefardische Establishment dem Kleidungskodex der aschkenasischen Orthodoxie angepasst. Auch sie tragen inzwischen schwarze Anzüge und schwarze Hüte – wie die osteuropäischen Frommen. Das ist besonders grotesk anzusehen bei der religiösen Schas-Partei, die sich, als Protest gegen die aschkenasische Bevormundung im Land, etabliert hat. Man will sich von den europäischen Juden abgrenzen, hat aber deren Kleidungsordnung ohne Umstände übernommen. Warum das so ist, hat aber mehr mit der soziologischen Entwicklung des Staates Israel zu tun und nicht mehr mit unserem Thema in diesem Kapitel.

Warum glauben Juden, dass sie das »auserwählte Volk« sind?

Es gibt in der Geschichte der Judenfeindschaft einige hartnäckige Vorurteile, die – wider besseres Wissen – sich bis heute gehalten haben. Und keine noch so gute Aufklärung vermag es, Unsinn, der sich über die Jahrhunderte gefestigt hat, auszulöschen. Ein solches Vorurteil ist die Vorstellung, dass der »jüdische« Gott ein rachsüchtiger, der »christliche« Gott ein Gott der Nächstenliebe ist. »Du sollst deinen Nächsten lieben wie dich selbst!« wird dabei gerne als Aussage Jesu und damit als Beweis für die christliche Nächstenliebe zitiert. Dabei stammt dieser Satz aus der Thora. Und Jesus hat nichts anderes gemacht, als die Thora der Juden zu zitieren und zu kommentieren.

Auge um Auge, Zahn um Zahn: das Talionsgesetz

Der Beweis, dass der Gott der Juden ein rachsüchtiger, grausamer Gott ist, wird mit dem berühmten Satz aus der Thora: »Auge um Auge, Zahn um Zahn« geführt. In den Medien ist es üblich geworden, die Grausamkeiten im Nahen Osten mit diesem Zitat immer wieder zu »erklären«. Manches deutsche Nachrichtenmagazin hat schon diesen Bibelvers als Überschrift für entsprechende Titelgeschichten benutzt. Die Journalisten meinen dann wohl, sie seien besonders originell und müssten nicht mehr allzu viel schreiben über die Auseinandersetzung zwischen Palästinensern und Israelis. Der Satz erkläre alles. Quod erat demonstrandum. Sie wissen ganz offensichtlich nicht, dass es sich im Falle von »Auge um Auge, Zahn um

Zahn« um ein so genanntes Talionsgesetz handelt, das heißt: Gleiches mit Gleichem zu vergelten. Im Alten Orient der biblischen Zeit war es unter den Völkern ganz natürlich, für ein erlittenes Unrecht oder einen Schaden ein Mehrfaches an Rache zu nehmen. Hatte Stamm A einen Krieger aus Stamm B getötet, dann rächte sich Stamm B, in dem es mindestens zwei Krieger (meistens waren es *sehr* viel mehr!) von Stamm A ermordete. Wurde die Herde eines Schäfers gestohlen, so wurde als Vergeltung die Herde des Diebes entführt und die gestohlene zurückgeholt, und vielleicht wurden noch die beiden Töchter des Diebes vergewaltigt, verschleppt oder gar getötet. »Auge um Auge, Zahn um Zahn« machte damit Schluss. Mit dieser Entscheidung des »jüdischen« Gottes durfte ein Geschädigter nicht mehr vergelten, als ihm selbst angetan worden war. Das war vor über 4000 Jahren eine geradezu revolutionäre Entscheidung in der Jurisdiktion! (Die richtige Übersetzung des Thora-Textes lautet: »*Ein* Auge für *ein* Auge«, und die Rabbiner sagten: das heißt den Wert eines Auges) Doch die Sache ist damit noch nicht erledigt: Das »Talionsgesetz«, wie man es im Mittelalter genannt hat, ist ein Gesetz, dass Gleiches mit Gleichem vergilt. Also beispielsweise: Ein Mord wurde im Mittelalter – und ich spreche hier von der christlichen Rechtsprechung jener Zeit – mit der Todesstrafe geahndet. »Tod um Tod« sozusagen. Die jüdische Rechtsprechung lehnte dies völlig ab. Für jede Tat wurde eine entsprechende »Wert«-Sühne eingesetzt, entweder Geld oder andere Wertgegenstände. Die Rabbinen entschieden, wie viel ein Auge, ein Arm, ein Bein und so weiter »wert« sind – diesen adäquaten Wert hatte der Täter dann zu entrichten! Doch wie wir wissen – Vorurteile sind simpel und manchmal immun gegen jede Aufklärung. Insofern werden wir auch noch in Zukunft Geschichten über Israel unter dem Titel »Auge um Auge, Zahn um Zahn« lesen, insofern werden Nichtjuden auch noch in hundert Jahren behaupten, der »jüdische« Gott sei grausam, rachsüchtig und brutal.

Und ähnlich verhält es sich mit dem Begriff der jüdischen »Auserwähltheit«.

Das jüdische Volk ist also Gottes »auserwähltes Volk«. Doch anders, als 2000 Jahre christlicher Antijudaismus und mehrere hundert Jahre Antisemitismus die Menschheit glauben machen wollen, dass diese »Auserwähltheit« »typisch jüdische« Hochnäsigkeit sei, das »typisch jüdische« Überlegenheitsgefühl, die Vorstellung, Juden seien etwas »Besseres« oder gar »elitär«, ist diese »Auserwähltheit« eher ein schweres Joch, das das jüdische Volk zu tragen hat. Im Judentum gibt es die 613 Ge- und Verbote, die so genannten Mitzwot, von denen ich schon berichtet habe. Man kann sich vorstellen, dass das Einhalten dieser vielen Vorschriften das Leben nicht einfacher macht.

Einem Midrasch, einer jüdischen Legende, zufolge hat Gott einst seine Thora allen Völkern angeboten. Als Lohn versprach er dem Volk, dass es sein »auserwähltes« sein werde. Alle Völker lehnten ab. Ihnen allen erschienen Gottes Forderungen zu »unmenschlich«, viel zu anstrengend, unpraktisch, lästig und unerfüllbar. Schließlich landete er beim jüdischen Volk. Das war sofort bereit, die Thora anzunehmen. Aus Ehrfurcht vor Gott. Gott gab den Juden die Thora. Alle anderen mussten nur die sieben so genannten noachidischen Gesetze einhalten (das sind die grundsätzlichen Normen der Humanität).

Was will dieser Midrasch zum Ausdruck bringen? Nicht nur, dass die Liebe des jüdischen Volkes zu Gott eine bedingungslose ist, sondern dass jedes Volk die Chance gehabt hätte, Gottes »auserwähltes Volk« zu werden. Dass also an den Juden zunächst einmal »nichts Besonderes« ist. Sie haben damals einfach nur eine andere Entscheidung gefällt als alle anderen Völker.

Mit dieser Entscheidung hat das jüdische Volk nicht nur das »Joch der Mitzwot« auf sich genommen, sondern auch die Verpflichtung, eine Beispielfunktion gegenüber der Welt zu übernehmen. Nach jüdischem Glauben haben alle Völker eine Aufgabe, die Gott ihnen gestellt hat. Schließlich wurden alle Völker von Gott geschaffen, nicht nur die Juden. Was »einzigartig« an unserer Existenz ist, ist die Aufgabe, die wir übernommen haben. Wir wollen aber nicht die ganze Welt »jüdisch« machen, sondern es geht darum, durch unser Zeugnis, durch unser Beispiel, die Menschheit davon zu überzeugen, die Souveränität des Einen und Einzigen Gottes anzuerkennen:

> »Und der Ewige sprach zu Abram: ›Zieh du aus deinem Land, von deiner Verwandtschaft und vom Haus deines Vaters nach dem Land, das ich dir zeigen werde. Und ich will dich zu einem großen Volk machen und will dich segnen und deinen Namen groß machen, und du sollst ein Segen sein. Und ich will segnen, die dich segnen, und wer dir flucht, den will ich verdammen, und mit dir sollen sich segnen alle Geschlechter der Erde.‹« (Gen. 12, 1–3)

Mit dieser Aufgabe übernimmt das jüdische Volk aber nicht nur die vielen Mitzwot Gottes. Es nimmt auch die besondere »Beobachtung« Gottes auf sich. Wenn das jüdische Volk Fehler begeht, hat das Konsequenzen. Manchmal schlimme, tragische Konsequenzen. Die »Auserwähltheit« ist also nicht unbedingt ein Privileg, wie Antisemiten glauben machen wollen, sondern im Gegenteil, es ist eine besondere, anstrengende Verpflichtung. Und wenn das Volk diese Verpflichtung nicht einhält, dann wird es bestraft werden, dann wird es die Konsequenzen tragen müssen. Und die können furchtbar sein. Wie etwa die Zerstörung des Tempels, die Vertreibung aus dem eigenen Land.

Für viele moderne Juden ist es nicht immer einfach, an diese »Auserwähltheit« zu glauben, ja, sie haben natürlich, wie viele säkulare Menschen, Schwierigkeiten, die Grundthesen des Glaubens als Wahrheit zu akzeptieren. Doch auch sie geben zu, dass die Existenz des jüdischen Volkes seit nunmehr rund 4000 Jahren ein einzigartiges Phänomen in der menschlichen Geschichte ist. Es ist erstaunlich, dass ein Volk, ohne eigenes Land, verstreut über die ganze Welt, 2000 Jahre überlebt, die eigene Identität, den Glauben an den Einen und Einzigen nicht verliert, trotz aller Widrigkeiten, die es im Laufe seiner Geschichte erfahren musste.

Der jüdische Humor hat sich oft genug mit diesem »Fluch« der Auserwähltheit beschäftigt. Und so geht dann der Witz, der einen Rabbiner, nachdem wieder einmal eine Katastrophe das jüdische Volk heimgesucht hat, sagen lässt: »Herr der Welt! Es ist ja wirklich großartig, Dein auserwähltes Volk zu sein. Aber könntest Du bitte nicht mal zur Abwechslung ein anderes Volk auswählen, damit wir uns ein wenig erholen können?«

Der Bund mit Gott

Das jüdische Glaubensgebäude könnte man als Dreieck darstellen. Es ist die Triade aus Volk – Gott – Land, die in wechselseitiger Beziehung zueinander stehen.

Die Beziehung zwischen Volk und Gott bestimmt der »Brit«, den Gott mit Abraham eingeht.

> »Da fiel Abram auf sein Angesicht, und Gott redete mit ihm und sprach: ›Ich, sieh, mein Bund besteht mit dir, und du wirst werden zum Vater eines Heers von Völkern. Darum sollst du nicht mehr Abram heißen, sondern Abraham soll dein Name sein; denn zum Vater eines Heers von Völkern habe ich dich bestimmt. Und ich ma-

che dich fruchtbar über die Maßen und lasse dich werden zu Völkern; und Könige sollen aus dir hervorgehen. Und ich errichte meinen Bund zwischen mir und dir und deinem Samen nach dir für ihre Geschlechter als ewigen Bund, Gott zu sein dir und deinem Samen nach dir. Und ich will dir geben, dir und deinem Samen nach dir, das Land deines Aufenthalts, das ganze Land Kanaan, zum ewigen Besitz; und ich will ihnen Gott sein.‹ Und Gott sprach zu Abraham: ›Auch du sollst meinen Bund wahren, du und dein Same nach dir, für ihre Geschlechter. Und das ist mein Bund, den ihr wahren sollt, zwischen mir und euch und deinem Samen nach dir: Beschneiden lasse sich euch alles Männliche.‹« (Gen. 17, 3–10)

Was besagt dieser Bund? Er garantiert Abraham und seinen Nachkommen, dem Volk Israel, dass es stets unter dem Schutz des Einen und Einzigen steht, dass es sich vermehren wird, dass es so zahlreich sein wird, wie die Sterne am Himmel oder der Sand am Meer, dass es dafür im Gegenzug ewige Zeugenschaft für den Einen und Einzigen auf Erden zu sein hat. Abraham und seine Nachkommen haben bis heute diesen Bund gehalten. Selbst in den dunkelsten Zeiten des gerade vergangenen Jahrhunderts waren Juden nicht bereit, ihre »Zeugenschaft« für den Ewigen aufzugeben, wo sie doch – zumindest nach »menschlichem« Ermessen – alles »Recht« gehabt hätten, dies zu tun.

Der Rabbi von Kozk, einer der großen, gewaltigen spirituellen Führer des osteuropäischen, chassidischen Judentums, hatte einst ein furchtbares Gebet an Gott gerichtet. Es war eine Zeit der Not, als er es sprach: »Herr der Welt, erbarme Dich unser. Rette uns. Zeige dich endlich. Denn sonst … sonst werden wir nicht mehr Dein auserwähltes Volk sein … wir werden den Bund mit Dir aufkündigen!«

Eine schreckliche Drohung, die für Nichtjuden verrückt

erscheinen mag. Denn was ist der Mensch schon im Angesicht Gottes? Wie kann er sich erdreisten, den Herrscher der Welt so herauszufordern? Er kann es, besser: Der Jude kann es, denn der Bund ist ein Vertrag, den beide Seiten, Gott und Abraham, in völliger Gleichheit miteinander geschlossen haben, als Gleichberechtigte. Und nicht nur der Mensch ist verpflichtet, den Bund einzuhalten, sondern auch Gott. Das macht den »Brit« so einzigartig. Ein jüdischer Mensch hat das Recht, Gott an sein Versprechen zu erinnern!

Im Getto Theresienstadt wurde vor sechs Jahre eine geheime Synagoge in einem Hinterhof entdeckt. Jahrzehntelang war sie als Ziegenstall benutzt worden. Die Bewohner wussten, was das für ein Raum war, doch sie wollten es den Verwaltern der Gedenkstätte nicht verraten, damit keine Touristenströme in ihre Nachbarschaft, mitten ins Getto, kämen.

Im ehemaligen Getto leben auch heute noch immerhin 2000 Tschechen. Kaum zu begreifen, wie es diese Menschen in solch einer Umgebung aushalten, doch das ist ein anderes Thema. Auf jeden Fall war dieser kleine Raum, die Synagoge, sehr gut erhalten. Die Juden hatten wohl heimlich Farbe entwendet und die Wände verziert: Mit Davidsternen, mit aufgemalten Kerzen, in Ermangelung echter Kerzen, und mit Bibelsprüchen. Auf einer Wand steht, natürlich auf Hebräisch, ein denkwürdiger Satz: »Wir haben Deinen Namen nie vergessen, Herr, vergiss auch Du uns jetzt nicht!«

Dies heute, rund sechzig Jahre nach dem Holocaust, auf der Wand einer geheimen Synagoge im KZ Theresienstadt zu lesen ist erschütternd. Zugleich ist es aber auch ein weiteres Zeugnis dieser gleichberechtigten Wechselbeziehung zwischen Gott und dem jüdischen Volk, die ohne Vergleich in der Religionsgeschichte ist.

Wie aber können Juden nach dem Holocaust noch an Gott glauben? Ich will dieses höchst diffizile Terrain hier nicht betreten. Wichtige jüdische Denker zerbrechen sich den Kopf über dieses theologische Problem, die Frage, wo Gott in Auschwitz war. Was ich in unserem Zusammenhang hier erzählen will, ist die Haltung so mancher Juden, die nach dem Krieg ihren Glauben zwar verloren haben, aber dennoch eisern an den Geboten Gottes festhielten. Sie wurden gefragt, wieso sie das tun. Und sie antworteten mit einem merkwürdigen Paradox: »Um Ihn herauszufordern. Um Ihm zu zeigen, dass wir unseren Teil des Bundes auch jetzt noch halten, während er uns im Stich gelassen hat!«

Ich möchte das nicht bewerten, aber ich kann es verstehen. Diese Haltung, die viele Holocaust-Überlebende an den Tag legen, ist aber ein Beispiel für die ungeheuerliche Kraft, die der Bund in der jüdischen Geschichte spielt. Er ist ein Vertrag auf Ewigkeit.

Er ist allerdings auch ein Vertrag, dem jedermann beitreten kann. Er ist exklusiv, aber er schließt niemanden aus. Jeder kann in das Judentum eintreten, wie ich im ersten Kapitel erklärt habe. Oder noch exakter formuliert: Man tritt nicht in das Judentum ein, sondern man tritt dem jüdischen Volk bei, indem man den Bund mit Gott für sich akzeptiert und die Lebensführung der Halacha annimmt. Man darf ja nicht vergessen, der erste Proselyt der jüdischen Geschichte war kein geringerer als Abraham selbst!

Womit wir bei einer weiteren Eigenart des Judentums sind. Es ist ungeheuer schwer, zu definieren, was denn ein »Jude« eigentlich ist. Nach dem Ausschlussverfahren ist es erst einmal leichter zu sagen, was Juden nicht sind: eine Rasse! Auch wenn Antisemiten das immer wieder behaupten, es stimmt nicht. Juden sind keine genetische Einheit. Sie sind schwarz und weiß, sie haben braune und blaue Augen, blonde und rote, glatte und lockige Haare. Nein, eine Rasse sind Juden nicht. Sie sind aber auch nicht »nur« ein Glaube. Denn es gibt Juden, die mit dem Glauben gar nichts zu tun haben, sogar agnostisch oder gar atheistisch sind, sich aber dennoch als Juden definieren. Sie sind aber auch keine »Nation« im Sinne des europäischen Nationenbegriffs des 19. Jahrhunderts. Sie sind, wenn man es denn irgendwie begrifflich festhalten will, am ehesten als »Volk« zu bezeichnen. Eine Gruppe, die sich durch gemeinsamen Glauben, eine gemeinsame Sprache (zumindest die des Gebets), eine gemeinsame Geschichte definiert. Und es ist wichtig, an dieser Stelle genau zu sein: Alle Juden gehören zum jüdischen Volk, aber nicht alle Juden gehören zur israelischen Nation! Die Juden Israels mit israelischem Pass sind eine Nation, zu der ich, als deutscher Jude mit deutschem Pass, nicht gehöre. Aber ein jüdischer Israeli und ich sind beide Teil des jüdischen Volkes. Klingt schwierig, ist es aber in unseren Zeiten der großen Migrationswellen nicht mehr. Denn ein Deutscher, dessen Eltern aus der Türkei stammen, ist im Sinne der Nation (und des Passes, wenn er ihn denn hat) ein Deutscher, im Sinne des Volkes und eines Teils seiner Kultur ein muslimischer Türke oder türkischer Muslim.

Die Schwierigkeit, das jüdische Volk nach herkömmlichen Kategorien zu definieren, ist vielleicht Teil seiner Einzigartigkeit. Diese Einzigartigkeit ist, wie ich schon vorher zitiert habe, durch einen göttlichen Auftrag genau beschrieben:

> »Und ihr sollt mir sein ein Reich von Priestern und ein heilig Volk.« (Ex. 19,6)

Diese Einzigartigkeit bedeutet aber nicht, das sei noch einmal wiederholt, dass der Eine und Einzige Gott den Juden exklusiv und ganz allein »gehört«. Nein, jeder kann Gott erkennen. In der Thora gibt es ja bereits vor Abraham Menschen, die Gott erkennen und in seinem Sinne leben und wandeln: Noah sei hier als bekanntestes Beispiel genannt.

Wer aber ist dieser Gott? Er ist der Eine und Einzige, der unsichtbar ist, der nicht benannt werden kann, der keinerlei menschliche Züge trägt, der unfassbar, unbeschreibbar ist. Alle Versuche, Gott in irgendeiner Weise zu beschreiben, müssen scheitern. Und die Merkmale, die er in der Erzählung der Thora hat, sind nur Hilfsmittel für den einfachen Menschen, um Ihn irgendwie zu begreifen (was im Grunde bereits ein Widerspruch ist, da genau das nicht möglich ist). Maimonides, der größte jüdische Denker des Mittelalters, hat denn auch einen ganz interessanten Weg gewählt: Er beschreibt Gott, in dem er aufzählt, was Gott alles *nicht* ist. Nur in der Negation kann sich der Mensch Seinem »Wesen« nähern.

Im Judentum darf man den Namen Gottes nicht aussprechen. Was aber ist der Name Gottes? Wir lesen in vielen Artikeln über das Judentum, sein Name sei »Jehova« oder »Jahwe«. Beides ist falsch. Der Name Gottes wird in der Thora als Attribut aus vier Buchstaben geschrieben, den hebräischen Buchstaben »Jod«, »Hei«, »Waw«, »Hei«, in der lateinischen Schrift etwa so wiedergegeben: J, H, W, H. Was sie genau bedeuten, wird in der Thora eher kryptisch angedeutet.

Als Moses von Gott in der Wüste den Auftrag erhält, sein Volk aus der Knechtschaft des Pharao zu befreien, fragt Moses ihn, wie er denn heiße, welchen Namen er denn angeben solle, wenn er nach Ägypten zu den Israeliten zurückkehre. Im Namen welchen Gottes spreche er?

> »Da sprach Gott zu Mosche: ›Ich bin, der ich sein mag.‹ Und er sprach: ›So sollst du sprechen zu den Kindern Jisrael: ›Ich bin!‹ hat mich zu euch gesandt.‹« (Ex. 3, 14)

Die vier Buchstaben sind also, wenn man es salopp sagen will, eine Art »Abkürzung« für den Namen Gottes. Wie aber kommt es dann in der christlichen Welt zu den Namen »Jehova« oder »Jahwe«? Das liegt an der hebräischen Konsonantenschrift, die keine Vokale kennt. Die Vokale muss man sich dazu denken, man muss sie quasi kennen, wenn man das Wort liest. Und so machten christliche Theologen, die meinten, die Thora zu verstehen und des Hebräischen mächtig zu sein, aus dem J, H, W, H entweder ein: JeHoWaH oder ein JaHWeH. Man kann die vier Buchstaben so lesen, dennoch ist das nicht der Name Gottes.

Wir lesen diese Buchstaben beim Vortragen der Thora, beim Lernen oder beim Gebet überhaupt nicht. Wir benutzen stattdessen stets Umschreibungen: »Elohim« oder »Adonai« (d.h. Herr) oder »HaSchem« (Letzteres heißt nichts anderes als wörtlich: »Der Name«). Gott wird also immer umschrieben.

Und warum ist das so? Weil im Judentum jeder Name eine Bedeutung hat und die Idee, Gott beim Namen zu nennen, bedeuten würde, ihn bezeichnen zu können und ihm somit einen Umriss, eine Grenze zu setzen. Doch Gott ist, wie die Kabbala, die jüdische Mystik, ihn in ihrer Umschreibung nennt, »Ein Sof«, »Unendlich«. Eine Namensnennung verbietet sich also. Ebenso wie eine bildliche Darstellung, die ihn wieder nur als menschliches Wesen zeigen würde.

Das Judentum ist also, wenn man so will, ein »radikaler Monotheismus«. Das hat er in dieser Form nur mit der sehr viel jüngeren Tochterreligion, dem Islam, gemein. Für viele Juden ist das Christentum keine »reine« monotheistische Religion, da die Trinitätslehre der katholischen Kirche für Juden (und auch Muslime) ein Widerspruch zu deren monotheistischen Vorstellungen ist. Das »Credo« des jüdischen Monotheismus findet sich im vielleicht wichtigsten Gebet der jüdischen Liturgie wieder, dem »Schma Jisrael«: »Höre Jisrael! Der Ewige ist unser Gott; der Ewige ist Einer!«

Im unserem Dreieck fehlt jetzt also nur noch das Land. Und das heißt: Israel. Der kleine Streifen zwischen der Sinai-Wüste und den Bergen des Libanon hatte im Laufe seiner Geschichte viele Namen. Gott nennt das Land, in das Abraham ziehen soll, Kanaan. Erst sehr viel später wird es zum »Lande Israel«, das sich dann zu einem noch späteren Zeitpunkt in zwei jüdische Königreiche teilt, die Israel und Judah heißen. Und nachdem die jüdischen Bewohner des Landes endgültig die Herrschaft über ihren Staat an die Römer verloren hatten, nennen die neuen Machthaber dieses religionsgeschichtlich so bedeutende Fleckchen Erde Palästina. Der Ursprung dieses Namens liegt, wie ich schon erklärt habe, auch in einem biblischen Namen für ein Volk: Philister.

Mit der Gründung des modernen jüdischen Staates 1948, heißt das Territorium wieder Israel. Die nach 1967 von Israel eroberten Gebiete bis zum Jordan wurden lange Zeit »West Bank« (Westjordanland) genannt (einstmals auch Cisjordanien), und jetzt, noch vor der Gründung eines palästinensischen Staates, hat es sich in den Medien durchgesetzt, dass man dieses Gebiet schon wieder Palästina nennt.

Bleiben wir, in unserem Zusammenhang, einfach mal bei dem Begriff »das Land Israel«, das eine etwas andere Ausdehnung hatte als der aktuelle Staat Israel. Denn das, was West Bank genannt wird, also jener Teil der besetzten Gebiete, die sich bis zum Jordan erstrecken, ist historisch der »jüdischste« Teil des ganzen Territoriums. Hier, in Nablus (auf Hebräisch: Schchem), in Hebron, in Beit El und vielen anderen Orten, spielte sich die biblische Geschichte des jüdischen Volkes ab. Hier, und nicht in Tel Aviv, das ja erst 1909 gegründet wurde. Ein Umstand, der dazu führt, dass die extreme Rechte und viele Fromme in Israel es für einen Frevel an Gott halten, Judäa und Samaria, wie sie die West Bank nach der biblischen Bezeichnung nennen, an die Palästinenser abzugeben. Hier befinden sich schließlich eine Vielzahl jüdischer Heiligtümer, wie etwa das Grab der Stammmutter Rachel bei Bethlehem oder das Grab der Patriarchen in Hebron, das Grab des Propheten Samuel im Osten Jerusalems und viele mehr (vom Tempelberg und der Klagemauer in Ostjerusalem nicht zu reden). Das Land ist eben das »Gelobte Land«! Es ist das Land, das Gott Abraham und seinen Nachkommen versprochen hat:

> »Und ich errichte meinen Bund zwischen mir und dir und deinem Samen nach dir für ihre Geschlechter als ewigen Bund, Gott zu sein dir und deinem Samen nach dir. Und ich will dir geben, dir und deinem Samen nach dir, das Land deines Aufenthalts, das ganze Land Kanaan, zum ewigen Besitz; und ich will ihnen Gott sein.«
> (Gen. 17, 7–8)

Mit diesen Worten begann quasi vor etwa 4000 Jahren die unendliche Verbindung und Liebesgeschichte des jüdischen Volkes mit dem von Gott versprochenen, »gelobten« Land. Abraham war in dieses Land gezogen, und später, nach dem Auszug aus Ägypten, zog das jüdische Volk wieder in Kanaan ein, nahm es endgültig in Besitz und errichtete dort seine staatliche Unabhängigkeit.

Kurz vor dessen Tod bestätigt Gott Moses dieses Versprechen noch einmal:

> »Und der Ewige sprach zu ihm: ›Dies ist das Land, das ich Abraham, Jizhak und Jaakob zugeschworen habe, sprechend: ›Deinem Samen will ich es geben!‹« (Deut. 34, 4)

Von diesem Tag an lebten Juden ununterbrochen, bis heute, in Israel, selbst wenn sie oft nur eine kleine Minderheit im eigenen Land waren.

Die Heiligkeit des Landes ergibt sich nicht nur aus der Tatsache, dass Gott es dem jüdischen Volk versprochen hat. Es ergibt sich auch aus einer Vielzahl von religiösen Konsequenzen, die dieses Versprechen nach sich zieht. Denn nur in Israel lassen sich alle von Gott gegebenen Gesetze der Thora erfüllen. Von den insgesamt 613 Mitzwot sind viele in der Diaspora undurchführbar, weil sie sich unmittelbar auf die Landwirtschaft, auf den Tempeldienst und so weiter beziehen. Und nur in Israel konnte sich das Heiligtum Gottes befinden, der Tempel, denn Gott selbst, so sagt die Schrift, sucht sich den Ort seines ewigen Heiligtums aus – und das war Jerusalem. Die Idee, das Heiligtum könne irgendwo anders stehen – etwa in New York oder Berlin –, ist in der jüdischen Glaubenswelt schlicht absurd. Und nach einer Prophezeiung heißt es, dass das jüdische Volk nur im Lande Israel sein »volles Potenzial« erfahren könne, dass sich die Versprechen und der Segen Gottes für das Volk Israel nur dort erfüllen werden. Allerdings müsse sich das Volk dafür an die Gebote halten.

Die jüdische Diaspora wird ja auf Hebräisch bezeichnenderweise »Galut«, also »Exil« genannt. Und der Begriff »Exil« bedeutet bereits etwas Negatives. Dass diese Form des Lebens dort kein »Normalzustand« ist, dass etwas fehlt. Erst die Rückkehr nach Zion wird das Leben des Juden also wieder in den »Normalzustand« versetzen. Im heutigen modernen Israel wird die Einwanderung auf Hebräisch bezeichnenderweise Alijah, »Aufstieg«, genannt, die Auswanderung entsprechend Jerida oder »Abstieg«.

Natürlich steckt hinter solchen Begriffen ein gutes Stück zionistischer Ideologie, jedoch biblischen Ursprungs. Doch die ist natürlich auch gespeist von uralten Träumen des jüdischen Volkes, das die Rückkehr in das Gelobte Land über Jahrtausende herbeisehnte.

Es gibt kaum ein Gebet, in dem Zion, die Rückkehr nach Israel oder die Wiederherstellung des zerstörten Heiligtums in Jerusalem nicht erwähnt wird. Die Gebete an vielen Feiertagen beziehen sich bis heute auf Israel. Wenn im Frühjahr an Pessach ein spezielles Gebet gesprochen wird, in dem um »Tal«, um Tau, gebetet wird, dann mag man dieses Gebet in Berlin, München oder Wien bei strömendem Regen sprechen – was absurd erscheinen mag. Doch es bezieht sich ausschließlich auf die klimatischen Bedingungen des Landes Israel. Viele andere solche Beispiele ließen sich hier anführen. Die ewige Sehnsucht des jüdischen Volkes nach seinem Land wird aber nirgendwo deutlicher und eindrucksvoller ausgedrückt als in Psalm 137:

»Dort an den Strömen Babels weilten wir
ach, weinten wir
wenn Zijons wir gedachten!
An Weidenbäume dort
Hängten wir unsere Zithern.
Denn dort verlangten unsre Zwingherrn von uns
Sangesworte
Und unsre Dränger Freudenspiel:
›So singet uns von Zijons Sang!‹
Wie sängen wir des Ewgen Sang
Auf Fremdlands Erde?
Vergäß ich dein, Jeruschalaim
Versagte meine Rechte
Es klebte meine Zunge mir am Gaumen
Wenn dein ich nicht gedächte
Hielt ich Jeruschalaim mir nicht vor
Oban bei meinem Freudenspiel.«

Selbst in Momenten größter Freude wird des Unglücks gedacht, dass wir nicht mehr in unserem Land leben und kein Heiligtum mehr haben. (Ersteres hat sich durch den Staat Israel inzwischen erledigt, doch Letzteres wird wohl noch ein gutes Weilchen dauern. Außerdem ist die politische Situation in Israel keineswegs ein Grund zum Jubeln!) Am Ende der Trauungszeremonie, wenn zum Beispiel der Bräutigam das Glas mit seinem Fuß zertritt. Die Scherben sollen ja an den zerstörten Tempel von Jerusalem erinnern, also daran, dass wir noch nicht wirklich wieder aus dem »Exil« befreit worden sind. Denn, so behaupten manche ultra-orthodoxen Denker, auch das heutige Israel, ein säkularer Staat, ist ja noch nicht das Israel, in das wir einst, nach der Ankunft des Messias, zurückkehren werden. Es ist nur eine Art Übergangsstadium. Immerhin wenigstens das, nachdem 2000 Jahre vergangen sind, ohne einen eigenen Staat zu haben.

Doch es ist noch nicht die letzte Stufe der Erlösung, auf die wir warten. Die kommt – nicht nur für das jüdische Volk, sondern auch für die ganze Welt – erst mit der Ankunft des Messias in Jerusalem. Die Erlösung der Welt wird sich also ebenfalls im Lande Israel vollziehen.

Die Sehnsucht nach Zion und die Überzeugung, dass nur dort sich Gottes Versprechen bis zum Letzten erfüllen werden, hat im Laufe der jüdischen Geschichte bei manchen sogar die Vorstellung des so genannten Gilgul entstehen lassen.

Was ist Gilgul? Viele Juden lassen sich nach ihrem Tod nach Israel überführen, um dort begraben zu werden. Warum? Mein Amtsvorgänger, Ignatz Bubis, hat dies getan mit dem Hinweis darauf, dass er die Vorstellung, sein Grab könnte in Deutschland zum Ziel antisemitischer Angriffe werden, nicht ertrage. Das ist ein pragmatischer, aktueller Grund, der seine Berechtigung hat, wenn man sich klar macht, dass jüdische Friedhöfe seit Jahrhunderten immer wieder Ziel antisemitischer Angriffe wurden. Doch es gibt noch einen religiösen Grund für die Überführung. Am Tag der Ankunft des Messias werden zuerst im Heiligen Land alle Toten wieder auferstehen, heißt es. Aus diesem Grund dürfen im Judentum Gräber ja auch nicht aufgelassen werden. Jüdische Gräber sind auf ewig angelegt, bis zum »Ende der Geschichte«!

Wenn jedoch ein Jude in Deutschland oder sonst wo begraben ist, dann muss er – so der volkstümliche Glaube – bei der Ankunft des Messias, sozusagen mit seinen noch übrig gebliebenen Knochen unterirdisch bis nach Israel »rollen«, um dann dort endlich auferstehen zu können. Das unterirdische Rollen der Knochen vom Grab bis nach Jerusalem wird Gilgul (ein sehr lautmalerisches Wort: es soll den Klang der klappernden Knochen wiedergeben) genannt. Für viele Juden eine schreckliche Vorstellung. Darum wollen sie sich lieber gleich in Israel begraben lassen. Sie ersparen sich das unangenehme Gerolle und sind obendrein sofort dabei, wenn der Messias sich endlich blicken lässt!

Diese Sehnsucht nach einer Rückkehr in das dann göttliche Israel ist auch gemeint, wenn Juden die höchsten Feiertage Jom Kippur und den Sederabend zu Pessach mit dem Satz beschließen: »Nächstes Jahr in Jerusalem!« Der berühmte israelische Dichter Jehudah Amichai hat dieses Gebet einmal ganz trocken-zionistisch verspottet: Wer so ’ne Sehnsucht nach Jerusalem habe, solle sich doch einfach ein Ticket bei El Al kaufen, und schwupps, sei er schon da! Doch er wusste als ehemals frommer Jude natürlich genau, was dieser Satz eigentlich meint.

Ist es verwunderlich, dass für Juden auf aller Welt die Existenz des Staates Israel so unglaublich wichtig ist? Selbst wenn sie nicht dort leben wollen oder können – in irgendeiner Form sind sie mit Israel verbunden. Zweitausend Jahre Gebete, Gedichte, Literatur, Philosophie beschäftigen sich mit Zion. Und dann das erste Wunder: 1948 erhält das jüdische Volk wieder einen eigenen Staat. Selbst die abgebrühtesten Agnostiker unter den Juden waren sich nicht ganz sicher, noch dazu unmittelbar nach der Shoah, ob nicht doch eine göttliche Hand da Geschichte geschrieben hat.

Und dieses Gefühl verstärkte sich noch einmal 1967, als im Sechstagekrieg die heiligsten Stätten unseres Glaubens wieder in jüdische Hände fielen: in erster Linie der Tempelberg und die Westmauer des ehemaligen Tempels, die Klagemauer, die nach der Zerstörung durch Titus im Jahre 70 d. Z. als Einzige übrig blieb. Damals verdrückten auch die ungläubigsten Juden heimlich eine Träne der Rührung, des Staunens und natürlich der Hoffnung, dass nun, nach so vielen Jahrtausenden des Leids, Juden endlich in Frieden leben werden. Doch dazu ist es auch bis heute nicht gekommen.

Was bleibt, ist das Dreieck: Volk – Gott – Land. Egal, wie jeder Jude heute im 21. Jahrhundert dieses Dreieck für sich interpretiert, es ist ein magisches Dreieck geblieben und hat von seiner Gültigkeit nichts verloren: Es bestimmt unser Schicksal auch in Zukunft, und sei es nur deswegen, weil wir immer noch daran glauben.

Was ist koscher?

Jeder, der Deutsch spricht, kennt die Bedeutung des Wortes »koscher«. Wenn wir einem Menschen nicht vertrauen, dann sagen wir: »Der ist nicht ganz koscher«, wenn wir einer beruflichen Vereinbarung misstrauen, dann heißt es gerne: »Der Vertrag scheint mir nicht ganz koscher zu sein.« Auf Hebräisch heißt das Wort in der Tat »tauglich«, »sauber« oder »rein« und gehört zu den bekanntesten der jüdischen religiösen Praxis. Fast jedermann weiß auch, dass Juden koscher essen. Doch was das genau bedeutet, das wissen natürlich nur die wenigsten. Bevor also hier das »Geheimnis« der koscheren Küche gelüftet wird, ist es aber notwendig, einen kleinen Ausflug in die Religionsphilosophie zu machen, um den Begriff »koscher«, »rein«, zu erklären. Was meint das Judentum eigentlich, wenn es von »Reinheit« spricht?

Anders als im Christentum kennt das Judentum keinerlei Form von Askese. Es gibt kein Mönchstum, es gibt keine Klöster, es gibt kein Zölibat, keine Kasteiung. Nichts Menschliches ist dem Judentum fremd, könnte man sagen. Essen, Trinken, Sexualität – all das gehört zur Natur des Menschen und soll keinesfalls unterdrückt werden. Im Gegenteil, der Genuss dieser Dinge ist ein Geschenk Gottes. Die Frage ist nur: Wie genießt man richtig?

Da es also keine Abstinenz von irdischen, profanen, physischen Dingen im Judentum gibt, geht es darum, aus dem Profanen etwas Heiliges zu machen. Das Leben an sich ist heilig, aber es gilt auch, jede Aktion, jede Tat zu heiligen, indem man sie im Sinne Gottes vollzieht. Man kann ein Glas Wein trinken und diesen Vorgang heiligen, oder man trinkt ein Glas Wein ganz profan und dient dabei nicht dem höheren Zweck des Lebens. Man kann sich der Sexualität hingeben im Rahmen der Heiligung des Lebens oder in sexuellen Exzessen schwelgen, die gar nichts mehr mit der Heiligkeit der Sexualität im Judentum zu tun haben.

Die Mitzwot, die Ge- und Verbote, sind die Richtlinien, die es dem einzelnen Menschen ermöglichen, jeden Moment des Lebens, vom Erwachen bis zur Nachtruhe, zu heiligen, dem Leben also einen höheren Sinn zu geben und damit nicht nur Gott zu dienen, sondern sich damit auch von den Tieren zu unterscheiden.

Reinheit und Unreinheit: das Kaschrut

Reinheit und Unreinheit haben im Judentum immer eine spirituelle oder moralische Bedeutung. Im Hebräischen wird für »unrein« das Wort Tameh verwendet. Es bedeutet stets einen Zustand der moralischen oder religiösen Unreinheit, die die Seele oder den Charakter des Menschen negativ beeinflusst. Es gibt also nicht nur unreine Tiere, sondern auch unreine Taten: Inzest oder Götzendienst gehören dazu, oder auch »Laschon Harah«, die üble Nachrede, ein besonders großes Vergehen im jüdischen Moralkodex.

Damit wird schon ein wenig klarer, was mit koscher gemeint ist. Es geht nicht um hygienische oder medizinische Reinheit, sondern um spirituelle Reinheit. Nahrung, die koscher ist, hat also nicht nur den Sinn und Zweck, den Körper nach einem bestimmten diätetischen Regelwerk zu nähren und zu stärken, sie soll auch die spirituelle Reinheit von Körper, Geist und Seele eines Juden ermöglichen.

Oftmals wissen Nichtjuden, dass Juden kein Schweinefleisch essen dürfen oder keine Schalentiere, dass sie Milch-

und Fleischprodukte strikt trennen. Und sie glauben, dass die Begründung dafür auf medizinischen Vorbehalten beruht. Man weiß ja, dass sich ein Schwein gern im Dreck suhlt, dass es, vor allem in heißen Ländern, oftmals mit Trichinen verseucht ist. Man weiß, dass Schalentiere die »Staubsauger« des Meeres sind und allen Dreck in sich aufnehmen. Und inzwischen weiß man sogar, nach neuesten biochemischen Erkenntnissen, dass die Verdauung tatsächlich arg belastet wird, wenn man etwa ein Rahmgeschnetzeltes isst. Doch die Vorteile der koscheren Küche aus medizinischer Sicht sind *nicht* die Gründe für das Kaschrut, für das koschere Regelwerk. Denn es gibt zahlreiche Regelungen, die gar keinen erkennbaren »Sinn« machen, außer, dass sie von Gott gegeben sind und deshalb garantieren, dass der Mensch sich rituell nicht verunreinigt.

Natürlich gibt es beim Kaschrut auch hygienische Vorschriften, die ich später noch erwähnen werde, doch sie sind ein »Nebenprodukt«.

Die Regeln des Kaschrut können nicht losgelöst von allen anderen Gesetzen im Judentum gesehen werden. Sie verfolgen alle dasselbe Ziel: Die Unterscheidung zwischen Rein und Unrein, die Unterscheidung zwischen Richtig und Falsch, zwischen Profan und Heilig, um so das Leben auf eine höhere, transzendente Stufe zu heben.

»Man ist, was man isst« – dieser Spruch der »Biofood«-Anhänger entspricht durchaus jüdischem Denken. Die Aufforderung, das eigene Leben und das der anderen zu heiligen, geht in der Thora fast immer jenen Stellen voraus, in denen die koscheren Speisegesetze dargelegt werden. So heißt es etwa:

> »Denn ich bin der Ewige, euer Gott. So heiligt euch, damit ihr heilig werdet, denn heilig bin ich; und ihr sollt euch selbst nicht verunreinigen durch alles Gewimmel,

> das sich auf der Erde regt. Denn ich bin der Ewige, der euch aus dem Land Mizraim [Ägypten] heraufgeführt hat, um euch Gott zu sein; so werdet denn heilig, denn heilig bin ich. Dies ist die Weisung vom Vieh und von den Vögeln und von allem lebenden Wesen, das im Wasser sich regt, sowie von jedem Wesen, das auf dem Land wimmelt, zu unterscheiden zwischen dem Unreinen und dem Reinen, und zwischen dem Getier, das gegessen werden darf, und dem Getier, das nicht gegessen werden darf.« (Lev. 11, 44–47)

An einer anderen Stelle wird ebenfalls das Prinzip der Heiligung einer Speisevorschrift vorangestellt:

> »Und heilige Männer sollt ihr mir sein; und Fleisch auf dem Feld, Zerrissenes, sollt ihr nicht essen; dem Hund sollt ihr es vorwerfen.« (Ex. 22, 30)

Was beinhalten aber nun die koscheren Grundregeln? Um den unwissenden Leser nicht komplett zu verwirren, möchte ich hier nur die wichtigsten vorstellen. Die sind schon kompliziert genug (Wenn man alle Details des Kaschrut niederschreiben wollte, entstünde ein eigenständiges Buch):

1.) Man darf nur Fleisch von Tieren essen, die sowohl Paarhufer als auch Wiederkäuer sind. Dazu zählen: Schaf, Rind, Ziege und Hirsch.
2.) Man darf nur Fische essen, die sowohl Schuppen als auch Flossen haben. Das heißt, dass alle Krusten- und Schalentiere wie Austern oder Langusten verboten sind, dass man aber auch keinen Aal oder Rochen essen darf. Es gibt auch Fische, die zwar Schuppen haben, aber keine Flossen, wie etwa Seeteufel oder Raubfische. Auch die dürfen nicht gegessen werden.

3.) Geflügel ist erlaubt. Die Thora macht aber keine spezifischen Angaben zwischen reinen und unreinen Vögeln, sondern spezifiert 24 Arten, die erlaubt sind. Die Gelehrten haben daraus abgeleitet, welche Vögel offensichtlich verboten sind: Raubvögel oder Vögel, die ihre Beute wie Raubvögel behandeln, etwa Raben, Eulen, Pelikane, Störche und andere. Erlaubt sind: Huhn, Truthahn, Gans, Ente und Taube, allesamt domestizierte Vögel.

4.) Jegliche Amphibien oder Insekten sind verboten, ebenso alle Tiere, die »auf ihrem Bauch« kriechen, wie etwa die Schlange (kleine Erinnerung an den »Unfall« im Paradies!). Ebenso sind alle Produkte, die von nicht-koscheren Tieren stammen, verboten: Kaviar stammt vom Stör, der verboten ist, also darf man auch seine Eier nicht essen. Milch von einem Kamel ist genauso verboten wie dessen Fleisch. Öl von einem nichtkoscheren Fisch ist unrein usw. Erlaubt ist dagegen der Genuss von Honig, obwohl er von Insekten hergestellt wird. Doch die Thora entscheidet da klar: Honig wird aus dem Nektar und Blütenstaub von Blumen gewonnen und von den Bienen lediglich »produziert«. Insofern ist er koscher.

> »Denn ein heilig Volk bist du dem Ewigen, deinem Gott. [wieder die Vorgabe der Heiligung vor einem Speisegesetz:] Du sollst nicht kochen ein Böcklein in der Milch seiner Mutter.« (Deut. 14, 21)

Dieser Satz wurde von den Rabbinen in all seinen Konsequenzen interpretiert. Und das heißt:

5.) Milchige und fleischige Speisen müssen strikt voneinander getrennt sein. Man darf sie nicht zusammen essen. Das bedeutet, dass ein mit Käse überbackener Fleischauflauf ebenso tabu ist wie eine Fleischspeise mit einem Topfenknödel als Nachspeise. Die Trennung von milchigen und fleischigen Produkten führt zu einer weiteren Konsequenz in der koscheren Küche: Es müssen mindestens zwei vollständige Geschirre und Bestecke vorhanden sein, eins für milchige und eins für fleischige Produkte. Milchiges Geschirr darf auch nicht mit fleischigem Geschirr zusammen gewaschen werden. Alles muss stets fein säuberlich getrennt bleiben. Dasselbe gilt natürlich für alle Kochtöpfe, Pfannen etc. Das klingt ungeheuer umständlich, doch in Wahrheit ist es ganz einfach. Alles nur eine Frage der Gewohnheit. In vielen jüdischen Familien haben auch die Kinder keine großen Probleme mit der Unterscheidung. Sie wissen: das blaue Geschirr ist für Käse, das rote für Schnitzel, das Besteck mit den Holzgriffen für den Joghurt, das Besteck mit dem reinen Stahlgriff für Aufschnitt.

6.) Was aber ist mit Eiern? Mit Obst, Gemüse, Salat, Kartoffeln etc.? Alle Speisen, die nicht unter den Oberbegriff »milchig« oder »fleischig« fallen (dazu gehören auch Eier und Fisch!) sind neutral oder, auf Hebräisch: parve und dürfen sowohl zu milchigen als auch zu fleischigen Produkten gegessen werden.

7.) Allerdings: wenn man sich zu einem Stück Käse beispielsweise ein Omelett natur macht, dann müssen die Eier in einer Pfanne gebraten werden, die »milchig« ist. Dieses Omelett dürfte dann nicht zu einem Fleischgericht gegessen werden. Will man das, müsste man Eier in einer »fleischigen« Pfanne braten. Die Trennung muss also bei »parvedigen« Nahrungsmitteln auch bei der Benutzung des Geschirrs beachtet werden.

Wann aber darf man Fleischiges, wann Milchiges essen? Wie immer haben hier die orthodoxen Juden die strengsten Regeln. Sie verlangen, dass man nach dem Genuss von Fleisch bis zu sechs Stunden wartet, ehe man etwas Milchiges essen darf. Im umgekehrten Fall soll man bis zu einer Stunde warten. Andere Gruppen geben als Zeiten drei beziehungsweise eine halbe Stunde an. Und es gibt auch religiöse Gruppen, die eine Wartezeit nach Fleisch von etwa drei Stunden fordern und nach einem Stück Käse nichts anderes verlangen, als den Mund ordentlich auszuspülen, ein Stück Brot zu essen, und dann darf's gleich losgehen mit dem Steak.

Das Schächten

Wir haben also jetzt sechs Grundregeln des Kaschrut vor uns. Doch damit ist das Fleisch noch lange nicht koscher! Denn es kommt auch darauf an, wie ein Rind geschlachtet und zubereitet wird. Und deshalb ist ein Rindersteak in einem nichtkoscheren Restaurant genauso trefah, also nichtkoscher, wie Schweinefleisch.

Nach jüdischem Glauben ist das Blut der Sitz der Seele. Wir dürfen Tiere töten, nur weil wir sie essen wollen, aber wir müssen den Respekt vor der Kreatur Gottes wahren, indem wir ihre Seele unberührt lassen. Um dies zu gewährleisten, müssen die Tiere in einer ganz besonderen Art und Weise geschlachtet werden. Die jüdische Art des Schlachtens heißt auf Hebräisch: Schechita, auf Deutsch: Schächten.

Viel dummes Zeug wird in der Öffentlichkeit über das Schächten verbreitet. Darum gebe ich hier eine detaillierte Erklärung des sagenumwobenen jüdischen Schlachtens:

Nicht jeder Jude darf ein Tier schächten. Es bedarf dazu eines Schochet, eines speziell geschulten Schächters. Dieser Mann hat nicht nur die Technik gelernt, sondern er kennt die Regeln des Kaschrut und des Schächtens, die im Talmud in allen Details erläutert werden, ganz genau. Und er muss ein in jeder Hinsicht frommer Mann sein. Denn das Schlachten eines Tieres wird als eine heilige Angelegenheit mit einer besonderen Verantwortung verstanden. Es ist keine Kleinigkeit, ein Geschöpf Gottes einfach zu töten!

Das Schächten erfolgt mit einem speziell dafür vorgesehenen Messer mit einer hyperscharfen Klinge, die vor jedem Schächtvorgang überprüft werden muss. Ist sie stumpf oder hat sie an irgendeiner Stelle eine Unebenheit, darf sie nicht benutzt werden, das würde Tierquälerei bedeuten.

Das rituelle Schlachten erfolgt, nachdem der Schächter, der Schochet, einen Segen über die Schächtung gesprochen hat. Er muss dann die Kehle des Tieres in einem Zug durchschneiden. Das dauert eine knappe Sekunde, und damit sind die Luft- und die Speiseröhre sofort durchtrennt, ebenso wichtige Nervenstränge, die Halsschlagadern und die Drosseladern. Diese Durchtrennung führt dazu, dass das Tier nur knapp zwei Sekunden nach dem Kehlschnitt bewusstlos ist. Selbst der Schnitt tut dem Tier nicht weh, er geht so schnell, dass der Schmerz gar nicht richtig einsetzen kann. Wir Männer kennen das, wenn wir uns beim Rasieren schneiden. Es dauert eine Weile, bis wir überhaupt merken, dass wir uns geschnitten haben!

Diese für manchen Leser vielleicht zu präzise Beschreibung des Tötungsvorgangs ist deswegen wichtig, weil, wie schon oben angedeutet, gerade das Schächten von Antisemiten gerne als ein Vorgang dargestellt wird, der beweist, wie »grausam« Juden sind. Das Schächten und die Forderung des Shylock in Shakespeares »Kaufmann von Venedig«, ein Pfund Fleisch aus dem Leib seines Schuldners herausschneiden zu wollen, um sich an ihm für dessen permanente Demütigungen zu rächen, wird da gerne in einem Topf geworfen.

»Der Jud' saugt uns aus« – ein beliebter Spruch, den die

Nazis gerne verwendeten. Der Jude als Vampir, als Blutsauger! Nicht zu vergessen das mittelalterliche Gerücht, Juden würden zum Backen ihrer Mazza das Blut eines Christenkindes benötigen. Diese Verleumdungen zeigen lediglich, wie wenig die Antisemiten die jüdischen Gesetze kennen. Blut ist tabu! Und eben darum muss geschächtet werden, denn das ist die einzige Tötungsart, bei der das Blut sofort vollständig ausrinnt und nicht in das Fleisch eindringt. Und, Physiologen und Veterinärärzte bestätigen es: Das Schächten ist vielleicht die humanste Methode der Tierschlachtung.

Wenn ich daran denke, auf welche Weise Tiere in der nichtjüdischen Welt getötet werden, dann weiß ich nicht, was brutaler ist. Sie werden herumgehetzt, bis sie, das Fleisch durch ihre Panik bereits voller Stresshormone, einen Bolzenschuss abbekommen, und dann irgendwie abgeschlachtet. Es ist nicht Sache der Juden, diese Form der Tierschlachtung zu kritisieren. Umgekehrt gilt jedoch dasselbe! Jeder Schochet steht unter Aufsicht des Rabbinats und muss dort regelmäßig seine Messer zur Prüfung vorlegen.

So, das Tier ist nun tot, auf rituelle Weise geschlachtet. Ist das Fleisch jetzt endlich koscher? Nein, immer noch nicht. Denn nun müssen der Schochet und ein unabhängiger Prüfer das Tier erst einmal untersuchen und überprüfen, ob es in irgendeiner Weise krank oder verletzt ist. Ob die Innereien, entsprechend den Angaben des Kaschrut, in tadellosem Zustand sind oder nicht. Entdeckt der Schochet irgendeinen Mangel, eine Krankheit, eine Beschädigung, dann darf das Tier nicht gegessen werden. Ist alles in Ordnung, dann geht's weiter.

Das Tier darf nun zerlegt werden. Aber nicht alle Fleischteile oder Innereien dürfen gegessen werden, auch da gibt es genaue Auswahlkriterien. Wenn die erlaubten Fleischteile endlich geteilt sind, dann beginnt der Vorgang der vollständigen »Ausblutung«. Der größte Teil des Blutes ist ja unmittelbar bei der Schächtung schon ausgeflossen. Damit im Fleisch gar nichts, nicht einmal ein Tropfen Blut, übrig bleibt, muss es gewaschen und mit Salz eingerieben werden. Das zieht die letzten Reste Blut aus dem reinen Muskelfleisch heraus. Dann – endlich – darf es gekocht, gebraten, gebacken werden. Dann, endlich, darf ein hungriger Jude zugreifen!

Diese Prozedur gilt natürlich auch für Geflügel, interessanterweise aber nicht für Fisch. Ein Abschnitt aus der Thora ist der Grund dafür:

> »Da sprach Mosche: ›Sechshunderttausend marschfähige Männer zählt das Volk, in dessen Mitte ich mich befinde, und du sagst: ›Fleisch will ich ihnen geben, dass sie einen vollen Monat zu essen haben.‹ Sollten Schafe und Rinder für sie *geschlachtet* werden, wird es für sie reichen? Oder sollten alle Fische des Meeres für sie *herangeschafft* werden, wird es für sie reichen?« (Num. 11, 21–23, Hervorhebungen durch den Autor)

Die Unterscheidung – Fleisch wird geschlachtet, Fisch herangeschafft – interpretierten die Rabbinen so, dass das Schächtgebot für Fische nicht gilt.

Die Geschirre

Übrigens, auch die beiden Geschirre müssen »getojwelt« oder »gekaschert« werden. Es reicht also nicht, sie im Laden zu kaufen, einmal zu waschen, und schon kann man sie verwenden. Neues Geschirr muss in die Mikwe, in das rituelle Tauchbad gebracht werden, wo man es »tojwelt«. Es wird dort untergetaucht und somit rituell rein gemacht. Und wenn das Geschirr einmal aus Versehen mit nichtkoscheren

Nahrungsmitteln in Berührung gekommen ist, dann muss man es »kaschern«, das ist eine rituelle Reinigungsprozedur, die aus einem Geschirr, das tameh ist, wieder ein koscheres Geschirr macht.

So weit also die koscheren Gesetze in einigermaßen geraffter Form. Das alles scheint sehr kompliziert, doch für den Gläubigen ist das wirklich reine Routine.

Viele Nichtjuden finden Kaschrut allein deshalb schon schrecklich, weil so viele wunderbare Speisen verboten sind. Das Judentum sieht das anders. Es geht nicht um das Verbot, es geht nicht um die Abstinenz oder Askese, es wird durchaus zugegeben, dass man Gelüste hat auf Kaviar oder Schrimps, auf ein Cordon Bleu oder einen Schinken-Käse-Toast. Doch man hat sich, freien Willens, dagegen entschieden. Man beherrscht seine Triebe und wird nicht von ihnen beherrscht. Das ist sozusagen der »pädagogische« Teil des Kaschrut, der sich auf alle Gebiete menschlich-körperlicher Bedürfnisse übertragen soll.

Natürlich machen sich Juden gerne selbst über die Sehnsucht nach nichtkoscheren Speisen lustig, etwa mit einem Witz, in dem ein Rabbiner eine nichtkoschere Metzgerei betritt. Er deutet auf die Vitrine und sagt: »Geben Sie mir doch bitte vier Scheiben von diesem Fisch.« »Das ist Schinken«, antwortet der verdutzte Verkäufer. Darauf der Rabbiner: »Ich habe Sie nicht nach den Namen des Fisches gefragt!«

Wie aber halten es Juden nun tatsächlich mit ihren Speisegesetzen? Halten sie sich daran?

Die Frommen auf alle Fälle. Sie sind ganz strikt und bemühen sich, alles hundertprozentig zu machen. Dann aber beginnen bereits die »Abstufungen«, das heißt, jeder macht es sich so bequem oder so schwer, wie er will. Das entspricht zwar nicht dem Wort Gottes, doch die Realität sieht, wie schon oft erwähnt, auch im Judentum häufig anders aus als die Theorie.

Manche entscheiden sich, zu Hause einen koscheren Haushalt zu führen, und essen draußen kein Fleisch, sondern lediglich Fisch – allerdings von nichtkoscheren Tellern. Das ist bereits ein Kompromiss. Und dann findet man alle möglichen Varianten bis hin zu den säkularen Juden, denen die Speisegesetze schlicht egal sind.

Für die frommen Juden aber ist der koschere Haushalt eine Selbstverständlichkeit. In diesem Zusammenhang spielt auch der familiäre Tisch eine besondere Rolle. Nicht nur, dass alle großen Feiertage mit rituellen Speisen daheim gefeiert werden, der Esstisch ist ja im Laufe der Jahrhunderte zum Substitut für den Altar des Tempels geworden. Der Talmud spricht dies deutlich aus. Er erklärt, dass früher die Sühneopfer im Tempel das Individuum erlöst hätten, jetzt – also seit der Zerstörung des Tempels – würde dies sein Esstisch tun.

In diesem Zusammenhang gibt es gewisse Rituale, die bei jedem Essen daheim eingehalten werden. Außer der schon erwähnten Tatsache, dass ein frommer Jude niemals auf einem Tisch sitzen wird, schon gar nicht auf dem eigenen Esstisch, weil seine metaphorische Bedeutung das nicht erlaubt, werden auch, bevor man nach dem Essen das Dankesgebet spricht, die Messer entfernt, denn es war verboten, auf dem Tempelaltar Messer oder Schwerter abzulegen, da der Altar ein Symbol des Friedens war. Vor jedem Mahl wird ein Stück Brot gegessen, auf das man ein wenig Salz streut. Das Salzstreuen war auch beim Opferritual üblich. Auch die rituelle Handwaschung vor dem Essen soll an die rituelle Reinigung des Priesters vor dem Opferakt erinnern.

Was an all diesen Gesetzen auffällt, ist, dass sie einen frommen Juden von einer bestimmten Art sozialen Umgangs mit

Nichtjuden abhält. Er kann nicht so ohne weiteres zu einem Abendessen bei einer nichtjüdischen Familie gehen. Oder er kann nur gewisse kalte Speisen zu sich nehmen. Auf alle Fälle ist das sehr kompliziert und umständlich. Genau dies ist jedoch Absicht:

> »Ich bin der Ewige, euer Gott, der ich euch von den Völkern ausgesondert habe. So unterscheidet denn zwischen dem reinen Vieh und dem unreinen, und zwischen den unreinen Vögeln und den reinen, und macht euch selbst nicht zum Abscheu durch das Vieh und die Vögel und durch alles, was sich auf dem Erdboden regt, das ich euch als verunreinigend ausgeschieden habe. Und ihr sollt mir heilig sein, denn heilig bin ich, der Ewige; und ich habe euch von den Völkern ausgesondert, dass ihr mir angehört.« (Lev. 20, 24–26)

Diese Aussonderung, wie sie hier genannt wird, ist der Preis, den das jüdische Volk für seine Gottestreue zahlen muss. Die Rabbinen sagen, dass das Einhalten des Kaschrut auch ein wesentliches Element ist, um nicht in der Assimilation aufzugehen. Daran ist viel Wahres. Solange man koscher isst, kann man sich nicht so leicht assimilieren, eine so genannte Mischehe mit einem nichtjüdischen Partner eingehen und die Feiertage vernachlässigen.

Diese Aussonderung wurde in der Vergangenheit von vielen Nichtjuden als Arroganz missverstanden. Doch so ist es ganz gewiss nicht. Es geht lediglich darum, die Gebote Gottes einzuhalten, wie sie dem jüdischen Volk aufgetragen sind. Sofern man daran glaubt, muss man sie erfüllen.

Dass diese Lebensweise keineswegs zu einer totalen gesellschaftlichen Aussonderung führen muss, beweist die jüdische Geschichte. Immer dort, wo Juden respektiert und akzeptiert wurden, hatten sie großen Anteil am Wohl des

Landes. Und selbstverständlich hatten sie nichtjüdische Freunde. Ob dies nun Muslime im »Goldenen Zeitalter« in Spanien waren oder Christen in den Zeiten der Aufklärung, wie die enge Beziehung zwischen dem Dramatiker Gotthold Ephraim Lessing und dem orthodoxen Philosophen Moses Mendelssohn zeigt, die Tatsache, dass man bei dem nichtjüdischen Vertrauten daheim nicht essen konnte, tat der Freundschaft keinen Abbruch, im Gegenteil. Wahre Freundschaft beweist sich doch erst dann, wenn man den anderen in seinem Anderssein ehrt.

Noch eine interessante Anmerkung: Die Muslime haben eine ähnliche Tradition des Schächtens wie wir Juden. Ihr rituell reines Fleisch nennen sie »Halal«. Für Juden sind die islamischen Speisegesetze nur nicht streng genug, umgekehrt jedoch schon. Daher ist es ganz normal, dass Muslime überall dort, wo sie selber nicht schächten können, Juden jedoch die Erlaubnis dafür haben, in die koschere Metzgerei gehen, um dort einzukaufen. Sie wissen, dass dieses Fleisch garantiert ihren religiösen Bedürfnissen entspricht.

Warum findet Neujahr im Herbst statt?

Diese Frage haben sich auch die Rabbinen in längst vergangener Zeit schon gestellt, denn es gibt im jüdischen Kalender mindestens zwei Neujahrsanfänge. Doch ehe wir mit der sehr komplizierten jüdischen Zeitrechnung beginnen, fangen wir doch erst einmal mit dem aktuellen Kalender an, der sich weltweit durchgesetzt hat und der als christlich-gregorianischer Kalender derzeit das Jahr 2003 schreibt.

Es ist dies ein ganz willkürliches Datum. Das muss man sich immer wieder vor Augen führen. Das Geburtsjahr eines kleinen jüdischen Jungen in Bethlehem, genannt Jesus, wird zum Jahr 1 einer neuen Zeitrechnung, nach der wir alle heute leben, deklariert. Dagegen ist ja nichts einzuwenden, nur muss man wissen, dass diese Zählung nichts wirklich aussagt. Insofern war das große Ereignis des Milleniumwechsels vor drei Jahren ebenfalls ein völlig willkürliches Ereignis, das letztendlich über den Lauf der Welt nichts aussagt. Und dass Neujahr auf den ersten Januar fällt? Nun, aus jüdischer Sicht wird nichts anderes als die Beschneidung des kleinen jüdischen Jungen Jesus gefeiert, genau acht Tage nach seiner Geburt, wie es üblich ist.

Man könnte also mit der gleichen Berechtigung fragen: Wie kann Neujahr nur im Winter sein? Und dann müsste man sich gleichzeitig darüber Gedanken machen, dass diese Frage natürlich nur für die nördliche Hemisphäre gilt, denn in der südlichen ist zu diesem Zeitpunkt ja gerade Sommer. Also, mit anderen Worten, es ist alles eine Frage des Standpunktes.

Und so schreiben wir Juden jetzt, wenn dieses Buch veröffentlicht wird, das Jahr 5764.

Wo wir mit der Zeitrechnung begonnen haben? Mit der Schöpfung. Das ist unser Ausgangspunkt. Der ist zwar schon Millionen von Jahren her, aber auch das ist einfach zu erklären.

Irgendwann haben sich die Rabbinen hingesetzt und das Zählen begonnen. In der Thora sind verschiedene Generationenabfolgen und auch so manches Lebensalter festgehalten. Moses wurde zum Beispiel 120 Jahre alt. Und so rechneten und rechneten und rechneten sie, inklusive der sechs Schöpfungstage plus des ersten Ruhetages, des ersten Schabbates, und kamen so auf diese Zahl. Lächerlich? Wie man's nimmt, denn diese Rabbinen errechneten den Anfang der Welt zu einer Zeit, als die Wissenschaft noch keine Ahnung hatte, wann der Urknall gewesen sein kann und dass es so etwas wie Evolution gegeben hat. Ein Instrumentarium, um Knochenfunde genau datieren zu können, hatte man natürlich auch noch nicht.

Aber selbst orthodoxe Rabbiner haben noch heute kein Problem mit der enormen Diskrepanz zwischen dieser Jahreszahl und der Realität der Naturwissenschaften. Sie betonen nur, dass ihre Vorgänger einen ganz großen gedanklichen Fehler gemacht haben: Sie zählten die Schöpfungstage wie 24-Stunden-Tage, dabei wurden doch Sonne und Mond erst am vierten Tag geschaffen, und somit hätte erst ab da ein »normaler« Tag beginnen können. Da aber die Tage bis zum Ruhetag Gottes immer gleich gezählt wurden, muss man davon ausgehen, dass sie stets zeitlich gleich waren und doch ganz anders als heute. Ein »göttlicher« Tag hatte also vielleicht viel mehr Stunden als nur vierundzwanzig! Und über die Lebensjahre der frühen Menschen und Patriarchen wissen wir auch nichts Genaues, denn die Lebensbedingungen etwa im Paradies waren wesentlich andere, wer weiß, was eine Zahl wie 120 Lebensjahre unter solchen Bedingungen bedeutet haben mag. Dennoch blieb man bei der jüdischen Jahreszahl. Tradition ist Tradition, versteht sich.

Der jüdische Kalender

Immerhin war auch diese Zählung, die für Juden nun seit etwa dem 9. Jahrhundert der christlichen Zeitrechnung gültig ist, nicht immer selbstverständlich. Erst allmählich entwickelte sich der jüdische Kalender, so wie wir ihn heute kennen.

Der hat übrigens eine Einheit geschaffen, über die kein Mensch nachdenkt, weil er sie für ganz selbstverständlich hält: Die Woche. Diese Zeiteinheit ist eine Erfindung der frühen Hebräer. Sechs Arbeitstage und ein Ruhetag = eine Woche. Das wurde von allen Völkern gern übernommen. Eine angenehme Einheit, in der sich gut rechnen, denken und leben lässt!

Aber anders als der christliche Kalender, der sich nur nach der Sonne richtet, und anders als der muslimische Kalender, der sich ausschließlich nach dem Mond richtet, orientiert sich die jüdische Zeitrechnung nach Mond *und* Sonne. Das macht den Luach, den jüdischen Kalender, kompliziert.

Ein wenig Astronomie mag hier angebracht sein: Eine Mondphase dauert, von der Erde aus gesehen, 29 Tage, 12 Stunden und 44 Minuten. In der jüdischen Zeitvorstellung beginnt ein Monat mit dem Neumond. Dadurch gibt es Monate, die 29 Tage dauern, andere sind 30 Tage lang. Ein Mondjahr, das sind 354 oder 355 Tage. Nun benötigt das Judentum aber einen Kalender, bei dem die Festtage immer in derselben Jahreszeit liegen, denn einige Feste haben mit landwirtschaftlichen Ereignissen zu tun, und man kann schlecht die ersten Früchte im Dezember bejubeln oder das Erntedankfest im Frühjahr feiern. Das ist anders bei den Muslimen: Ihr berühmter Fastenmonat verschiebt sich jedes Jahr immer weiter. Er ist von den Jahreszeiten unabhängig und läuft daher durch das komplette Jahr. Bei den jüdischen Feiertagen ist das nicht möglich, daher richtet sich der Kalender bei uns auch nach der Sonne. Und insofern gibt es bei uns in einem Zyklus von neunzehn Jahren elf Schaltjahre. Allerdings wird da nicht nur ein Tag – wie im gregorianischen Kalender –, sondern gleich ein ganzer Monat eingeschaltet. Das ist dann ein Jahr mit dreizehn Monaten, und der zusätzliche Monat heißt Adar II, im Unterschied zu Adar I in einem normalen Jahr.

Die hebräischen Monate haben Namen. Sehr wahrscheinlich sind die erst in der Zeit der babylonischen Gefangenschaft entstanden, denn sie kommen aus dem Babylonischen, und die Thora nennt zur genauen Monatsangabe häufig eine Zahl, also etwa: Am 15. Tag des 3. Monats. Die Monate heißen:

Nissan, Ijjar, Siwan, Tammus, Av, Elul, Tischri, Cheschwan (auch Marcheschwan genannt, der »bittere« Cheschwan), Kislew, Tevet, Schewat, Adar (und dann im Schaltjahr eben Adar II). Wenn man weiß, dass der Nissan in die christlichen Monate März/April fällt, dann weiß man schnell, dass Kislew November/Dezember markiert, Tischri September/Oktober und so weiter.

Die Berechnung des Kalenders wurde nicht nur nach der Astronomie vorgenommen, sondern auch nach der genauen Beobachtung der Vegetation. Wie das vor sich ging, kann ich beim besten Willen hier nicht beschreiben, aber es schien tatsächlich zu funktionieren. Die Kalender waren jedenfalls immer exakt und die Festlegung der Feiertage ebenso. Man musste sich ja nach der Thora richten, die das Datum für jeden Feiertag angibt.

Wer allerdings mit dem Judentum in Israel und in der Diaspora schon einmal in Kontakt kam, wird vielleicht gemerkt haben, dass in der Diaspora viele Feiertage einen Tag länger dauern als in Jerusalem oder Tel Aviv.

Warum ist das so? Warum dauert Sukkot in der Diaspora acht Tage, in Israel aber nur sieben? Warum feiert man in Berlin, Paris, London, Moskau oder New York Schawuot zwei Tage, in Jerusalem aber nur einen?

In frühen Zeiten verließen sich die Gelehrten bei der Festlegung des Kalenders nicht allein auf Berechnungen. Um den Beginn eines Monats bestimmen zu können, benötigten sie zwei Zeugen, die den Neumond mit eigenen Augen gesehen haben mussten. Dann konnte man auch die Feiertage in diesem Monat bestimmen. Wenn das geschehen war, wurde als nächstes die jüdische Gemeinschaft darüber in Kenntnis gesetzt. Das geschah mit Hilfe von Feuern auf Berg- und Hügelgipfeln, denn inzwischen waren die jüdischen Gemeinschaften durch Krieg und Fremdherrschaft im eigenen Land weit verstreut.

Doch wie konnte man sicher sein, dass das Feuer, das man von weitem sah, auch wirklich im Auftrag der Rabbinen entzündet worden war? Es gab genug Okkupanten, die ein Interesse daran hatten, den jüdischen Glauben zu zerstören, und deshalb Scheinfeuer entfachten, um die Gemeinschaften zu verwirren.

Also begann man Boten loszuschicken, die den genauen Termin persönlich überbrachten. Die aber brauchten wieder mehr Zeit. Endlich beschloss man dann, in den weit entfernten Gemeinden einen Feiertag an zwei Tagen hintereinander zu begehen. So konnte man sicher sein, dass auch die entferntesten Gemeinden mit allen Juden auf der Welt zur selben Zeit feierten.

In Israel selbst war das natürlich nicht nötig. Diese Bestimmung bedeutet aber nur, dass immer der *erste* Feiertag eines jeden Festes zweimal hintereinander begangen wird, also wird zum Beispiel an Pessach der berühmte Sederabend in der gesamten Diaspora zweimal abgehalten, in Israel nur einmal. Warum man sich auch heute noch an diese Regelung hält, wo dies doch gar nicht mehr nötig wäre? Tradition! Tradition ist alles im Judentum. Also macht man so weiter wie schon die Väter und Vorväter und Urväter.

Nur zwei Feiertage sind von dieser Regelung ausgenommen: Rosch haSchana, das auch in Israel zwei Tage dauert, und Jom Kippur, der Versöhnungstag, der überall auf der Welt nur einen einzigen Tag dauert.

So, und nun kommen wir zur großen Eigenart des jüdischen Kalenders und damit zurück zur ursprünglichen Frage, wie Neujahr nur im Herbst sein kann. Ich werde an anderer Stelle noch genauer erklären, dass es in der jüdischen Tradition sogar vier Neujahre gibt, aber kalendarisch, im Sinne des religiösen Jahreszyklus, sind nur zwei von Bedeutung. Einer ist der 1. Nissan, das wäre also etwa im März/April, der andere ist am 1. Tischri, also im September/Oktober.

Die jüdische Bibel sagt darüber:

> »Und es sprach der Ewige zu Mosche und Aharon im Land Mizraim: ›Dieser Monat sei euch der Anfang der Monate; der erste sei er euch unter den Monaten des Jahrs. Redet zur ganzen Gemeinde Jisrael und sprecht: Am Zehnten dieses Monats, da nehme sich ein jeder ein Lamm für das Vaterhaus, je ein Lamm für das Haus [...] Das Fleisch aber sollen sie in derselben Nacht essen, am Feuer gebraten, dazu ungesäuerte Brote; mit bitteren Kräutern sollen sie es essen. [...] In Hast sollt ihr es essen, als Pessah dem Ewigen.« (Ex. 12, 1–3, 8, 11)

Das Pessachfest fällt also in den Monat Nissan, der als erster der Monate und damit als Beginn des religiösen Jahres von Gott bestimmt ist. Das hat seine spirituelle Richtigkeit, wenn man bedenkt, dass Pessach den Aufbruch des jüdischen Volkes in die Freiheit markiert und dass fünfzig Tage später, am Feiertag Schawuot, Gott dem Volk Israel am Berg Sinai die Thora gab und somit das jüdische Volk zu einer Nation wurde. Das war der historische Beginn der Nation mit einer eigenen Gesetzgebung. Als solches wird Pessach bis heute in seiner Symbolik begriffen.

Dennoch ist der 1. Tischri zum Jahresbeginn geworden. Warum das so ist, ist nicht ganz klar. Eindeutig kann man sagen, dass Rosch haSchana, der »Kopf des Jahres«, am 1. Tischri in der Thora nicht als solcher bezeichnet wird. Die Schrift spricht von einem Fest an diesem Tag, aber erst im Laufe der Jahrhunderte wandelte es sich zum Neujahrsfest. Im Talmud wurde lange darüber gestritten, ob Nissan oder Tischri den Anfang des Jahres, ja den Anfang der Welt markierte und den Monat, in dem die Patriarchen geboren wurden.

Tischri hat gewonnen. Immerhin: am 10. Tischri, an Jom Kippur, übergab Moses dem Volk zum zweiten Mal die steinernen Bundestafeln, nachdem er die ersten aus Zorn über das Goldene Kalb zerschmettert hatte. Man könnte daher auch Tischri als »Aufbruchszeit« verstehen, wenngleich der Herbst als die Zeit der Einkehr, der Reflexion über das eigene Handeln mit seiner beginnenden Düsterheit, seiner Kälte und dem einsetzenden Regen weniger geeignet scheint als der fröhlich aufblühende Frühling.

Der jüdische Kalender aber hat sich nun eingebürgert, und dabei ist es geblieben. Noch eine kleine amüsante Anmerkung am Rande. Für viele Beobachter hat es durchaus etwas Belustigendes, zu sehen, wie Juden an Pessach in München oder Warschau, in Moskau oder New York das einmalige

»Tal«-Gebet, das Gebet um Tau, mit großer Inbrunst singen, während es draußen in Strömen gießt. Die spinnen, die Juden, denkt sich da nicht nur ein Gallier. Ebenso im Herbst, wenn wir die Regenzeit herbeibitten, und draußen beginnt es in der einen oder anderen Gegend bereits zu schneien. Die spinnen wirklich, diese Juden!

Doch in Wirklichkeit sind solche Gebete, die seit Jahrtausenden existieren, nur ein Zeichen der intensiven, niemals aufhörenden Verbundenheit des jüdischen Volkes mit seiner alten Heimat, die ihm 2000 Jahre unerreichbar blieb. Alle Gebräuche und Gebete, die sich auf die Landwirtschaft oder auf das Wetter, auf die Natur oder bestimmte Lebewesen beziehen, meinen immer nur Israel und nichts als Israel. Und darum betet man beim letzten Schnee in Novosibirsk um Tau und ist mit der Seele und mit allen Gedanken in Zion, dort, wo man in völliger Freiheit das sein kann – und seit nun mehr als fünfzig Jahren auch ohne Angst vor Verfolgung –, was man der Herkunft, der Kultur, dem Glauben nach ist und immer war: ein Jude.

Warum dürfen Juden am Schabbat nicht arbeiten?

Wenn heutzutage Gewerkschaften in Deutschland und anderswo darum kämpfen, die 35-Stunden-Woche durchzusetzen oder zu bewahren, dann ist das, wenn man so will, ein Ergebnis des göttlichen Gebots vom Berg Sinai:

> »Gedenke des Sabbattages, ihn zu heiligen! Sechs Tage sollst du arbeiten und all dein Werk verrichten; aber der siebente Tag ist ein Sabbat dem Ewigen, deinem Gott. Da sollst du keinerlei Werk verrichten, du und dein Sohn und deine Tochter, dein Knecht und deine Magd und dein Vieh, und dein Fremdling, der in deinen Toren ist.« (Ex. 20, 8–10)

Die Erfindung eines Ruhetages ist also eine rein jüdische Sache und war damals, vor rund 4000 Jahren, eine wahre Revolution! Das mag heute vielleicht merkwürdig klingen angesichts des Sonntags und der Fünftagewoche, die für viele Menschen eine Selbstverständlichkeit ist. Doch man muss sich immer wieder bewusst machen, dass zu biblischen Zeiten und noch lange danach der Mensch tagtäglich um sein Brot kämpfen musste. Ruhetage oder gar Urlaub – das waren Worte, die ein Ägypter oder ein Philister, ein Hellene oder Römer nicht verstanden hätten. Schlimmer noch, die alten Griechen, die immerhin einen Platon und Aristoteles hervorgebracht haben, machten sich lustig über die »faulen« Juden, weil die sich weigerten, an einem bestimmten Tag in der Woche zu arbeiten.

Es dauerte mehrere Jahrtausende, bis die Menschheit allmählich zu begreifen begann, welchen Wert ein »Ruhetag« darstellt, welche enorme Bedeutung der Schabbat für das soziale Gefüge einer Zivilisation hat.

Die Überlieferung

Der Schabbat spielt im Judentum vielleicht *die* zentrale Rolle innerhalb des Glaubens. Schließlich wird er schon in den Zehn Geboten erwähnt! Er ist damit wichtiger und heiliger als alle anderen Feiertage. Selbst Jom Kippur, der Versöhnungstag, der allgemein als wichtigster jüdischer Feiertag angesehen wird, erhält seine bedeutende Rolle nur dadurch, dass er auch als »Schabbat aller Schabbate« bezeichnet wird, selbst wenn er nicht auf einen Schabbat, das heißt auf einen Samstag fällt. Denn alle Verbote, die für den Schabbat gelten, sind auch für Jom Kippur gültig – und noch einige mehr dazu.

In der jüdischen Tradition gibt es viele kleine Geschichten, die die Bedeutung des Schabbats hervorheben. Eine Überlieferung besagt, dass der Messias – auf den wir Juden ja immer noch warten – erst dann kommen wird, wenn *alle* Juden zweimal hintereinander die Schabbatgebote einhalten, oder aber, wenn *alle* Juden zweimal hintereinander die Schabbatgebote *nicht* einhalten!

Beide Fälle beschreiben zwei völlig entgegengesetzte Möglichkeiten: Im ersten Fall geht die Überlieferung davon aus, dass alle Juden wirklich fromm geworden sind und die Gebote Gottes in all ihren komplexen Anforderungen erfüllen. Damit wäre das gesamte jüdische Volk wahrhaftig und wirklich gesetzestreu, es würde auf Gottes Wegen wandeln und hätte all die Niederungen der menschlichen Schwäche, der Niedertracht, des Bösen und des Gemeinen hinter sich gelassen. Dann käme, fast zwangsläufig, die Erlösung in Gestalt des Messias, der nach der Überlieferung nicht nur das jüdische Volk, sondern die gesamte Welt erlösen wird. Das ist dann die Zeit, wenn »Schwerter zu Pflugscharen geschmiedet« werden.

Bei der zweiten Möglichkeit ist das genaue Gegenteil der Fall: Kein einziger Jude hält sich an die göttlichen Gebote. Das jüdische Volk ist also ein »abgefallenes« Volk, abtrünnig geworden von Gott, gottlos, es lebt auf allertiefstem Niveau, fern jeglicher Spiritualität, fern jeglicher Ethik, jeglicher Moral – dann muss der Messias ebenfalls kommen, denn dann steht es ganz schlimm um das »auserwählte Volk«. Es muss dringend gerettet werden, ebenso wie der Rest der Welt.

Es wäre also alles ganz einfach: Die Lösung für alle Probleme auf der Erde ist so nah! Um Krieg und Hass, Hunger und Elend, Mord und Totschlag, Rassismus und Fanatismus zu überwinden, müssten alle Juden sich nur darauf verständigen, ein einziges Mal in ihrer Geschichte gänzlich einig zu sein. Ein Aufruf müsste erfolgen, der besagt: Lasst uns zweimal hintereinander den Schabbat einhalten – oder eben nicht. Und schon wäre alle menschliche Qual für immer vorbei. Zu schön, um wahr zu sein! Lautet doch der alte jüdische Spruch: »Zwei Juden, drei Meinungen!« Und insofern wird sich die Ankunft des Messias wohl noch ein wenig verzögern.

Diese kleine Geschichte zeigt, wie wichtig der Schabbat für das jüdische Volk ist. Achad Ha'am, der große zionistische und gänzlich areligiöse Schriftsteller aus Odessa, schrieb im 19. Jahrhundert: »Nicht die Juden haben den Schabbat gehalten, sondern der Schabbat hat die Juden gehalten!«

Wenn man die jüdische Geschichte betrachtet, so wird deutlich, dass immer dann, wenn Juden aufgehört haben, den Schabbat zu heiligen, diese Menschen aufhörten, Juden zu sein – durch Assimilation.

Welche Bedeutung Schabbat in der jüdischen Tradition

hat, geht allein daraus hervor, dass dieser Feiertag personifiziert wurde: Man spricht von ihm als »Schabbat haMalkah«, dem Schabbat-Königin oder -Braut. Eine Braut wird in der poetischen Tradition fast aller Kulturen als besonders schön und strahlend empfunden, sie ist obendrein ein Symbol der Reinheit und der Herrlichkeit, die besondere Liebe und Zuneigung erfährt – Gleiches gilt für den Schabbat. Zu Beginn des Schabbats, am Freitagabend, gibt es in der Liturgie ein Gebet, in dem die Schabbat-Braut singend empfangen wird.

Ruhen und feiern

Viele Menschen glauben, dass der Schabbat ein Tag voller Restriktionen ist, durch die ihnen das Leben schwer gemacht wird. Nichtjuden, aber auch viele nichtreligiöse Juden finden es unverständlich, dass man am Schabbat nicht Auto fahren darf, dass man kein Licht machen, nicht kochen, nicht fernsehen, nicht Radio hören, nicht am Computer sitzen darf, um nur einige Beispiele zu nennen. All diese Dinge fallen unter dem Begriff »Arbeit«, und vor allem die ist am Schabbat strengstens untersagt.

Was aber heißt für einen Juden Arbeit? Wie wird dieser Begriff definiert? Um die Verwirrung für den Augenblick vollends perfekt zu machen: Während man am Schabbat keinen Kinderwagen auf der Straße schieben darf, ist es gleichzeitig erlaubt, sämtliche Bücher daheim aus den Regalen zu holen und sie, sagen wir mal, auf der gegenüberliegenden Wand in andere Regale hineinzustellen. Das kann eine ziemlich schweißtreibende Angelegenheit sein. Und das soll keine Arbeit sein?

Unter dem Begriff »Arbeit« versteht das Judentum alles, was einen unmittelbaren Eingriff in die physikalische Welt bedeutet, einen Eingriff, der die Dominanz des Menschen über die Welt repräsentiert. So ist es am Schabbat auch untersagt, eine Blume zu pflücken oder ein Streichholz anzuzünden. Tätigkeiten, die doch keinerlei körperliche Anstrengung verursachen. Und dennoch werden sie als »Arbeit« bezeichnet?

In der Thora heißt es:

> »So sollen die Kinder Jisrael den Sabbat wahren, dass sie den Sabbat begehen für ihre Geschlechter als ewigen Bund. Zwischen mir und den Kindern Jisrael ist er ein Bundeszeichen für ewig; denn in sechs Tagen hat der Ewige den Himmel und die Erde geschaffen, aber am siebenten Tag hat er geruht und gefeiert.« (Ex. 31, 16–17)

Der Schabbat ist also eine Erinnerung an den Schöpfungsakt Gottes. Das ist zwar allgemein bekannt, schließlich gibt es auch im Christentum und im Islam einen Ruhetag, doch die Art, wie Juden den Schabbat feiern, ist fremdartig und scheint ein Buch mit sieben Siegeln zu sein.

Was meint denn die Thora, wenn sie sagt, dass Gott sich nach der Schöpfung am siebenten Tag »ausgeruht« hat? War er wirklich »müde« und »erschöpft«? Wenn ja, dann wäre das ein etwas eigenartiger, ganz und gar merkwürdiger Gott, der sich von einem Zeus oder Jupiter nur geringfügig unterscheiden würde. Gottes »Ausruhen« symbolisiert wohl eher die Perfektion seiner Schöpfung. Sie war nach sechs Tagen fertig. Er musste nichts mehr tun. Es war sein Werk – und dieses göttliche Werk ist natürlich vollkommen. Diese Vollkommenheit anzuerkennen – das ist der Sinn des Schabbat. Während die Thora dem Menschen gestattet, die Erde zu bebauen, so verlangt sie von ihm jedoch zugleich, anzuerkennen, dass er – der Mensch – nicht Gott ist. Darum soll, ja muss er einmal in der Woche, am siebenten Tag eben, die

Schöpfung ganz sich selbst überlassen, sie nicht mehr »bearbeiten«, sie nicht mehr manipulieren oder kreativ verändern. Damit erkennt der Mensch zugleich an, wem die Schöpfung wirklich gehört. Und dass er sie an den sechs »Werktagen« von Gott quasi nur gepachtet hat.

Und nun wird die jüdische Definition von Arbeit schon ein wenig klarer: Es geht keineswegs um eine Tätigkeit, die physisch oder psychisch anstrengend ist, es geht um jede Form von Aktivität, die einen direkten Eingriff in den Lauf der Welt bedeutet.

Feuermachen ist zum Beispiel solch ein Eingriff. Im Zeitalter der Moderne wissen wir aufgeklärten Menschen, welche physikalischen Vorgänge vonnöten sind, um beim Aufeinanderschlagen zweier Steine oder Reiben von Hölzern Funken zu erzeugen und daraus Feuer werden zu lassen: Es sind in der Tat physikalische Veränderungen in der Natur, die zum Feuer führen. Das Schabbat-Verbot, Feuer zu machen, bezieht sich also nicht auf die körperliche Anstrengung, deren es in biblischen Zeiten bedurfte, um Funken sprühen zu lassen. Es ging und geht primär um die Veränderung der Physik. Und so kommt es, dass es dem orthodoxen Juden auch heute verboten ist, Feuer zu machen, selbst wenn er dazu nur ein kleines Streichholz benötigt oder ein Feuerzeug. So wird auch verständlich, warum man am Schabbat nicht Auto fahren darf. Abgesehen davon, dass die Thora den Ortswechsel an Schabbattagen untersagt, wird ein Funken ausgelöst, wenn man den Fahrzeugschlüssel in das Schloss steckt, um den Motor zu starten. Dasselbe gilt bei der Benutzung eines Lichtschalters, einer Herdplatte und so weiter. Immerzu haben wir denselben Vorgang: die Beeinflussung oder Veränderung der Schöpfung, die an diesem Tag sich selbst überlassen werden muss, damit wir uns bewusst werden, wer der wahre Herrscher der Welt ist, damit uns bewusst wird, wo wir selbst, als Menschen, in dieser Schöpfung stehen. Damit wir also, kurz gesagt, nicht völlig überheblich werden und den Menschen zum »Maß aller Dinge« machen, wie dies die alten Griechen forderten. Der Mensch als Maß aller Dinge, das ist spätestens mit Descartes zum Credo der säkularen Welt geworden, und es ist interessant, dass die Zivilisationskritik von heute mit ihren Zweifeln am Materialismus und an der Technologie genau an diesem Punkt ansetzt, den das Judentum bereits vor über 4000 Jahren als höchst problematisch und gefährlich erkannt hat.

Warum darf ein Jude aber am Schabbat Regale aus- und einräumen, einen Kinderwagen jedoch nicht von einem Haus zum nächsten schieben? Veränderungen sind so definiert, dass Tätigkeiten, die innerhalb des eigenen geschlossenen Raums vorgenommen werden und nicht unmittelbar die physikalische Veränderung der Schöpfung bewirken, nicht als Arbeit gewertet werden. Das Schieben eines Kinderwagens im Freien allerdings schon. Es wird ein Gegenstand – gemeint ist natürlich der Kinderwagen, nicht das Kind – mit einer bestimmten Absicht von einem Ort zum nächsten gebracht. Und dies ist schon wieder ein Eingriff in den natürlichen Ablauf der Dinge. Manche mögen das spitzfindig nennen, doch wer sich im modernen Justizwesen einmal umschaut, wird sehen, dass jede Gesetzesauslegung irgendwann so wird, weil es immer neue Details gibt, die zu berücksichtigen sind und die dem Rahmen eines Gesetzes entsprechend angepasst werden müssen.

Viele Nichtjuden halten die Schabbat-Gesetze für absurd und veraltet. Und viele Juden ebenso. Entweder halten sie sich überhaupt nicht mehr daran, oder aber sie versuchen – und das schon seit Jahrhunderten –, diese Gesetze der modernen Lebensweise anzupassen. Im Reformjudentum ist es beispielsweise erlaubt, am Schabbat mit dem Wagen zur Synagoge zu fahren. Man hat sich einfach entschieden, die göttlichen Gesetze ein wenig aufzuweichen und sie für das Leben heute praktikabler zu machen. Ich will das nicht beurteilen, mir steht es nicht zu, einem anderen Juden zu sagen, was richtig oder falsch ist. Und doch muss man sich die Frage wohl stellen, ob mit einer solchen modernen Interpretation der Kern der Schabbat-Idee erhalten bleibt.

Allerdings haben auch viele Orthodoxe traditionelle Wege gefunden, sich das Leben zu vereinfachen. In den USA und in Israel findet man etwa in Hotels, die überwiegend von frommen Juden frequentiert werden, einen so genannten Schabbat-Lift. Der wird vor Beginn des Schabbats auf vollautomatischen Betrieb umgestellt. Und so fährt er von selbst, ohne dass man einen Knopf drücken muss, und er hält ganz von selbst in jedem Stockwerk. Das ist natürlich ein Segen in einem Hotel, das vielleicht zwanzig oder dreißig Stockwerke hat. Doch natürlich gibt es auch innerhalb des orthodoxen Judentums Gruppen, die solche »Tricks« ablehnen.

Sie legen für sich die Gesetze noch strenger aus und sagen, dass das Feuer zwar vor Schabbat gezündet wurde – insofern bleibt der Lauf der Dinge am Schabbat ja unangetastet –, aber da dies mit der Absicht getan wurde, sich das Leben zu erleichtern, käme das einer Übertretung direkt am Ruhetag gleich. Manche führen ein anderes Argument an, das im jüdischen Glauben ganz wichtig ist: Man darf mit seinem Verhalten niemanden zu einem Bruch der Religionsgesetze verführen.

Die klassische Diskussion zu diesem Thema stammt aus jüngerer Zeit. Sie geht darum, ob es einem orthodoxen Juden erlaubt ist, am Schabbat den Bus oder die Straßenbahn zu benutzen. Die öffentlichen Verkehrsmittel fahren ohnehin, sagen die Befürworter, insofern muss der fromme Jude ja kein »Feuer« machen. Wenn man einmal das Problem der Fahrkartenlösung beiseite schiebt (man darf ja keine am

Schabbat kaufen, das wäre eine merkantile Transaktion und so ebenfalls ein Eingriff in den Lauf der Welt. Aber auch das Tragen einer Monatskarte ist nicht erlaubt, da Tragen und Transportieren, wie im Fall des Kinderwagens, verboten ist), dann könnte man doch sagen: Warum soll der Fromme nicht in den Bus steigen, der ihn zur Synagoge bringt und anschließend wieder nach Hause? Die Antwort der Neinsager: Es könnte sein, dass ihn ein anderer Jude sieht und dieser nicht weiß, dass ersterer keine Fahrkarte gekauft, keinen Knopf gedrückt hat usw. Jener Jude könnte sich dann denken: Na, wenn dieser orthodoxe Jude das macht, dann ist es religionsgesetzlich sicherlich in Ordnung, dann darf ich das auch. Und schon hat er ein Gesetz übertreten, verführt durch ein (falsches) Vorbild.

Für viele, die mit der juristischen Denkweise im Judentum nicht vertraut sind, mag das verwirrend sein. Darum will ich grundsätzlich auch nicht alle Details der Ge- und Verbote erläutern, sondern vielmehr den Kern der jeweiligen Feiertage vorstellen und immer mal wieder Beispiele anführen. Zur Beruhigung: Auch für so manchen Juden sind diese Regeln durchaus verwirrend. Die Diskussion der Gesetze, also die Kommentare, sind im Talmud und in vielen rabbinischen Kodexen und Responsen festgehalten. Manche Menschen verbringen ein ganzes Leben damit, diese zu studieren! In Zweifelsfällen wendet sich also ein einfacher Jude an einen Rabbiner oder Schriftgelehrten und fragt ihn um Rat.

> »Und du sollst gedenken, dass du Knecht warst im Land Mizraim [Ägypten], und dass der Ewige, dein Gott, dich von dort herausgeführt hat mit starker Hand und mit ausgestrecktem Arm; darum hat der Ewige, dein Gott, dir geboten, den Sabbattag zu halten.« (Deut. 5, 15)

Hier, im fünften Buch Moses, klingt ein weiteres Motiv des Schabbats an: Die Erinnerung an die Befreiung aus der Sklaverei. Wenn wir uns als Juden am Schabbat daran erinnern sollen, wer der wahre Herrscher der Welt ist, wenn wir uns am Schabbat bewusst werden sollen, dass auch wir Menschen ganz von Gott und nur von Gott abhängen, dann geht es auch darum, sich bewusst zu machen, dass wir keine Sklaven sind, Sklaven, die irgendeinen *menschlichen* Herrscher anerkennen und akzeptieren müssen.

In Zeiten, als Demokratie, Liberalismus und Religionsfreiheit noch keine Selbstverständlichkeit waren, bedeutete das, unter Umständen ungehorsam gegenüber Fürst oder Herzog, König oder Kaiser sein zu müssen. Die Erfahrung der Diaspora gab es ja schon früh in der jüdischen Geschichte. Insofern haben sich die Weisen des jüdischen Volkes stets Gedanken gemacht, wie man das Leben der Juden mit der nichtjüdischen Umwelt in Einklang bringen kann. Schon im frühesten Mittelalter galt daher: »Dinei Malchuta Dinei«, das Gesetz der Macht gilt als Gesetz! Mit anderen Worten: Das Gesetz eines Landes war von den Juden stets als verbindlich anzunehmen. Allerdings nur so lange, wie die königlichen Gesetze im Einklang mit den göttlichen, jüdischen Gesetzen gebracht werden konnten. Wenn also das Gesetz eines Staates vorgesehen hätte, dass Juden den Schabbat entweihen müssten, dann hätten sie dieses Gesetz nicht befolgen dürfen! Mit allen Konsequenzen – sofern nicht das eigene Leben dadurch in Gefahr gebracht wurde. Doch darüber später mehr …

Es gibt zwar heute kaum noch Könige und Kaiser, und wenn, dann haben sie, zumindest in unseren Breitengraden, nicht mehr viel zu sagen. Aber es gibt nach wie vor Direktoren und Chefs, die von ihren Angestellten verlangen, immer und zu jeder Zeit verfügbar zu sein.

Im Zeitalter des Workaholismus aber ist die Idee des Schabbat noch revolutionärer, als sie zur Zeit ihrer Erfindung gewesen sein mag. Wir alle kennen doch diesen Zwang, ununterbrochen etwas tun zu *müssen*. Termindruck, Verpflichtungen, Verantwortungsgefühl, finanzielle Notwendigkeiten – mit solchen Begriffen umschreiben wir gerne die Zwänge, denen wir tagtäglich ausgesetzt sind und die uns gar keine andere Wahl zu lassen scheinen, als sieben Tage die Woche zu arbeiten. Auch wenn es schon lange die Fünftagewoche gibt, »müssen« viele am Samstag (in der christlichen Welt: am Sonntag) noch irgendwas machen: Steuererklärung oder Buchhaltung oder putzen oder reparieren oder, ganz banal, Einkäufe tätigen. Irgendwas gibt es immer zu tun.

Das jüdische Schabbat-Gebot sagt dazu schlicht: Nein. Kommt nicht in Frage. Mach dich nicht zum Sklaven irgendeines Götzen. Egal, ob dieser nun Mammon oder Karriere, Schmidt oder Huber heißt. Am Schabbat bist du frei! Der moderne Mensch mag sich jetzt vormachen, dass er am Wochenende doch nichts anderes tut, als ins Kino zu gehen oder ins Fitness-Studio. Doch Hand aufs Herz: Für wie viele sind auch diese Tätigkeiten Zwang? Das Gefühl, man müsse dies jetzt tun, weil man doch fit bleiben muss oder sich bilden oder zerstreuen will, ist gewiss nicht selten.

Der Schabbat ist also eine Form des Protestes gegen Unterdrückung und Unterjochung. Man könnte auch sagen: Der Schabbat ist eine Auflehnung gegen jegliche Form von Fremdbestimmung. Wenn wir bedenken, dass die Schabbatruhe der Bibel auch die Sklaven, sogar die Haustiere mit einschließt, dann wird ersichtlich, wie radikal diese Idee in der Umsetzung zu biblischen Zeiten war.

Welche Freiheit ist es doch, einmal in der Woche sagen zu können: »Okay, ich habe wirklich sehr viel Arbeit. Ich habe einiges noch nicht ganz erledigt. Aber von Freitagabend bis

Samstagabend interessiert mich das alles nicht mehr. Diese Dinge müssen warten können. Ich kümmere mich jetzt ausschließlich um meine spirituellen Bedürfnisse. Ich beschäftige mich jetzt nur mit meinem Verhältnis zu Gott und mit meiner Familie, meinen Freunden und, natürlich, mit mir selbst.«

Das klingt sehr nach Luxus? Ist es auch. Schabbat ist in jeder Hinsicht ein Luxus. Insofern ist das Zitat von Ahad Ha'am auch zu verstehen. Wenn man sich die jüdische Geschichte anschaut, dann wird man rasch feststellen, dass Juden nicht nur politisch und gesellschaftlich unterdrückt und verfolgt wurden, sondern häufig, entgegen allgemein üblichen Klischees, auch arm waren. Was für ein Gefühl muss es da für einen Juden gewesen sein, wenn er sich einmal in der Woche zurückziehen, all die Mühen, die Plackereien, den Ärger hinter sich lassen und sich als ein Mensch fühlen konnte, der all seine irdischen Fesseln abstreift, um sich für vierundzwanzig Stunden auf eine andere emotionale, seelische und geistige Stufe zu heben?

Der Abend

Um genau dies zu erreichen, muss der Schabbat entsprechend vorbereitet werden. Am Freitagnachmittag werden also daheim alle Vorbereitungen wie zu einem großen Fest getroffen. Meistens wird schon am Donnerstag in der Küche mit der Zubereitung der traditionellen Speisen begonnen. Am Freitag wird dann der Tisch schön gedeckt, und jeder wird auch bei sich selbst »Hand anlegen«, sich waschen und sich umziehen. Auf dem Esstisch, oder direkt daneben, werden mindestens zwei Kerzen in den Leuchter gesteckt. Diese werden etwa zwanzig Minuten vor Sonnenuntergang von der Frau des Hauses angezündet. Sie spricht dann einen Segen über das Zünden der Schabbatlichter. Die meisten Frauen bitten dabei still und in sich gekehrt Gott um Sicherheit und Gesundheit für die Familie. Anschließend wünschen sich alle Familienmitglieder entweder ein »Schabbat Schalom«, wie man auf Hebräisch sagt, oder, auf Jiddisch, »a gitn Shabbes«.

Die Männer gehen anschließend in die Synagoge zum Abendgebet. Nach ihrer Rückkehr beginnt das Abendessen, das, wie an allen Feiertagen, mit der immer gleichen Zeremonie seinen Anfang nimmt, mit dem Weihegebet, dem Kiddusch.

Zum Kiddusch wird ein meist silberner Becher randvoll mit Wein gefüllt. Der Mann nimmt ihn in die Hand und rezitiert, üblicherweise singend, den heiligen Text: Ein Gebet, das Gott für die Gabe des Schabbats und des Weines dankt. Alle Familienmitglieder und die Gäste stehen dabei am Tisch. Nach dem Ende des Kiddusch trinkt der Betende von dem Wein und reicht den Becher dann weiter, damit jeder von dem gesegneten Wein trinken kann. Anschließend werden die Hände rituell gewaschen. Man gibt Wasser in eine extra dafür vorbereitete kleine Kanne und gießt es dann je dreimal über die rechte und die linke Hand. Wieder wird ein Segensspruch gesagt, diesmal für das Gebot der rituellen Reinigung. Danach gehen alle zum Tisch zurück. Am Platz des Hausherrn liegt ein schönes Tablett aus Holz oder Silber, auf dem die Challah liegt: zwei längliche, zumeist geflochtene Weißbrote, mit Mohn bestreut. Sie sind mit einem prächtig verzierten Deckchen aus Seide oder Ähnlichem bedeckt, das man nun beiseite nimmt. Es wird der Segen über das Brot gesprochen, das Brot wird gebrochen, und jeder am Tisch erhält ein Stück davon, bestreut mit Salz – es sind dies die elementaren Lebensmittel, die schon in der Antike ein Symbol für Leben und Wohlstand waren. Danach kann das eigentliche Abendessen beginnen.

Beim traditionellen Schabbat-Abendessen werden immer wieder religiöse Lieder gesungen. Man unterhält sich, die

Stimmung angesichts des schön gedeckten Tisches, der besonderen Speisen und des Kerzenlichts ist feierlich und freudig – die Sorgen des Alltags sind schnell vergessen. Viele fromme Juden leben die ganze Woche von der Vorfreude auf diesen Moment.

Die Idee des Schabbat ist tatsächlich etwas ganz anderes als die moderne Form von »Freizeit«. Er soll eine Auszeit sein mit anderen Regeln, einem gänzlich anderen Lebensgefühl.

Der Tag

Auch der Samstag selbst hat einen außerordentlichen Ablauf. Am Vormittag geht man in die Synagoge zum Gebet, mittags sitzt die Familie dann wieder am schön gedeckten Tisch. Wieder gibt es einen Kiddusch, wieder wird das Brot gebrochen, es wird gesungen und gegessen. Und wieder sitzt man zusammen, unterhält sich, tauscht sich aus: Das interfamiliäre Gespräch ist somit garantiert, ebenso wie am Vormittag die Begegnung mit Freunden und Bekannten in der »Schul«, der Synagoge. So werden soziale Kontakte gepflegt und bewahrt.

Wenn man nicht wüsste, dass diese Riten uralt sind, könnte man beinahe annehmen, der Schabbat sei eine Erfindung der modernen Psychotherapie für den hektischen Stadtmenschen in Zeiten der individualisierten Einsamkeit und der Auflösung der Familien- und Beziehungsstrukturen!

Nach dem Mittagessen gibt es dann den traditionellen »Schabbes-Schlaf«, oder man beschäftigt sich mit heiligen Texten, besucht Freunde oder erhält Besuch. Am Spätnachmittag gehen die Männer erneut in die Synagoge zum Nachmittagsgebet. Im Anschluss daran nimmt man dort, meist in Anwesenheit des Rabbiners oder eines Gelehrten, die so genannte Dritte Mahlzeit ein. Denn das Gesetz besagt, dass man am Schabbat dreimal festlich essen soll. Bei dieser kleinen, dritten Mahlzeit hält der Rabbiner oder Gelehrte einen

Vortrag. Zumeist über irgendein Thema des jeweiligen Wochenabschnittes der Thora, der während des Gottesdienstes am Vormittag vorgetragen worden ist. Indem man also den Schabbat einhält und jede Woche in die Synagoge geht, wird man im Laufe eines Jahres auch einmal die gesamte Thora, die »Fünf Bücher Moses«, gehört und gelesen haben!

Nach der »Dritten Mahlzeit« findet das Abendgebet statt, das bereits zum nächsten Tag gehört – also dem normalen Wochentag.

Hawdalah

Zwischen dem Ende von Schabbat und dem Beginn des neuen Alltags wird eine Zeremonie vollzogen, die wir »Hawdalah« nennen, »Trennung«, »Unterscheidung«. Dazu benötigt man wieder einen Becher mit Wein, eine Büchse mit wohlriechenden Gewürzen und Kerzenlicht. Das Hawdalah-Gebet dient der Verabschiedung des Schabbat. Die Gewürze, die in einer silbernen Dose aufbewahrt werden, reicht man im Laufe der Zeremonie herum, damit jeder daran riechen kann. Sie sollen die Seele erfreuen, damit die sich mit dem Duft darüber hinwegtrösten kann, dass der Schabbat vorbei ist. Die Kerze, die geflochten sein und mindestens zwei Dochte haben muss – früher wurde die Hawdalah im Lichte einer Fackel vollzogen –, wird unmittelbar vor den Segenssprüchen angezündet. Es ist der erste Akt des neuen Tages – jetzt ist ja Feuermachen wieder erlaubt. Zugleich erinnert das Anzünden der Kerze an den ersten Tag des Schöpfungsaktes, an dem Gott sprach: Es werde Licht!

Warum aber heißt dieses Ritual »Unterscheidung«? Es gehört, wie schon früher erwähnt, zu den Besonderheiten des Judentums, eine klare Unterscheidung zwischen dem Profanen und dem Heiligen zu treffen. Sinn und Zweck jedes Ge- und Verbotes ist es, dem Leben einen Sinn zu geben, es über das rein Materialistische hinaus zu erheben, es gilt, das Leben zu heiligen. Die Unterscheidung zwischen dem Schabbat und dem normalen Wochentag ist wichtig, um die Besonderheit des siebenten Tages der Woche noch einmal zu betonen und deutlich zu machen.

In der Tradition heißt es, dass jeder Jude am Schabbat eine zweite, zusätzliche Seele erhält, die ihn am Ende des Schabbats wieder verlässt. Interessant ist wieder einmal die symbolische Bedeutung des Bildes einer zweiten Seele. Sie betont die herausgehobene Stellung des Schabbat im Leben eines gläubigen Juden, die wohltuende, vielleicht sogar heilende psychische Wirkung, die er hat.

Vielleicht ist jetzt verständlich, welche Freiheit das Einhalten der Schabbat-Gebote bedeuten kann. All die Restriktionen, die dem Nichtwissenden als Erschwernis des Alltags erscheinen, haben keinen anderen Zweck, als die irdischen Fesseln der menschlichen Existenz für einen Tag, für vierundzwanzig Stunden, zu sprengen.

Noch einmal ein Blick zurück in das Leben der Juden in früheren Zeiten, ins Getto, ins Stetl. Es war armselig, dieses Leben, bedroht und sehr eng. Und Juden hatten keinerlei Möglichkeiten, sich dieser Enge zu entziehen. Ist es da ein Wunder, dass der Schabbat diesen Menschen ein Trost war? Dass der Schabbat ihnen die Kraft gab, ihr Schicksal zu ertragen? Wie sagte doch Achad Ha'am – nicht die Juden haben den Schabbat gehalten, sondern der Schabbat die Juden. Wie Recht er doch hatte!

In den osteuropäischen Stetls, in denen die jüdische Bevölkerung überaus arm war, lebten viele Menschen unter der Woche von einem Stück Hering, einer Kante dunklen Brotes und vielleicht einem Schnaps. Man bewahrte das bisschen Geld auf, das man verdiente, um auf dem Markt für das feierliche Schabbat-Mahl etwas Besonderes einkaufen zu können: einen Karpfen, aus dem man dann Gefilte Fisch machte, ein richtiges Stück Fleisch, Bohnen und Kartoffeln für den Tscholent, Mehl, um einen ordentlichen Kuchen zu backen. Allein dadurch erhielt der Schabbat etwas Besonderes, was auch mit einem anderen Gesetz deutlich wird. Es ist für ein Ehepaar geboten, am Schabbat-Abend, also freitags nach dem Abendessen, miteinander zu schlafen!

Die Sexualität, dieser körperliche Ausdruck der Liebe, der Zuneigung und der Zugehörigkeit, gehört natürlich zur Freude und Freiheit des Menschen. Wenn man so will, ist dieses Gebot eine Fortsetzung des sozialen Charakters des Schabbat, der zwischenmenschliche Austausch mit anderen Mitteln.

Was aber geschieht, wenn das Leben eines Menschen bedroht ist? Wenn er, nur als Beispiel, in der Synagoge oder daheim mit einem Herzinfarkt zusammenbricht und dringend in die Klinik müsste? Darf er dann mit einem Krankenwagen transportiert werden? Dürfte ein Verwandter ihn, wenn es keinen Notarzt in der Nähe gäbe, mit seinem eigenen Wagen in die Klinik fahren? Wer begriffen hat, worum es am Schabbat eigentlich geht, der wird auch die Antwort wissen: Natürlich ja! Da der Schabbat dazu dient, das Leben zu heiligen, ist es nur logisch, dass im Falle der Lebensbedrohung das Leben gerettet werden muss – ganz egal, welches göttliche Gesetz dabei übertreten wird. Das oberste Gebot ist ja stets: das Leben zu heiligen und zu bewahren. Insofern darf ein Jude in Lebensgefahr alle Verbote übertreten und brechen. Das gilt grundsätzlich und immer. An allen Feiertagen und für alle Verbote. Ja, ein Jude, der kurz vor dem Verhungern ist, darf sogar Schweinefleisch essen. Der Talmud sagt dazu: »Entheilige einen Schabbat, damit er lebe und viele Schabbate noch heiligen kann.« Und der Talmud erinnert auch daran, dass »der Schabbat dem Menschen gegeben wurde, und nicht der Mensch dem Schabbat«.

Was machen Juden an Sylvester?

So einfach die Frage, so komplex die Antwort! Zunächst könnte ich einfach sagen: Juden machen an Sylvester dasselbe wie andere Menschen auch, sie feiern, sie gehen aus, sie tanzen, haben Spaß, genießen um Mitternacht das Feuerwerk, wünschen sich ein gutes, neues Jahr, gehen ziemlich spät ins Bett und schlafen am 1. Januar erst einmal aus. Doch diese Antwort ist nur teilweise richtig. Sie gilt für jene Juden, die nicht orthodox sind, die zwar mehr oder weniger religiös oder traditionell leben, aber sich durchaus bewusst sind, dass sie in einem christlichen Jahresablauf leben, der zumindest ihren beruflichen Alltag bestimmt und regelt.

Der christliche Kalender, die christliche Einteilung eines Jahres ist für die meisten Menschen auf der Welt verbindlich geworden, egal, ob sie nun Christen, Juden oder Muslime sind oder einem Glauben angehören, der nicht auf den Stammvater Abraham zurückgeht. Wir alle leben heute im Jahre 2003 der christlichen Zeitrechnung, und die ganze Welt lebt im Umgang miteinander entsprechend diesem Kalender. Insofern ist der 1. Januar international der erste Tag des neuen Jahres.

Ob man allerdings im religiösen Sinne nach diesem Kalender lebt, ob der 1. Januar tatsächlich Neujahr ist – das ist eine andere Frage, die natürlich nicht nur für Juden, sondern auch für Muslime, Hindus, Buddhisten oder Shintoisten gilt.

Orthodoxe Juden beachten insofern Sylvester überhaupt nicht. Für sie ist der 1. Januar ein Tag wie jeder andere. Und selbst wenn sie vielleicht in beruflichen Dingen nach dem gregorianischen Kalender leben (müssen), so wird ihr gläubiges Leben dadurch überhaupt nicht bestimmt. In Israel merkt man das ganz deutlich. Der Staat lebt in seinen internationalen Beziehungen »christlich«, doch die Einteilung der Woche, die offiziellen Feiertage sind natürlich jüdisch. Der Schabbat ist der offizielle Ruhetag, am Sonntag wird dagegen ganz normal gearbeitet. Die jüdischen Feiertage sind Tage, an denen das öffentliche Leben ruht, an Weihnachten oder Ostern, an Pfingsten oder eben am 1. Januar ist »business as usual« angesagt. Was aber säkulare Israelis in Tel Aviv nicht daran hindert, am 31. Dezember auf eine Party zu gehen und vielleicht sogar am Strand ein paar Böller krachen zu lassen. Und selbstverständlich werden in den Kirchen Jerusalems oder Nazareths um Mitternacht die Glocken geläutet, Christen besuchen die Messe, um ihr neues Jahr religiös zu feiern – ganz so, wie wir Juden unser neues Jahr in der Diaspora feiern: in den Synagogen, unabhängig vom Leben draußen.

Rosch haSchana

Unser Neujahrsfest heißt Rosch haSchana, »Haupt des Jahres«. Es beginnt am 1. des Monats Tischri, und das ist nach christlicher Zeitrechnung irgendwann im September oder Anfang Oktober. Doch, um die Dinge etwas zu komplizieren – im Judentum gibt es eigentlich vier verschiedene »Neujahrstage«! In der Mischnah, einem Teil des Talmuds, wird zwar der 1. Tischri als »Rosch haSchana« bezeichnet, doch sie spricht auch von drei weiteren Neujahrstagen, und – um jetzt endgültig Verwirrung zu schaffen – Rosch haSchana ist eigentlich nicht der erste Feiertag des Jahres, sondern Pessach, und Tischri ist nicht der erste Monat des Jahres, sondern der siebte!

Wie bitte? Wie ist das denn möglich? Nun, machen wir

uns daran, dieses chaotische Knäuel zu entwirren. (Siehe dazu auch das Kapitel: »Warum findet Neujahr im Herbst statt?)

> »Und der Ewige redete zu Mosche und sprach: ›Rede zu den Kindern Jisrael und sprich: Im siebenten Monat, am Ersten des Monats, soll euch eine Ruhefeier sein, Mahnung des Posaunenschalls, heilige Berufung. Keinerlei Dienstarbeit dürft ihr verrichten, und ein Feueropfer sollt ihr dem Ewigen darbringen.« (Lev. 23, 23–25)

Es fällt auf, dass in dieser Passage die Thora *nicht* von einem Neujahrsfest spricht, der Name Rosch haSchana kommt gar nicht vor. Ich will jetzt nicht zu weit in die Religionsgeschichte einsteigen, will nur kurz darauf hinweisen, dass diese »Ruhefeier«, von der Gott spricht, erst im Laufe der Jahrhunderte zum jüdischen Neujahrsfest wurde, zu Rosch haSchana. Wie gesagt, in der Mischnah, einem Text, der sehr viel später entstand als die Thora, ist zum ersten Mal der Begriff Rosch haSchana erwähnt. Am 1. Tischri ist nach Ansicht der Rabbinen die Welt erschaffen worden. Und da wir unseren Kalender nach dieser Zeit, nach diesem Tag ausrichten, ist die Ruhefeier am 1. Tischri zum Neujahrsfest geworden (das zwei Tage dauert!). Doch das erste Fest des Jahres ist, entsprechend der biblischen Geschichte, Pessach, das Fest, das den Auszug aus Ägypten feiert. Hier beginnt die Geschichte des jüdischen Volkes als Nation, also das Jahr der jüdischen Nation, darum wird Pessach als erstes Fest des Jahres bezeichnet, darum ist der Monat, in dem Pessach gefeiert wird, der erste Monat des Jahres der Nation, wenn man so will.

Was aber ist mit den anderen drei Neujahrstagen, die neben Rosch haSchana in der Mischnah erwähnt werden?

Da ist der 1. Nissan, der als der Neujahrstag der Könige bezeichnet wird. Nach diesem Tag zählten die Könige Israels die Jahre ihrer Regentschaft. Ganz egal, wann sie den Thron bestiegen hatten, am 1. Nissan begann das zweite Jahr ihrer Regentschaft.

Dann gibt es den 1. Elul, der als Neujahrstag für die Abgabe des Zehnten Teils an Tieren, für die Opfer im Tempel, angesehen wurde.

Und schließlich ist da noch der 15. Shewat, der als Neujahrstag der Bäume verstanden wird.

Ein großes Durcheinander bei den Juden in Sachen Neujahr? Wie man's nimmt. Wer Geschäftsmann ist, wird das kennen. Da gibt es das Kalenderjahr, aber auch das Geschäftsjahr, nach dem die Geschäfte eines Jahres erst an einem anderen 1. des Monats abgeschlossen sind. Also auch im modernen Alltag gibt es unterschiedliche Jahresrechnungen. Sicher, der Vergleich hinkt ein wenig, doch er macht vielleicht deutlich, wie die vier »Neujahrstage« im jüdischen Kalender verstanden werden können. Und die Neujahrszählung der Könige – die ist nun eindeutig vom christlichen Kalender übernommen worden. Mit der Geburt des Heilands und »Königs« Jesus beginnt schließlich die moderne Zeitrechnung.

Was aber geschieht nun an Rosch haSchana? Werden Partys gefeiert, Feuerwerke entfacht? Gelacht, getanzt? Nichts dergleichen. Rosch haSchana ist der Beginn einer Zeit, die auf Hebräisch Jamim Nora'im, »Tage der Ehrfurcht«, genannt werden. Womit Stimmung und Charakter der großen Herbstfeiertage bis Jom Kippur offensichtlich sind.

Rosch haSchana, die zehn Tage bis Jom Kippur sowie das Versöhnungsfest selbst sind Tage der Umkehr. Es ist eine Zeit, in der man in sich gehen soll, über seine Verfehlungen nachdenkt, Buße tut und die Umkehr zum richtigen Leben, den Weg zurück zu Gott finden soll. Bereits vor Rosch haSchana wird in den Synagogen an normalen Wochentagen täglich das Slichot-Gebet eingefügt, ein Gebet, in dem Gott für die eigenen Verfehlungen um Verzeihung gebeten wird.

In sefardischen und aschkenasischen Gemeinden gibt es dazu unterschiedliche Traditionen. Sefarden beginnen mit dem Slichot-Gebet bereits einen Monat vor Rosch Haschana, Aschkenasen häufig erst eine Woche vor Neujahr. Mit diesem Gebet stimmt man sich auf die stillen, andachtsvollen und meditativen Tage ein, die nun folgen.

Die jüdische Tradition beschreibt die zehn Tage der Umkehr mit einem anschaulichen und eindrucksvollen Bild. An Rosch haSchana werden drei Bücher geöffnet. Eines für den absolut Bösen, eines für den absolut Gerechten und eines für die Mittelmäßigen. Die absolut Gerechten werden sofort eingeschrieben in das Buch des Lebens, sie dürfen auch im neuen Jahr weiterleben, ihr Schicksal wird sofort besiegelt. Ebenso ergeht es dem absolut Bösen: Er wird sofort in das Buch des Todes eingetragen. Auch sein Schicksal ist sofort besiegelt. Die Mittelmäßigen aber bleiben zwischen Rosch haSchana und Jom Kippur in einem Schwebezustand. Sie haben in diesen zehn Tagen die Möglichkeit, durch Buße, durch eine entschiedene Umkehr, durch tätige Reue, intensive Gebete ihr Schicksal günstig zu beeinflussen und somit auch in das Buch des Lebens eingetragen zu werden. Ihr Schicksal wird erst an Jom Kippur für das kommende Jahr besiegelt.

Wer aber ist nun mittelmäßig? Das weiß niemand genau, und deshalb sind alle angehalten, reumütig »Tschuwa« zu leisten, die Umkehr zu suchen, um Gott im letzten Moment günstig zu stimmen und sein Urteil abzumildern. Auch der frömmste Gerechte hält sich nur für mittelmäßig und wird diese Tage der Umkehr mit großer innerer Demut begehen.

Die Liturgie von Rosch haSchana ist ganz darauf ausgerichtet. Gottes Allmacht, seine Herrschaft über die Menschheit wird in den Gebeten thematisiert, sie steht im Mittelpunkt als Fixpunkt menschlicher Orientierung, besonders für den, der im Laufe des Jahres vom richtigen Weg abgekommen ist.

Rosch haSchana kennt eine Reihe von Zeremonien, die die Atmosphäre des Feiertags ganz besonders prägen. Die Synagoge wird ganz in Weiß geschmückt. Der Vorhang vor dem Thoraschrank ist aus weißer Seide, Damast oder Samt, ebenso die Decken auf dem Tisch der Bima, der Empore, von der aus in der Mitte der Synagoge aus der Thora vorgelesen wird. Die Menschen sind ebenfalls in Weiß gekleidet: Weiße Kippot, Kopfbedeckungen, sind üblich, viele fromme Juden tragen an diesem Tag ihr weißes Totenhemd, in dem sie eines Tages begraben werden – ein Zeichen für die Ernsthaftigkeit des Tages.

Gott sitzt über jeden Menschen an diesem Tag zu Gericht und spricht sein Urteil: Leben oder Tod. Weiß ist natürlich auch im Judentum die Farbe der Reinheit und Unschuld. Der weiße Synagogenschmuck, die weiße Kleidung stehen symbolisch für das Bemühen, die Seele zu reinigen.

Der wichtigste Augenblick im Gebetsablauf von Rosch haSchana ist das Schofarblasen. Der Schofar ist ein hohles Widderhorn, und wer schon einmal versucht hat, aus solch einem »Musikinstrument« einen Ton herauszubekommen, weiß, wie schnell man aus der Puste kommt, ohne auch nur einen einzigen Pieps erzeugt zu haben. Man braucht dazu eine ganz schwierige Blas- und Atemtechnik, doch damit nicht genug: Es gibt drei überlieferte Tonfolgen, die der Schofarbläser mehrfach im Laufe der Liturgie ertönen lassen muss.

Wer den »Sound« eines Schofars schon mal gehört hat, weiß, wie intensiv und eindringlich sein Klang ist. Ein »Posaunenschall« ganz besonderer Art. Und kein modernes Blasinstrument ist in der Lage, diese besonders intensive Stimmung des Schofars wiederzugeben. Wozu aber bläst man Schofar?

Die Überlieferung gibt mehrere Gründe an. In der Thora erschallt der Schofar in drei besonders wichtigen Momenten der jüdischen Geschichte: Als Gott dem Volk Israel am Berg Sinai die Thora gibt, bei der Proklamation Gottes als Herrscher der Welt und bei dem Erneuerungsschwur des Volkes Israel, zum Gott der Vorväter umzukehren:

> »Und jeder, der dem Ewigen, dem Gott Jisraels, nicht nachgehn würde, sollte getötet werden, von Klein bis Groß, von Mann bis Weib. So schworen sie dem Ewigen mit lauter Stimme und Geschmetter, mit Trompeten und Hörnern.« (Chronik II, 13, 14)

Und schließlich wird der Schofar am Tag der Ankunft des Messias ertönen, dann also, wenn der Tag der Erlösung gekommen ist, wenn das Ende der Geschichte naht.

Wir sehen, immer dann, wenn es in der jüdischen Geschichte besonders wichtig wurde, war der Schofar zur Stelle. Und an diese Momente soll er die Gemeinde an Rosch haSchana erinnern: Kehrt um zu den Geboten Gottes, die euch am Sinai als ewiges Gesetz gegeben wurden, kehrt um zum einzigen und ewigen Herrscher der Welt!

Es ist so wichtig, den Klang des Schofars an Neujahr zu hören, dass die Rabbinen verfügten, Schofarbläser sollen Kranke, die nicht in die Synagoge kommen können, daheim oder im Krankenhaus aufsuchen und vor ihnen das Widderhorn blasen. Denn sein Ton sei in der Lage, das Eismeer in der Seele des Menschen zum Schmelzen zu bringen.

Doch der Schofar soll auch Gott an seinen Bund mit seinem Volk erinnern, damit er dem Schicksal jedes Einzelnen gnädig sei, um seiner Herrschaft, um seines Glanzes Willen. Auch soll Gott durch das Erklingen des Schofars daran erinnert werden, dass sein Volk ihn, trotz aller Sünden, nicht vergessen, ihn nicht ganz aufgegeben hat. Nach volkstümlicher Überlieferung soll auch Satan, der Ankläger der Menschen vor Gott, den Schofar hören – und damit gehörig durcheinander gebracht werden. Er soll nämlich glauben, dass der Schofar die Ankunft des Messias ankündigt, und das ist der Tag, an dem Satan seine Herrschaftsansprüche auf ewig aufgeben muss!

Schließlich und endlich soll das Widderhorn auch an die Verdienste der Stammväter Abraham und Isaak erinnern. Allein um ihretwillen soll Gott deren Nachkommen verschonen. In der Geschichte der Opferung Isaaks, die auf Hebräisch richtiger »Akedat Jitzchak«, die »Anbindung Isaaks« genannt wird, opfert Abraham ja schließlich einen in der Nähe befindlichen Widder! Ohne das Eingreifen Gottes hätte er aber tatsächlich dessen Befehl gehorcht und ihm durch Opferung seinen Sohn zurückgegeben.

Wir sehen, der Schofar ist mit einer Fülle an Bedeutungen behaftet, und es ist kein Wunder, dass häufig sogar völlig unreligiöse Juden zu jenen Stunden in die Synagoge gehen, an denen Schofar geblasen wird, um wenigstens etwas von der ganz besonderen Stimmung dieses Feiertages mitzubekommen. Wenn aber einer der Rosch-haSchana-Tage auf einen Schabbat fällt, wird der Schofar nicht geblasen.

Natürlich haben sich auch Bräuche für die Feier daheim ausgeprägt. Die festlichen Mahlzeiten beginnen wie an jedem Feiertag oder an Schabbat mit dem Kiddusch, dem Segen über den Wein, der sich in seinem Text jedoch stets auf den jeweiligen Feiertag bezieht. Anschließend wird das Brot gebrochen, aber an Rosch haSchana nicht mit Salz bestreut, sondern mit Honig bestrichen, ehe es verteilt wird, denn süß soll das neue Jahr werden! Und anschließend wird ein Apfel in Scheiben geschnitten, ebenfalls in Honig getaucht und verteilt und nach dem Segen über die Baumfrucht gegessen. So »rund« wie dieser Apfel möge das neue Jahr werden. Außerdem isst man zusätzlich noch eine Baumfrucht, die in der laufenden Saison von den Familienmitgliedern noch nicht gegessen wurde, um somit die Einzigartigkeit von Rosch haSchana zu betonen.

Allein in diesen drei Riten wird das Besondere des Jahresanfangs immer wieder betont und damit auch die Bedeutung des Feiertags erkannt. Nicht nur Ostjuden essen anschließend natürlich den traditionellen »Gefilten Fisch«. An diesem Tag wollen viele ein Kopfstück, damit man sich im Laufe des Jahres »am Kopf« und nicht »am Schwanzende« wieder findet. Ich weiß, es ist nicht jedermanns Sache, den Kopf eines Fisches zu essen. Gourmets aber schwärmen von der besonderen Zartheit der Augen und der Kiemen.

Und noch einen ganz besonders schönen Brauch gibt es am ersten Tag von Rosch haSchana: Das »Taschlich«-Gebet.

Spät kommt man aus der Synagoge heim. Es ist weit nach Mittag, das Mittagessen wurde mit den oben beschriebenen Zeremonien ausführlich zelebriert. Jetzt machen sich die Frömmsten auf, um bei einem lebenden Gewässer (mit Fischen) »Taschlich« (»Werfen«) zu sprechen, ein Gebet, in dem die letzten Sätze des Propheten Micha zitiert werden:

Wer ist wie du ein Gott
der Schuld vergibt
hinwegsieht über Abfall
dem Rest seines Erbguts?
Nicht hält er immerfort den Zorn
Denn Liebe will er
Wird unser wieder sich erbarmen
Tritt aus unsere Sünde.
In Meerestiefen schleuderst du
All ihre Schuld
Gibst Treue Jaakob
Und Liebe Abraham
Wie du es unsern Vätern zugeschworen
Seit Urzeittagen.

Danach »leert« man symbolisch seine Taschen aus und wirft damit seine Sünden ins Wasser, den Fischen zum Fraß. Anschließend begibt man sich zum »Mincha«- und »Maariw«-Gebet wieder in die Synagoge. Am Schabbattag wird auch der »Taschlich« auf den anderen Tag von Rosch ha-Schana verschoben.

Besonders für Kinder ist das Taschlich-Gebet sehr schön. Es macht ihnen die ganze Bedeutung des Gerichtstages anschaulich. Viele Rabbinen aber waren nicht wirklich glücklich über diesen Brauch. Sie fanden, dass dieses »Überbordwerfen« der eigenen Sünden denn doch etwas zu simpel sei, dass sich das Volk das Loswerden seiner Schuld vielleicht etwas zu leicht mache.

Egal, der Brauch hat sich durchgesetzt und wird von frommen Juden eifrig befolgt. In Israel führt das häufig zu skurrilen Bildern, die in den internationalen Medien in schöner Regelmäßigkeit gezeigt werden: Da sieht man am Strand von Tel Aviv Fromme im Kaftan, mit Bart, Hut und Gebetbuch am Meer stehen, während direkt neben ihnen bildhübsche, aber gänzlich unreligiöse Israelinnen in knappen Bikinis baden. Aber diese sehr neuzeitliche Art, das jüdische Neujahr als schlichten Freizeittag zu feiern, soll nicht Thema dieses Buches sein.

Kann man Juden überhaupt vertrauen?

Was ist ein jüdischer Schwur wert? Nach Ansicht der Antisemiten, aber auch vieler Menschen, die meinen, den jüdischen Glauben gut zu kennen – nichts. Als Beweis zitieren sie das vielleicht berühmteste Gebet der gesamten jüdischen Liturgie, mit dem Jom Kippur, der Versöhnungstag, beginnt: »Kol Nidre« (Alle Gelübde). In diesem Gebet, das dem eigentlichen Abendgebet von Jom Kippur vorangeht, werden alle uneingelösten Versprechen, die man abgegeben hat, für ungültig erklärt.

Na – da ist doch der Beweis. Ein jüdisches Wort gilt nichts! Seit dem Mittelalter hält sich dieser »Beweis« hartnäckig, doch niemand scheint sich die Mühe gemacht zu haben, den Inhalt von Kol Nidre genau zu analysieren. Da geht es nämlich ausschließlich um die Gelübde und Versprechen, die man gegenüber Gott über sich selbst abgegeben hat, nicht gegenüber anderen Menschen!

Das ist ja noch schlimmer, wird gesagt, Juden betrügen sogar ihren eigenen Gott! Nun, auch diese Unterstellung stimmt nicht. Es geht vielmehr darum, die uneingelösten, nicht erfüllbaren Versprechen für ungültig zu erklären, um auch dem schlimmsten Sünder reinen Gewissens die Beteiligung am Gottesdienst von Jom Kippur zu ermöglichen. Er bekommt an diesem Tag von Gott eine allerletzte Chance zur Umkehr. Der »Gott der Rache«, wie man den jüdischen Gott aus christlicher Sicht gerne bezeichnet, erweist sich in Wirklichkeit einmal mehr als ein Gott des Erbarmens!

Jom Kippur

Mit großer Ehrfurcht, in einer einzigartigen Atmosphäre beginnt am Abend der höchste Feiertag des jüdischen Kalenders. Da dies aber eigentlich der Schabbat ist, wird Jom Kippur auch Schabbat Schabbaton genannt, der Schabbat aller Schabbate. Selbst wenn er nicht auf einen Schabbat fällt, ist er als solcher zu verstehen.

Jom Kippur ist also nach Rosch haSchana der zehnte Tag der Tage der Umkehr, und man wünscht sich ein »Gmar Chatima Tova«, ein gutes Urteil und Siegel. An Jom Kippur wird das Schicksal des Einzelnen, des »Mittelmäßigen« endgültig besiegelt, am Ende des Feiertags werden die Tore des himmlischen Gerichtes endgültig geschlossen. Wer bis dahin nicht Tschuwa, Umkehr, geleistet hat, der braucht sich über das, was ihn dann im neuen Jahr erwartet, nicht zu wundern.

Nach Rosch haSchana sind die Tage bis Jom Kippur als mehr oder weniger normale Werktage abgelaufen. Man geht zwar wieder seiner Arbeit nach, wie sonst auch, doch in der Liturgie des normalen Gottesdienstes am Morgen, Nachmittag und Abend gibt es zahlreiche Zusätze, die den Betenden daran erinnern, dass auch diese »normalen« Werktage zur Umkehr genutzt werden sollen.

Jom Kippur beginnt, wie alle Feiertage im Judentum, am Abend. Zurückzuführen ist das auf die Schöpfungsgeschichte im Buch Genesis, das jeden Tag mit dem Abend beginnt: »Und es ward Abend und es ward Morgen: 1. Tag« und so weiter.

Der Tag vor Beginn von Jom Kippur ist ein Tag der Vorbereitung, denn der Versöhnungstag verlangt sehr viel seelische und mentale Vorarbeit. Es ist ja der Tag der Versöhnung mit Gott. Und die ist nur möglich, wenn man sich vorher mit allen Menschen aussöhnt, mit denen man sich im Laufe des vergangenen Jahres zerstritten hat. Denn nur, wenn man sich mit den Mitmenschen ausgesöhnt hat, ist Gott überhaupt bereit, den Gebeten der Sühnenden zuzuhören!

Gläubige Juden nehmen diese Pflicht sehr ernst. Eigentlich beginnen sie gleich nach Rosch haSchana damit, sich mit ihren Feinden auszusöhnen. Sie verzeihen und entschuldigen sich, sie bemühen sich, ihre Fehler wieder gutzumachen, sie gehen auf genau die Menschen zu, mit denen sie den größten Streit hatten. In Gegenden, wo orthodoxe Juden noch nahe beieinander leben, sieht man am Tag vor Jom Kippur häufig kleine Grüppchen beisammen stehen, sich die Hände reichen oder auch umarmen.

So geht der Vortag dahin. Gleichzeitig bereitet man ein festliches letztes Mahl vor, das man am Nachmittag einnimmt. Denn am Schabbat aller Schabbate gelten neben allen Schabbat-Geboten und -Verboten fünf weitere Gebote:

1. Jom Kippur ist ein radikaler Fasttag, man darf weder essen noch trinken. Der Fasttag dauert jedoch nicht nur 24 Stunden, sondern etwas länger. Das Fasten beginnt am Spätnachmittag, nach der letzten Mahlzeit vor Beginn des Abendgebetes, und geht bis zum nächsten Abend nach dem Ende des Jom Kippur. Meistens fastet man also 26 Stunden.
2. An Jom Kippur ist es verboten, sich zu waschen. Das heißt, man darf zwar eine Waschprozedur vornehmen, die hygienischen Zwecken dient, doch nichts darüber hinaus.
   Das führt zu Gebot:
3. Alles, was ein »kosmetisches« Ansinnen wäre, also was der zusätzlichen Verschönerung der eigenen Person dient, ist zu unterlassen. Männer rasieren sich also nicht an diesem Tag, Frauen legen keine Schminke auf, man parfümiert sich nicht und so weiter. Am Tag

des Gerichtsurteils soll der Mensch frei von allen Eitelkeiten vor seinem Richter stehen.

4. Man trägt an Jom Kippur keine Lederschuhe. Diese gelten als bequem, und bequem darf man es sich nun wahrlich nicht machen an diesem wichtigen Tag. Wer zufälligerweise an Jom Kippur schon mal an einer Synagoge vorbeigekommen ist, wird sich vielleicht gewundert haben, wieso Juden zwar einen Anzug anhaben, aber dazu Turnschuhe oder Leinenschuhe tragen. Dass heutzutage Turnschuhe meistens bequemer sind als Lederschuhe, ist ein ganz anderes Thema. Wenn man jedoch bedenkt, dass man fast den ganzen Tag in der Synagoge verbringt, sehr viele Gebete im Stehen gesprochen werden, so kann man sich vielleicht vorstellen, wie die Füße selbst in den tollsten Nikes allmählich zu brennen und schwitzen beginnen – die Unbequemlichkeit ist sozusagen über den Tag hinweg garantiert.
5. An Jom Kippur ist jeglicher Geschlechtsverkehr verboten.

Diese fünf Gebote symbolisieren die fünf Sinne des Menschen. Alles Körperliche hat an diesem Tag also keinen Platz. Es geht ausschließlich um das Gewissen, um die Seele. Die muss gereinigt werden, und da hat der Körper in jeder Hinsicht hintan zu stehen.

Ja, Jom Kippur ist ein »harter« Feiertag. In den Synagogen stehen die Menschen dicht gedrängt, und wenn man bedenkt, dass dieser Feiertag im heißen Orient entstanden ist, zu einer Zeit, als es noch keine Klimaanlagen gab, kann man sich ausmalen, wie Hunger und Durst in der Hitze des Spätsommers den Büßer plagten, wie die Knie am Nachmittag von Jom Kippur allmählich schwach wurden während der Gebete. Ja, man leidet. Doch das soll so sein an diesem Tag.

Immer noch seit Rosch haSchana ist die Synagoge weiß geschmückt. Auch jetzt tragen Männer wieder ihren weißen »Kittl«, das Totenhemd, in dem sie eines Tages begraben werden.

Nach dem »Kol Nidre« beginnt der eigentliche Abendgottesdienst, und der dauert ziemlich lange. In manchen frommen Gemeinden sogar die ganze Nacht – mit besonderen Hymnen und Gedichten verlängert man das Gebet, man liest anschließend den Mischnah-Traktat »Joma«, der sich mit den Gesetzen des Tempeldienstes an Jom Kippur auseinander setzt, man liest Passagen aus dem wichtigsten Buch der Kabbala, dem »Sefer haSohar«, dem »Buch des Glanzes«, in dem die esoterische Erklärung und Bedeutung von Jom Kippur niedergeschrieben ist. Und man liest auch Passagen aus der »Mischne Thora«, dem Gesetzeswerk des Maimonides, des wohl wichtigsten Bibelexegeten aller Zeiten. (Siehe auch das Kapitel »Warum leben Juden überall auf der Welt verstreut?«)

In Gemeinden, die nicht ganz so gesetzestreu sind, dauert das Abendgebet immerhin auch zwei bis drei Stunden. Dann macht man sich – natürlich zu Fuß – auf den Heimweg, verbringt den Abend in Stille daheim, legt sich schlafen und geht bereits am frühen Morgen zurück in die Synagoge zum Morgengebet, dem sich, nach einer Lesung aus der Thora und der Seelenfeier für die verstorbenen Familienmitglieder, »Jiskor«, das Mussafgebet, der Zusatzgottesdienst für Festtage, anschließt. Mussaf endet meistens am Nachmittag, danach gibt es eine Pause von vielleicht einer Stunde.

In dieser Zeit bleiben die meisten Menschen in der Synagoge, andere machen einen kleinen Spaziergang, um sich ein wenig die Beine zu vertreten.

Dann geht es weiter, mit dem Nachmittagsgebet, neuen Lesungen aus der Thora, der Lesung der biblischen Geschichte von Jona und dem Walfisch und schließlich mit dem Gebet »Neïla«, dem »Schließungsgebet«. Danach werden die Bücher mit den zum Leben oder zum Tod eingetragenen Namen für das kommende Jahr versiegelt. Die Gemeinde singt gemeinsam das »Awinu Malkeinu«-Gebet, das »Unser Vater, unser König«, sie spricht das Glaubensbekenntnis, das »Schema Jisrael«, das »Höre-Israel«, sie wiederholt dreimal den symbolischen Wunsch »beSchana haba Biruschalajim«, »Nächstes Jahr in Jerusalem«.

Schließlich ertönt ein allerletztes Mal der Schofar. Ein endlos lang gezogener Ton fasst noch einmal alle Wünsche, Hoffnungen, Sehnsüchte, Ängste und Träume der Gemeinde, des jüdischen Volkes zusammen, danach sind die Tore des himmlischen Gerichtes geschlossen!

So in etwa läuft Jom Kippur in der Synagoge ab. Schon allein die Tatsache, fast einen ganzen Tag in der Synagoge zu verbringen, fernab von jeglichem weltlichen Geschehen, schafft eine ganz besondere Atmosphäre.

Dieser völlige Rückzug in das Gebet war den arabischen Staaten übrigens wohl bekannt. Kein Wunder, dass Ägypter und Syrer 1973 Jom Kippur für ihren Angriffskrieg auf Israel gewählt haben. Sie wussten, dass der Großteil der Bevölkerung, vor allem der Armee, nicht parat steht. Es dauerte denn auch eine sehr lange Zeit, bis alle Reservisten aus den Synagogen geholt werden konnten. Israel verlor dadurch in den ersten Tagen des Krieges sehr viele Soldaten, die arabischen Truppen konnten schnell vorwärts kommen, ehe die israelische Armee zur Gegenoffensive übergehen konnte.

Im Zentrum der Jom-Kippur-Liturgie steht vor allem das »Viddui«-Gebet, das Sündenbekenntnis. Es wird zehnmal gesprochen und enthält mindestens 44 Sündenbekenntnisse. Viele dieser Sünden, die aufgezählt werden, hat natürlich nicht jeder begangen. Dennoch muss man sie sprechen. Dahinter steckt der Gedanke, dass jeder Einzelne die Verantwortung für das ganze Volk mit übernehmen soll. Klal Jisrael, das gesamte jüdische Volk, steht füreinander gerade und muss sich individuell und kollektiv schuldig bekennen vor Gott, denn die Taten des einen Juden haben Folgen für das Leben der anderen Juden. Während man das Sündenbekenntnis spricht, schlägt man sich symbolisch bei jeder Sündennennung mit der Faust auf die Brust. Dies sind Momente großer Stille in der Synagoge. Jeder spricht das Viddui für sich, in sich hinein.

Ein zweites, sehr wichtiges Thema ist die so genannte Avoda, der Tempelgottesdienst mit dem Entsühnungszeremoniell, das im Tempel von Jerusalem durchgeführt wurde. Das Judentum, so wie es sich heute darstellt, existiert ja erst seit der Zeit nach der Zerstörung des zweiten Tempels im Jahre 70 d. Z. durch die Römer. Viele jüdische Weise, allen voran Jochanan ben Sakkai, hatten sich in Javneh versammelt und dort versucht, das Judentum zu retten. Zwei Umstände machten dies nötig: der Verlust der Eigenstaatlichkeit mit der dadurch entstandenen Diaspora und die Zerstörung des Heiligtums, das dem Priester- und Opferdienst ein für alle Mal ein Ende bereitete.

Wie aber sollte, konnte unter den neuen Voraussetzungen der jüdische Glaube, konnten die Rituale weiter erhalten werden? Im Grunde, um es hier nur kurz anzudeuten, war die Arbeit der Weisen von Javneh darauf fokussiert, das Judentum quasi zu abstrahieren. Man versuchte, konkrete Vorgänge im Tempel durch symbolische, spirituelle in den Synagogen zu ersetzen. Das konnten Gebete sein oder aber auch rituelle Handlungen, die an den Tempeldienst erinnerten. Bei jeder heiligen Handlung, die man aus der Tempelzeit kannte, fragten sich die Gelehrten: Wie ersetzen wir sie, und zwar so, dass man sich auch noch in Tausenden von Jahren an die ursprünglichen Rituale erinnert?

Im Falle von Jom Kippur war dies besonders entscheidend, denn am Versöhnungstag waren einmalige Dinge im Tempel geschehen:

> »Und der Ewige redete zu Mosche und sprach: ›Jedoch am Zehnten dieses siebenten Monats ist der Sühnungstag, heilige Berufung soll euch sein, und ihr sollt euch kasteien und ein Feueropfer darbringen dem Ewigen. Und keinerlei Arbeit dürft ihr verrichten an eben diesem Tag; denn ein Tag der Sühnung ist er, um für euch Sühne zu erwirken vor dem Ewigen, eurem Gott.«
> (Lev. 23, 26–28)

Tieropfer gab es im Tempel regelmäßig, doch an Jom Kippur wurden zusätzliche Opfer mit einem ganz besonderen Ritus dargebracht. Und: Nur an Jom Kippur betrat der Hohepriester das Allerheiligste, einen ganz besonderen Raum im Tempel, den im ganzen restlichen Jahr nicht einmal er betreten durfte. Dort, in diesem allerheiligsten Raum, befand sich sozusagen die göttliche Emanation, die göttliche Ausstrahlung auf Erden. An Jom Kippur durfte der Hohepriester an diesem heiligen Ort den Namen des Einen und Einzigen aussprechen – was normalerweise, auch heute, kein Jude jemals tun darf. Nur an Jom Kippur, und nur der Hohepriester. Mit dieser Aktion versuchte der Hohepriester Gott so nah wie nur möglich zu kommen, um das gesamte Volk entsühnen zu können.

Der Name Gottes ist mit dem letzten Hohepriester untergegangen.

Im Mussafgebet, das dem Morgengebet folgt, wird der Opferdienst im Tempel, genauer: der Ritus, der zu vollziehen war, rezitiert. Diese Rezitation symbolisiert den Vorgang, ja, es ist, als ob das Vorlesen, die Erinnerung an den eigentlichen Akt, den Akt in seiner heiligen Bedeutung ganz ersetzt.

Das ist eine Eigenart des Judentums, die im Laufe seiner Geschichte immer wieder zu finden ist. Die Erinnerung spielt eine sehr große Rolle für den Glauben und den Erhalt der Kultur und somit für das kollektive Gedächtnis. Das ist das eine. Das andere ist, dass häufig die Erzählung von einer religiösen Handlung aus früheren Zeiten die religiöse Handlung ersetzt, das heißt, dass sie zugleich auch die spirituelle Kraft der religiösen Handlung von einst übernimmt.

Gerschom Scholem, der große deutsch-jüdische Gelehrte, der sich in seiner Arbeit ganz der Erforschung der jüdischen Mystik, der Kabbala, widmete, beschreibt die Kraft der Erzählung anhand eines Beispiels aus dem ostjüdischen Chassidismus des 18./19. Jahrhunderts:

> »Wenn der Baal-Schem [der Gründer der osteuropäischen mystischen Bewegung, die man Chassidismus nennt] etwas Schwieriges zu erledigen hatte, irgendein geheimes Werk zum Nutzen der Geschöpfe, so ging er an eine bestimmte Stelle im Walde, zündete ein Feuer an und sprach, in mystische Meditationen versunken, Gebete – und alles geschah, wie er es sich vorgenommen hatte. Wenn eine Generation später der Maggid von Meseritsch dasselbe zu tun hatte, ging er an jene Stelle im Walde und sagte: ›Das Feuer können wir nicht mehr machen, aber die Gebete können wir sprechen‹ – und alles ging nach seinem Willen. Wieder eine Generation später sollte Rabbi Mosche Leib aus Sassow jene Tat vollbringen. Auch er ging in den Wald und sagte: ›Wir können kein Feuer mehr anzünden, und wir kennen auch die geheimen Meditationen nicht mehr, die das Gebet beleben; aber wir kennen den Ort im Walde, wo all das hingehört, und das muss genügen.‹ – Und es genügte. Als aber wieder eine Generation später Rabbi Israel von Rischin jene

Tat zu vollziehen hatte, da setzte er sich in seinem Schloss auf seinen goldenen Stuhl und sagte: ›Wir können kein Feuer machen, wir können keine Gebete sprechen, wir kennen auch den Ort nicht mehr, aber wir können die Geschichte davon erzählen.‹ Und seine Erzählung allein hatte dieselbe Wirkung wie die Taten der drei anderen.«

So ist also auch die »Wirkung« des Mussafgebetes an Jom Kippur zu verstehen, das davon erzählt, wie der Hohepriester im Tempel in großer innerer Konzentration, Andacht und Ehrfucht die Sühneopfer vor dem gesamten Volk für das gesamte Volk vollbrachte.

Wie »erfolgreich« die Zehn Tage der Umkehr für jeden Einzelnen sind, das wird das neue Jahr erweisen. Mit dem letzten Ton des Schofars am Ende des Versöhnungstages sind die Tore des himmlischen Gerichtes geschlossen. Jetzt beginnt man sich bereits auf ein neues Fest vorzubereiten, das nur vier Tage später beginnt, Sukkot, das Laubhüttenfest. Im Gegensatz zu den letzten zehn Tagen ist Sukkot ein wunderbares Freudenfest!

Warum sitzen Juden bei strömenden Regen in Hütten?

»Jedoch am fünfzehnten Tag des siebenten Monats, wenn ihr den Ertrag des Landes einbringt, sollt ihr das Fest des Ewigen feiern, sieben Tage lange; am ersten Tag ist Ruhefeier, und am achten Tag ist Ruhefeier. Und nehmt euch am ersten Tag: Prächtige Baumfrucht, Palmenzweige und Zweige von dichtbelaubten Bäumen und Bachweiden, und freut euch vor dem Ewigen, eurem Gott, sieben Tage. Und feiert es als Fest dem Ewigen sieben Tage im Jahr; eine ewige Satzung für eure Geschlechter; im siebenten Monat sollt ihr es feiern. In den Hütten sollt ihr wohnen sieben Tage lang; jeder Volksgeborene in Jisrael soll in den Hütten wohnen, damit eure künftigen Geschlechter wissen, dass ich in den Hütten weilen ließ die Kinder Jisrael, als ich sie aus dem Land Mizraim führte; ich bin der Ewige, euer Gott.« (Lev. 39–43)

Sukkot

Es gibt kaum einen Feiertag, dessen Bedeutung sich im Laufe der Jahrtausende so sehr gewandelt hat wie Sukkot. An Sukkot wird besonders deutlich, wie sich das Judentum immer wieder den aktuellen Gegebenheiten der jeweiligen Zeit angepasst hat und wie die spirituelle Bedeutung des Feiertags immer neue Formen annahm, natürlich basierend auf den Erklärungen der Thora. Doch ehe ich versuche, diese höchst komplexen Entwicklungen einigermaßen nachvollziehbar darzustellen, will ich die Eingangsfrage beantworten:

Nein, wir Juden sind nicht komplett meschugge. Wir finden das gar nicht lustig, bei strömendem Regen in einer Hütte zu hocken, deren Dach obendrein nur aus Baumzweigen bestehen darf. Aber die Rituale unseres Glaubens wurden nun einmal in einer Gegend entwickelt, die 3000 km von Deutschland entfernt in einer völlig anderen Klimazone liegt. Ende September, Anfang Oktober in Israel in einer Hütte zu sitzen bedeutet nur selten, sich dem »strömenden Regen« aussetzen zu müssen. Die Regenzeit beginnt zwar allmählich – man bittet an Sukkot auch inständig um Regen –, doch im frühen Herbst herrschen noch Temperaturen, die wir uns in unseren Breitengraden für so manchen Hochsommer wünschen würden.

Wir sitzen aber auch in Düsseldorf, in Berlin oder in München in Hütten, weil wir in unserem Glauben stets die Verbindung zum Land der Verheißung bewahrt haben. Gott, Land, Volk – dieses Dreieck ist unauflöslich.

Sukkot war einst, ähnlich wie Schawuot, ein Erntedankfest. Und viele Riten, die wir heute noch zelebrieren, wie das Schütteln der »Vier Arten« (»Prächtige Baumfrucht, Palmenzweige und Zweige von dichtbelaubten Bäumen und Bachweiden«), über das noch zu sprechen sein wird, erinnern an den landwirtschaftlichen Hintergrund des Festes.

Zu Zeiten des Tempels war Sukkot ein Wallfahrtsfest, genauso übrigens wie Pessach und Schawuot. Dreimal im Jahr pilgerte das Volk hinauf nach Jerusalem, zum Heiligtum. An Sukkot feierte es im Tempel und in den Sukkot, den Laubhütten, die in unmittelbarer Umgebung des Heiligtums aufgebaut worden waren. Man tanzte und sang, es wurde die Zeremonie des Wasserschöpfens gefeiert als Dank für alle Gaben, man schöpfte aus der Quelle des Schiloach Wasser, das im Tempel dargebracht wurde, zusammen mit dem Weinopfer. Die Priester führten feierliche Prozessionen durch, in denen sie die »Vier Arten« trugen und in alle Erdrichtungen schüttelten und auf den Boden schlugen als Zeichen für den Regen, den man unbedingt brauchte. Von diesen Bräuchen sind einige im heutigen Sukkot-Gottesdienst erhalten geblieben, auch wenn sich das Fest sehr gewandelt hat.

Heute stehen im Zentrum des Feiertages die Sukka, die Laubhütten, und die »Vier Arten«. Das Gebot, in Hütten zu sitzen, ist verbunden mit sehr genauen rabbinischen Anweisungen, wie eine Laubhütte zu bauen ist. Besonders wichtig ist das Dach, das mit Zweigen bedeckt wird. Es muss ein gewisses Maß an Schatten spenden und dicht sein, gleichzeitig muss es aber den Blick auf Himmel und Sterne ermöglichen. Im Idealfall soll man als Jude die ganze Woche in der Sukka wohnen. Man soll darin gemeinsam essen (das auf jeden Fall!), aber sich auch sonst in jeder freien Minute dort aufhalten und, wenn es die Witterung erlaubt, sogar dort schlafen.

In den Stetls Osteuropas baute sich jeder Jude gleich nach Ausklang von Jom Kippur eine eigene Sukka. In den modernen Großstädten werden Sukkot auf dem Balkon gebaut, was in Ordnung ist, solange die Bauvorschriften der Thora genau eingehalten werden. In den meisten Gemeinden wird auf dem Anwesen der Synagoge eine große Sukka gebaut, damit auch all die, denen es nicht möglich ist, eine eigene Laubhütte zu machen, das Gebot Gottes erfüllen können.

Jede Sukka wird innen festlich geschmückt. Der Fantasie sind keine Grenzen gesetzt. Von Girlanden bis zu Bildern und Zeichnungen mit biblischen Motiven, von Obstgestecken bis zu schönen Kerzenarrangements: Je aufwändiger, desto besser. Für Kinder die ideale Spielwiese, sich kreativ auszutoben!

Die Sukka ist nicht nur ein Symbol der Wanderschaft durch die Wüste Sinai. Da Sukkot vier Tage nach Jom Kippur gefeiert wird, also unmittelbar nach Schließung der himmlischen Gerichtstore, will Sukkot auch daran erinnern, dass der Mensch auf die Hilfe und Unterstützung Gottes angewiesen ist. Immer und besonders dann, wenn er meint, »sicher« zu sein, in einem sicheren Haus zu leben.

Denn das Leben ist wie die Sukka: Der Schutz, den die Hütte bietet, ist relativ. So ist das Leben. Ohne Gott gibt es kein Vertrauen. Man kann sich nur auf den Einen und Einzigen verlassen, man kann nur ihm vertrauen. Und was bleibt jetzt, nach Jom Kippur, dem Menschen auch anderes übrig? Das Urteil für das kommende Jahr ist gesprochen. Lebe und vertraue, freue dich am Leben, Sukkot ist schließlich ein Freudenfest. Nur durch Freude und ein Leben mit Erfüllung der Mitzwot bist du auf dem richtigen Weg.

Und die »Vier Arten«? Die waren in biblischen Zeiten natürlich auch das Symbol für die Erntezeit, die Rabbinen haben sie aber inzwischen mit neuer Symbolik aufgeladen.

Der Strauß, den man während des Gebets an Sukkot in Händen hält und in bestimmten Augenblicken in alle Himmelsrichtungen, nach oben und nach unten schüttelt (also den ganzen Kosmos umarmt), besteht aus vier Zutaten: dem Lulav, einem ganz langen Palmwedel, der den »Vier Arten« (»Arba Minim« auf Hebräisch) seinen Namen gegeben hat, außerdem drei Myrthenzweigen, zwei Bachweidenzweigen und einer Zitrusfrucht, die auf Hebräisch Etrog heißt, und im Deutschen gar keinen richtigen Namen hat. Der Etrog sieht aus wie eine Zitrone, dieselbe Form und ebenso gelb, ist jedoch etwas größer und hat einen sehr intensiven Duft. (Naturwissenschaftlern unter den Lesern sei verraten, dass die Frucht von einem Baum stammt, der auf Lateinisch »citrus medica cedra« heißt.)

Die Rabbinen deuteten die »Vier Arten« als das Volk Israel, das aus vier Teilen besteht, stets zusammenhalten muss und nur gemeinsam Kraft hat, aller Unbill dieser Welt zu trotzen. Der Etrog mit seinem Geschmack und seinem Duft entspricht den Menschen, die Thora lernen und gute Taten vollbringen, der Palmwedel duftet zwar nicht, hat aber Geschmack und entspricht somit Juden, die Thorakenntnisse haben, aber keine guten Werke vollbringen. Die Myrte duftet, schmeckt aber nicht. Das sind also Juden, die Gutes tun, aber keine weiteren Kenntnisse der Thora haben. Und schließlich die Weide. Sie duftet nicht, sie schmeckt nicht. Die Analogie, welche Art von Juden gemeint sind, dürfte klar sein.

Hoschana-Rabba, Schemini Azeret, Simchat Thora

Sukkot endet mit dem Hoschana-Rabba-Fest. Hier finden sich Anklänge an den einstigen Priester-Umzug. In der einen Hand die Thora, in der anderen den Lulav, umrundet man siebenmal den Innenraum der Synagoge und spricht »Hoschanot«, Hosianna, Bittgebete, für das begonnene Jahr. Schließlich werden die Zweige wie einst in Jerusalem auf den Boden geschlagen, bis alle Blätter abgefallen sind.

Doch die Festlichkeiten sind noch nicht zu Ende. An Hoschana Rabba schließt sich Schemini Azeret an, ein achter Feiertag. An diesem Tag liest man das Buch »Kohelet« und den »Prediger Salomo«. Und man bittet um Regen – selbst wenn es in Strömen schüttet. Warum, dürfte inzwischen klar sein! Und wie an Jom Kippur, so wird auch an Schemini Azeret ein Jiskor-Gebet, ein Totengebet, nach dem Morgengebet eingeschoben, ebenso wie auch am letzten Tag von Pessach und an Schawuot. Viermal jährlich gedenkt man der Toten gemeinsam, am Jahrzeittag des jeweiligen Toten dann individuell im Rahmen der Totengebete und ganz persönlich.

Und dann kommt nach Schemini Azeret »Simchat Thora«,

häufig übersetzt als »Gesetzesfreude«, besser vielleicht ist »Freude über die Thora«. Schon an Schemini Azeret hat man Freudentänze in der Synagoge aufgeführt, jetzt, an Simchat Thora, gibt es nur noch Freude und Tanz – ganz ohne Totengedenken.

Man feiert das Ende des Jahreszyklus der Thoralesung. Die Thora, die »Fünf Bücher Moses«, sind in Wochenabschnitte unterteilt, und jede Woche, am Montag, Donnerstag und Samstag, wird aus der Thora gelesen, so dass man nach einem Jahr einmal »durch« ist und sofort wieder von vorne beginnen kann. Denn die Weisheit der Thora ist unendlich. Immer wieder wird man neue Offenbarungen in ihr finden. Die eigene Entwicklung, das Älterwerden, die Erfahrungen, die man in seinem Leben sammelt, lassen immer neue Einsichten zu. Was sich in einem Jahr noch als mystisches Geheimnis dargestellt hat, kann schon im nächsten Jahr als Offenbarung begriffen werden.

Zur Feier dieses Zyklus werden sämtliche Thora-Rollen, die eine Synagoge in ihrem »Aron haKodesch«, ihrem Thoraschrank an der Ostwand der Synagoge, aufbewahrt, herausgenommen. Das können vier oder fünf, aber auch zehn, zwanzig und mehr Schriftrollen sein. Gemeindemitglieder werden aufgerufen, eine Thora in den Arm zu nehmen und damit in den so genannten Hakafot, den Umzügen, mit den schweren Rollen durch die Synagoge zu tanzen, ausgelassen zu singen und zu hüpfen. Man begeht am Abend und am Tag, während des Gottesdienstes, jeweils sieben Hakafot, wobei eine Hakafa unterschiedlich lange dauern kann, je nachdem, wie viel Ausdauer, Freude und Spaß die jeweiligen Träger der Thorarollen haben. Ist eine Hakafa beendet, werden neue Gemeindemitglieder aufgerufen, um die Thorarollen zu nehmen und dann wiederum in der Synagoge herumzutanzen.

In Israel ist es ganz selbstverständlich, die Hakafot auf den Straßen, um die Synagoge herum, zu begehen. In der Diaspora war das über fast zwei Jahrtausende hinweg lebensgefährlich, doch inzwischen hat es sich in den großen jüdischen Zentren der Welt eingebürgert, die Synagogen für die Hakafot zu verlassen und ebenfalls im Freien zu tanzen und zu singen.

In New York werden an diesem Tag ganze Straßenzüge für den Verkehr gesperrt, auch in Paris ist dieser Brauch längst wieder Tradition, ebenso in London. Und erst kürzlich, vor einigen Jahren, konnte der Rabbiner von Prag seine Gemeinde überreden, vor die Altneuschul, die älteste noch existierende Synagoge Europas, zu ziehen und unter freiem Himmel die Freude über das Wort Gottes auszudrücken.

Viele nichtjüdische Nachbarn und Touristen finden großes Gefallen an diesen Umzügen, ist es für sie doch eine einmalige Gelegenheit, etwas vom lebendigen Judentum mitzubekommen und das Judentum nicht immer nur mit dem Holocaust zu assoziieren. Bei uns in Deutschland ist dieser Brauch leider noch keine Alltäglichkeit. Es gibt nach wie vor zu viele Bedenken. Leider offensichtlich zu Recht.

Sind diese Umzüge vorbei, kommt schließlich der liturgische Teil des Feiertags zu seinem Recht. Die Thorarollen werden an verschiedene Stellen der Synagoge gebracht und geöffnet. Alle Gemeindemitglieder werden parallel, in mehreren Lesungen, die jetzt nebeneinanderher laufen, aufgerufen, damit sie den Segensspruch über die Thora sprechen können und die Vorleser den letzten Abschnitt des fünften Buches Moses zu Ende lesen können. Dann wird die Thora unter großem Jubel wieder an ihren Anfang gerollt, und mit der Lesung wird wieder von vorn begonnen: »Im Anfang schuf Gott den Himmel und die Erde. Die Erde aber war bloß und bar, und Dunkel lag über dem Grund, und Gottes Windhauch wehte über die Wasser …«

Vor allem Kinder ruft man bei dieser Gelegenheit auf. Sie sind sowieso der Mittelpunkt der Gemeinschaftsfeier. Am Abend von Simchat Thora erhalten sie Fahnen mit Kerzen und einem so genannten Pecklech, einem kleinen Päckchen mit Süßigkeiten, Nüssen und Obst. So soll ihnen die Süße der Thora beigebracht werden. Und viele der Kleinsten haben winzig kleine Kinderthoras, die sie vor den Erwachsenen bei den Hakafot herumtragen, ebenso fröhlich und stolz singend und tanzend wie ihre Väter.

Und so endet die Zeit der Hohen Herbstfeiertage. Mit viel Freude und mit dem erneuten Beginn einer Lesung der gesamten Thora. Die Introspektion, die Reflexion, die Umkehr hat stattgefunden. Das neue Jahr hat begonnen. Draußen wartet das Leben mit all seinen Überraschungen.

Feiern Juden Weihnachten?

Wenn draußen leise der Schnee rieselt, die Menschen durch die matschigen Straßen eilen, um noch schnell Geschenke für ihre Liebsten zu kaufen, wenn die Tannenbäume daheim von der ganzen Familie prächtig geschmückt werden und viele Gänse ihr Leben lassen müssen, um einen prächtigen Festtagsbraten abzugeben, bleiben Juden, scheinbar, abseits. Denn wir feiern nicht die Geburt Jesu. Jesus ist für uns weder Gottes Sohn noch der Heiland, Jesus ist für uns nichts anderes als – ein Jude. Denn das war er, genauso wie ich, wie wir alle. Ein revolutionärer Jude vielleicht, dem das satte Priestertum des Tempels seiner Zeit auf die Nerven ging, der sah, dass die Priesterschaft nicht mehr Gott, sondern ihren eigenen materialistischen Bedürfnissen diente.

Jesus war ein gottesfürchtiger Jude, der selbst in seiner »revolutionären« Bergpredigt nichts wirklich Revolutionäres von sich gab – er erinnerte einfach nur an die grundlegenden ethischen Gedanken des Judentums. »Liebe deinen Nächsten wie dich selbst!«, dieses Wort Jesu ist ein Zitat aus der Thora. Und wenn Antisemiten und Gegner des Judentums noch tausendmal den Unterschied zwischen Judentum und Christentum mit diesem Satz zu belegen versuchen, wenn sie noch tausendmal betonen, der Gott des »Alten Testaments« sei ein rachsüchtiger Gott, der Gott des »Neuen Testaments« dagegen ein liebender, sie haben nicht Recht und beweisen lediglich, dass sie die jüdische Bibel nicht kennen, zu der Jesus, wie bekannt sein müsste, kein Jota hinzufügen oder wegnehmen wollte. Und sie scheinen auch ihre eigene Glaubensgeschichte nicht zu kennen, denn nicht Jesus, sondern Paulus hat das Christentum »geschaffen«.

Wir feiern nicht Weihnachten, weil Jesus eine wichtige Voraussetzung für uns Juden nicht erfüllt: Er ist nicht der Messias, auf den wir inbrünstig immer noch warten. Er ist für uns nicht der Erlöser, für den die Christen ihn halten. Unsere Schriften sagen klar, was geschieht, wenn der Messias endlich kommt. Dass Zicklein und Wolf nebeneinander friedlich lagern werden, dass die Schwerter zu Pflugscharen umgeschmiedet werden, zum Beispiel. Doch wenn ich mir in diesem Augenblick die Welt anschaue, mit all ihren Kriegen und Konflikten in Nordirland, in Israel, im Irak, in Afghanistan, Nordirland, in Nordkorea, Kaschmir und in vielen, vielen anderen Ländern, dann hat sich die Prophezeiung aus jüdischer Sicht noch lange nicht erfüllt.

Und: Der Messias wird den Beit haMikdasch, das jüdische Heiligtum, den Dritten Tempel in Jerusalem, wieder aufbauen. Auch davon sind wir noch sehr weit entfernt. Einstweilen glänzen auf dem Tempelberg die Kuppeln des Felsendomes und der Al-Aksa-Moschee, und das wird wohl noch lange so bleiben. Jesus, der Messias? Nicht für uns. Und daher feiern wir auch nicht Weihnachten.

Dass wir gern auch unsere Witzchen über Jesus, den Messias, machen, ist wohl verständlich. Wir mussten unter seinem Leidenszeichen, dem Kreuz, so sehr leiden, die Kirche hat das Leben von Millionen von Juden auf dem Gewissen, sie ist eine so starke irdische Macht gewesen, dass uns, als Minderheit, wieder einmal nur der Humor blieb, etwa so:

> Ein Jude eilt weinend in die Synagoge. Dort lamentiert und weint er ununterbrochen, schlägt sich an die Brust, rauft sich sein Haar und schreit: »Gott, Gott, mein Sohn hat sich taufen lassen, er ist zum Christentum übergetreten!«

Plötzlich hört er eine dunkle Stimme von ganz oben, eine schreiende, weinende, verzweifelte Stimme: »Mein Sohn auch!«
»Und, was hast Du getan?«, fragt der verzweifelte Jude seinen verzweifelten Gott. Und wieder ertönt die Stimme Gottes:
»Ich habe ein neues Testament geschrieben!«

Oder:

Ein Jude betritt eine Kirche, setzt sich vorne auf eine Bank und betrachtet neugierig den Altar mit dem Kreuz. Nach einer Weile kommt ein Priester auf ihn zu: »Es tut mir sehr Leid. Wir haben bald Gottesdienst. Juden haben hier keinen Zutritt, würden sie bitte die Kirche verlassen?« Der Jude würdigt den Priester keines Blickes, geht vor zum Altar, schaut hoch zum Kreuz und sagt nur: »Komm Jeshua, wir müssen gehen!«

Chanukkah

Wir feiern also nicht Weihnachten. Dennoch müssen unsere Kinder nicht neidisch sein auf ihre christlichen Freunde, denn auch wir haben ein Lichterfest. Es ist stiller, weniger pompös, aber doch voller Würde und – auch voller Geschenke für unsere Jüngsten. Das Fest heißt Chanukkah, was auf Hebräisch soviel wie »Weihe« bedeutet. Es ist ein nachbiblisches Fest und basiert auf einem historischen Ereignis, das tatsächlich geschehen ist.

Alexander der Große hatte mit seinem Sieg bei Issos (333 v.d.Z.) den östlichen Mittelmeerraum erobert und damit auch Israel. Unter seiner Herrschaft ging es der jüdischen Bevölkerung sehr gut, und das sollte sich auch nach seinem Tod zunächst nicht ändern. Als er zehn Jahre später starb, wurde das Makedonische Reich aufgeteilt. Die ägyptischen Ptolemäer wurden die neuen Herrscher über Israel, und auch sie respektierten die kulturelle und religiöse Autonomie der Juden, die Hohepriester durften weiter ihres Amtes walten. Doch als die syrischen Seleukiden, ebenfalls hellenisiert, Israel eroberten, änderte sich alles.

König Antiochus III. hatte einen Vielvölkerstaat unter sich, und so versuchte er, den Hellenismus überall gewalttätig durchzusetzen, um seinem Staat eine Einheit zu verleihen. Unter seiner Herrschaft begann die Hellenisierung Israels, die sich nicht nur durch zahlreiche Bauten wie Tempel und Sportstätten bemerkbar machte, sondern auch durch Philosophenschulen, die im ganzen Land entstanden. Die jüdische Bevölkerung war zweigeteilt: Die Patrizier und die Handelselite waren gerne bereit, die hellenistische Kultur mehr oder weniger anzunehmen, die gläubige Landbevölkerung weigerte sich massiv und blieb dem Glauben der Vorväter ohne Wenn und Aber treu.

Unter Antiochus Epiphanes IV. wurde die Hellenisierungspolitik Israels noch heftiger und radikaler als unter seinem Vorgänger. Er machte Menelaos, einen Hellenisten, zum neuen Hohepriester des Tempels, schlimmer noch, er ließ den Tempelschatz plündern, als seine Kassen durch die zahlreichen Kriege, die er geführt hatte, leer geworden waren. Dies war eine eindeutige Entweihung des Tempels, und die jüdischen Traditionalisten tobten vor Wut.

Doch es kam noch schlimmer: 167 v.d.Z. verbot Antiochus Epiphanes die Ausübung des jüdischen Glaubens und machte aus dem Tempel Gottes einen hellenistischen Tempel, indem er darin eine Zeus-Statue aufstellen ließ. Dies war das Signal zum Aufstand, denn nun stand das religiöse und kulturelle Überleben des Judentums auf dem Spiel. Unter Führung des Priesters Matthatiahu aus dem Haus der Hasmonäer begann ein jüdischer Guerillakrieg gegen die hellenistischen Syrer.

Nach dessen Tod übernahm sein Sohn, Jehuda haMakkabi (nach ihm sind viele jüdische Sportvereine »Makkabi« benannt), die militärische Führung. Und tatsächlich, das Unmögliche gelang: 142 v.d.Z. hatten die Hasmonäer die Seleukiden aus dem Land vertrieben. Nun konnten sie den Tempel säubern, die Zeus-Statue vernichten, das Haus Gottes wieder heiligen und dem Einen und Einzigen weihen.

Doch als die Hasmonäer den Tempel betraten, mussten sie feststellen, dass das Öl, das man zum Entzünden des großen Leuchters, der Menorah, benötigte, entweiht worden war. Nur ein kleiner Krug mit Öl war noch mit dem Zeichen des letzten Hohepriesters vor Beginn der Hellenisierung versiegelt. Es war genau die Menge, die für einen Tag reichte. Bis zur Herstellung von neuem, geweihtem und reinem Olivenöl bedurfte es acht Tage. Dennoch entschieden sich die Hasmonäer, die Menorah sofort anzuzünden.

Und nun geschah das Wunder: Der Leuchter brannte mit dem wenigen Öl genau die acht Tage, bis neues Öl hergestellt war und zum Tempel gebracht wurde.

An dieses Wunder erinnert Chanukkah. Das Fest beginnt nach dem jüdischen Kalender am 25. Kislew und dauert, klar, acht Tage. Der jüdische Monat Kislew fällt nach dem gebräuchlichen Kalender in die Zeit des späten November bis hinein in den Dezember, so dass Chanukkah und Weihnachten in unmittelbarer zeitlicher Nähe zueinander liegen.

Es gibt nur wenige Rituale für Chanukkah. Im Zentrum steht die so genannte Chanukkiah, ein Leuchter mit acht Armen und einem Zusatzarm, auf dem der so genannte Schammasch, die »Diener«-Kerze steht. Mit ihr wird jeden Abend von Chanukkah jeweils eine Kerze mehr angezündet. Also brennt am ersten Abend eine Kerze + Schammasch, am zweiten Abend zwei Kerzen + Schammasch und so weiter. Die Kerzen werden von rechts nach links – so wie man auch Hebräisch liest – aufgestellt, man zündet sie jedoch von links nach rechts an, also die jeweils neue Kerze, die für den neuen Tag steht, als erstes.

Dazu spricht man Segenssprüche, mit denen man Gott dafür dankt, dass er uns mit seinen Wundern beschenkt und uns immer wieder aus Gefahr und Not errettet.

Die Chanukkiah, so haben es die Rabbinen entschieden, wird an ein Fenster gestellt, damit sie vor der Welt draußen die Wunder Gottes bezeugen kann. Nur in Zeiten der Gefahr ist es erlaubt, die Channukiah in der Mitte eines Raums aufzustellen und anzuzünden. Man muss schließlich seine Verfolger nicht buchstäblich beleuchten.

Die Kerzen werden jeweils abends entzündet. Für die Kinder ist das immer sehr aufregend. Man betet und singt dann gemeinsam, die Kinder bekommen am ersten Abend auch Geschenke, man isst traditionell Lattkes oder Sufganiot. Lattkes sind Kartoffelpuffer – vor allem in osteuropäischen Familien sind sie die traditionelle Speise an Chanukkah, in Israel isst man lieber Sufganiot, Krapfen. Beiden Speisen ist gemein, dass sie sehr fett sind – dieses Fett soll an das Öl erinnern, das man im Tempel gefunden hat. Mit den Kindern setzt man sich anschließend an den Tisch und spielt Dreidel, oder wie man in Jiddisch sagt: Trendel.

Der Trendel ist ein kleiner Kreisel mir vier Seitenflächen, auf dem die Anfangsbuchstaben eines hebräischen Satzes stehen: »**N**ess **G**adol **H**ajah **S**cham«. Der Spieleinsatz sind meist Nüsse. Man dreht den Kreisel, und fällt er auf das N, dann heißt das »Nichts«, man darf also den Einsatz aller nicht nehmen, bei G nimmt man das Ganze, bei H die Hälfte und bei SCH »stellt man ein«, man muss also einen zusätzlichen Einsatz in die Mitte legen. Natürlich werden die Buchstaben mit ihrer Bedeutung je nach Land und Sprache unterschiedlich interpretiert.

In Israel heißt der Satz: »Ness Gadol Hajah Poh« – ein großes Wunder geschah hier!

Die Tradition des Kreiselspiels geht zurück auf das Verbot der Seleukiden, den jüdischen Glauben auszuüben. In den Jeschiwot, den Talmudschulen, wurden die Heiligen Schriften dennoch studiert, bei einer Razzia oder beim Vorbeigehen einer Patrouille hat man sie versteckt und die Kreisel zum Spielen herausgeholt, damit jene nicht merken, was die jüdische Gruppe in Wirklichkeit tut.

Chanukkah ist eigentlich nur ein »kleines Fest«, ohne Arbeitsverbot. Doch vor allem seit der Entstehung des Staates Israel hat es eine besondere Bedeutung erhalten. Selbst viele nichtreligiöse Juden feiern das Lichterfest, weil heute weniger der religiöse Aspekt des göttlichen Wunders im Mittelpunkt steht, als vielmehr der erfolgreiche nationale Aufstand gegen Fremdherrschaft und Unterdrückung und die Wiederherstellung der jüdischen Eigenstaatlichkeit.

Es war das letzte Mal übrigens, das ein jüdischer Staat existierte bis, ja, bis zur Gründung Israels 1948. Denn jener von den Hasmonäern wiederhergestellte Staat ging schließlich mit der Zerstörung des Tempels durch die Römer im Jahre 70 d.Z. endgültig unter.

Chanukkah ist also heute für viele Juden eine Art Nationalfeiertag, ein »Independence Day«. Er darf aber nicht verwechselt werden mit dem Jom Haatzmaut, dem Unabhängigkeitstag, der in Israel im Mai, zum Zeitpunkt der Staatsgründung, seit 1948 gefeiert wird.

Was ist jüdischer Karneval?

Wer in seiner Stadt im Frühjahr an einer Synagoge vorbeikommt, kann – nach dem jüdischen Kalender – am 14. Adar etwas ganz Eigenartiges sehen: Kleine Kinder, verkleidet als Prinzessinnen, Könige oder orientalische Sultane, stolzieren neben ihren Eltern in das jüdische Gotteshaus. Nanu, ist denn Karneval oder Fasching, fragt sich der nichtjüdische Beobachter verwundert. Und muss verneinen. Und versteht nun gar nichts mehr. Und begreift erst recht nicht, wieso die Juden ihre Kinder so verkleidet in ein Gotteshaus zum Gebet mitnehmen.

Purim

Es ist »jüdischer Karneval«, oder, um in einer etwas religiöseren Terminologie zu bleiben, es ist Purim. Purim ist ein spätbiblisches Fest, ebenso wie Chanukkah, es wird nicht in der Thora erwähnt, da sein Ursprung in der Zeit nach der babylonischen Gefangenschaft liegt. Es ist ein Fest, kein wirklicher Feiertag mit verbindlicher Arbeitsruhe. Ein Fest mit Ausgelassenheit, Freude, Lachen und Glück, und tatsächlich gibt uns Juden die Geschichte von Purim allen Grund zur Freude. Sie ist festgehalten in der »Megillath Esther«, der »Esther-Rolle«, die erst spät dem Kanon der Heiligen Schriften beigefügt wurde, obwohl sie zwei Besonderheiten aufweist, die die Rabbinen lange haben zögern lassen, ob man sie nun den Heiligen Schriften zurechnen soll oder nicht: Der Name Gottes wird in dem ganzen Text kein einziges Mal erwähnt, und auch das Land Israel »findet nicht statt«: Die Geschichte spielt in Persien. Dass die Rabbinen sich letztendlich doch entschieden, die Megillah der Hebräischen Bibel zuzurechnen, hat mit ihrem Symbolgehalt zu tun, der Geschichte von der wundersamen Errettung des jüdischen Volkes vor seinen Feinden in der Diaspora.

Die Geschichte ist schnell erzählt:

Am Hofe des persischen Königs Ahasveros (König Xerxes 485–465 v. d. Z.) in Susa steht ein Jude namens Mordechai in Diensten, der zu denen gehört, die aus Israel in die babylonische Gefangenschaft verschleppt wurden. Er hat eine wunderschöne Adoptivtochter namens Esther.

Bei einem Gelage an seinem Hof befiehlt König Ahasveros, der zu diesem Zeitpunkt bereits reichlich getrunken hat, seiner Frau Washti, den Gästen ihre Schönheit vorzuführen. Sie jedoch weigert sich, woraufhin sie vom König verbannt wird. Ahasveros sucht sich nun eine neue Frau, und seine Wahl fällt auf Esther, in die er sich hoffnungslos verliebt. Esther wird seine Frau, befolgt aber Mordechais Warnung, sich nicht als Jüdin zu erkennen zu geben.

Zur selben Zeit macht der König einen gewissen Haman zum zweiten Mann in seinem Reich. Alle Diener am Hof müssen vor ihm niederknien, doch Mordechai als Einziger weigert sich. Haman ist außer sich vor Wut und beschließt, alle Juden im Reich töten zu lassen. Nur wann?

Am persischen Neujahr pflegt der König gewöhnlich ein Los (»Pur« – daher: Purim) zu werfen, um etwas über das neue Jahr zu erfahren. Das Los fällt auf den 13. Adar. Das soll der Tag der Ausrottung des jüdischen Volkes in Persien werden. Mordechai, der von diesen Plänen erfährt, bittet seine Adoptivtochter dringend, beim König vorstellig zu werden. Esther will dies tun, bittet aber ihre Glaubensbrüder und -schwestern, gemeinsam mit ihr zu fasten, damit das Unternehmen gelinge.

Sie geht zum König, obwohl dies unangemeldet am Hof nicht erlaubt ist. Doch Ahasveros liebt seine neue Frau so sehr, dass er ihr einen Wunsch freigibt. Daraufhin bittet sie ihn, am nächsten Tag zusammen mit Haman zu ihr zu einem Essen zu kommen. Dabei würde sie ihm ihren Wunsch verraten.

Bei jenem Essen kommt es zum »Show-down«: Esther gibt sich als Jüdin zu erkennen und erzählt dem König von Hamans Plänen. Ahasveros tobt. Haman wird an eben jenem Galgen aufgehängt, den er für Mordechai vorgesehen hatte.

Zugleich erhalten die Juden das Recht auf Selbstverteidigung und Widerstand und bringen daraufhin im ganzen Land jeden um, der an den Vorbereitungen zum Massenmord teilgenommen hat, allein in der Residenzstadt Susa sind es 800 Männer. Ein einziges Mal in der Diaspora konnten sie sich selber retten. Ende gut, alles gut.

Wen wundert's, dass im jüdischen Kalender dieser Tag ganz besonders ausgelassen gefeiert wird? Die wundersame Errettung des jüdischen Volkes – das ist wahrlich keine Selbstverständlichkeit in unserer Geschichte, die so oft eine Geschichte von Vorurteilen, Hass, Verfolgung und Vernichtung ist. Allerdings wurden wir als Volk immer wieder gerettet, selbst nach dem Holocaust. Ich betone: als Volk, nicht als Individuen. Doch wer bedenkt, wie viele Verfolgungen die »Kinder Israel« letztendlich überstanden haben, dass nach Auschwitz sogar ein jüdischer Staat entstanden ist, der wird diese immer wiederkehrende Errettung wie ein Wunder sehen.

Von diesem Wunder zeugt die Esther-Geschichte. Denn ob sie der Wahrheit entspricht, ob sie wirklich historisch ist, das bezweifeln einige nichtjüdische Bibelforscher. Nachweislich hatte Xerxes nie eine Frau namens Washti und ebenso wenig eine jüdische Ehefrau. Er hätte eine Jüdin gar nicht heiraten dürfen, denn er musste sich ja »standesgemäß« verehelichen, und dafür kamen nur einige wenige Familien im Reich in Frage. Doch diese Zweifel sind nicht wirklich wichtig. Die Geschichte symbolisiert den ewigen Kampf Israels gegen seine Feinde in der Welt, und sie zeugt von Hoffnung, Glaube und Wunder.

Wie aber feiert man nun Purim? Am Tag vor Beginn des Festes gibt es tatsächlich das so genannte Taanit Esther, Fasten Esther, in Erinnerung an das Fasten der Juden, um das Esther sie gebeten hat, damit ihre Pläne gelingen.

In aschkenasischen Kreisen hat man dieses Fasten selten wirklich ernst genommen, in sefardischen Regionen, vor allem bei den persischen Juden, wurde Taanit Esther aber strikt eingehalten.

Am Abend von Purim wird die Esther-Rolle im Laufe des normalen Abendgebetes öffentlich vorgelesen. Dabei allerdings verwandelt sich die Synagoge kurzzeitig in eine tosende Arena. Denn jedes Mal, wenn der Name Haman in der Rolle erwähnt wird, beginnt in der Synagoge ein irrsinniger Lärm. Mit Rasseln und Knarren machen die Kinder voller Begeisterung Krach, und auch die Erwachsenen stampfen mit den Füßen oder schlagen auf die Tische, um so die Verachtung für Haman und damit symbolisch für alle Judenhasser auszudrücken. Für die Kinder ist das natürlich ein herrlicher Spaß.

Doch auch für die Erwachsenen ist Purim etwas Besonderes. Anders als bei den Muslimen ist uns Juden das Trinken von Alkohol durchaus erlaubt bei einigen festlichen Anlässen, am Schabbat, an Pessach ist der Weingenuss sogar Religionsgesetz, allerdings in Maßen. Trunkenheit ist verpönt, sie wird als gojisch, also als nichtjüdisch betrachtet. Doch an Purim dürfen wir, ja sollen wir trinken, bis wir »Verflucht sei Haman« nicht mehr von »Gesegnet sei Mordechai« unterscheiden können, wie der Talmud schreibt.

Vor dem Purimfest ist es Tradition, Bekannten, Freunden oder den Armen kleine Päckchen mit Süßigkeiten und Speisen, Mischloach Manot genannt, zu beschenken, wie es in der Esther-Rolle heißt:

> »Dann schrieb Mordechai diese Dinge nieder und schickte Briefe an alle Jehudäer in allen Provinzen des Königs Ahaschwerosch, die nahen und die fernen, um ihnen festzusetzen, dass sie begingen den vierzehnten Tag des Monats Adar und den fünfzehnten Tag darin, Jahr für Jahr, gleich den Tagen, an denen die Jehudäer Ruhe bekamen von ihren Feinden, und den Monat, der sich ihnen wandelte von Kummer zur Freude und von Trauer zum Festtag, dass sie sie zu Tagen des Mahls und der Freude, der Sendung von Gaben aneinander und von Geschenken für die Armen machen.« (Esther 9, 20–22)

Zu den kulinarischen Spezialitäten an Purim gehören die Haman-Taschen: Kleine, dreieckige Hefeteigstücke, mit Mohn, Nüssen oder Marmelade gefüllt.

Damit sind die Vorschriften für Purim eigentlich schon vorgestellt. Nachdem die Megillah beim Abendgebet vorgelesen wurde, wiederholt man dies am nächsten Tag beim Morgengebet, um der Verpflichtung nachzukommen, die Esther-Geschichte zweimal zu hören.

Jetzt ist sicher verständlich, warum die Kinder am Abend von Purim verkleidet in die Synagoge kommen. Es wird einfach nur gefeiert, und da dürfen die Kleinen sich entsprechend austoben. Klar, dass sie lieber Königin Esther oder Mordechai sein wollen, ja, auch König Ahasveros, aber ganz selten möchte ein jüdisches Kind Haman verkörpern.

Inzwischen hat es sich eingebürgert, dass die Kinder auch alle möglichen anderen Fantasiekostüme tragen, das kann man auf den Straßen Israels jedes Jahr sehen. Die Tradition, sich zu verkleiden, stammt mit ziemlicher Sicherheit vom europäischen Karneval ab und wird bei uns seit dem Mittelalter zelebriert. An Purim ist es auch früher üblich gewesen, so genannte Purimspiele aufzuführen: einfache Stegreifstücke, Schwänke, in denen die Esther-Geschichte von Laien nachgespielt wird. Später wurden diese ersten jüdischen Theaterstücke aufgeschrieben, und man entwickelte auch andere Stoffe, die mit der Errettung des jüdischen Volkes zu tun haben. Diese Spiele sind die Vorläufer des jiddischen Theaters, das schließlich im 18. und 19. Jahrhundert in Osteuropa entstand und später in den USA riesige Erfolge feierte. Es handelte sich überwiegend um Komödien mit Couplets, Vaudeville-Stücke, Dramolette und Operetten. Erst später entstanden auch seriöse Dramen und Musicals.

Unmittelbar nach Purim gibt es einen weiteren kleinen Feiertag, am 15. Adar, der Schuschan-Purim heißt. Nur wenige Juden wissen, was es mit diesem Tag auf sich hat. Susa, die Stadt, in der König Ahasveros residierte, heißt auf Hebräisch Schuschan. Und es wurde bestimmt, dass diejenigen Städte, die seit den Zeiten Josuas eine Stadtmauer haben, so wie Susa, Purim am 15. Adar feiern sollen. Zu diesen Städten gehören heute natürlich Jerusalem und – man staune – Prag! Dort wird bis heute Purim nicht am 14., sondern am 15. Adar begangen.

Wie aktuell die Purim-Geschichte ist, konnten Juden das letzte Mal 1991 erleben. Während des ersten Golfkrieges griff Saddam Hussein Israel mit fast 40 Scud-Raketen an. Keiner wusste, ob nicht einer der Sprengköpfe mit Giftgas gefüllt war. Hilflos saßen die Israelis in ihren abgedichteten Räumen und warteten Nacht für Nacht auf die Raketen aus Babylon. Zum Glück ist Israel nicht mit Giftgas angegriffen worden. Für viele war es damals jedoch bezeichnend, dass der Golfkrieg ausgerechnet an Purim zu Ende ging. Auf den

Straßen von Tel Aviv und Jerusalem und Haifa wurde die Esther-Geschichte damals mit besonderer Freude und Begeisterung gefeiert. Es war, als ob wieder einmal das Schicksal das Szenario bestimmt, gelenkt und geleitet hatte. Gläubige Juden nennen das Schicksal gern: Gott.

Ist Mazze jüdisches Knäckebrot?

Einmal im Jahr, acht Tage lang, essen Juden ein ganz spezielles Brot, Mazza, auch Mazze genannt (Plural: Mazzot, auf Jiddisch: Mazzes). Um dieses Brot ranken sich seit Urzeiten allerlei dunkle Gerüchte. Im Mittelalter hieß es, Juden würden zum Backen dieses besonderen Brotes das Blut eines christlichen Kindes benötigen. Oft wurden Kinder plötzlich als »vermisst« oder bereits gestorbene Kinder als von Juden ermordet erklärt, um den Mob auf die Straße zu bringen. Die religiöse oder politische Obrigkeit benutzte das Ventil des Judenhasses gerne, um von eigenen Verfehlungen oder Problemen abzulenken.

Und so zog der Mob einer Stadt oder eines Dorfes los. Mit lautem Gebrüll, mit Waffen oder mit nackten Fäusten stürmte man das jüdische Viertel und zerstörte alles, dessen man habhaft werden konnte. Und viele Juden mussten ihr Leben lassen, weil Christen behaupteten, Juden bräuchten Christenblut für ihre Mazzot. Dabei wussten die Kirchenväter ganz genau, dass der Genuss von Blut im Judentum strengstens untersagt ist, worauf ich schon an mehreren Stellen eingegangen bin.

Heute weiß natürlich jeder, dass dieses Gerücht eine bösartige Lüge ist. Mazzot werden sogar in einigen deutschen Delikatessläden als ganz besonderes Knäckebrot angeboten. Auch in einigen Bioläden findet man Mazzot als diätisches Lebensmittel. Was aber sind denn nun Mazzot?

»Und Mosche sprach zum Volk: ›Gedenkt dieses Tages, an dem ihr aus Mizraim [Ägypten] gezogen seid, aus dem Sklavenhaus, dass mit starker Hand euch der Ewige von hier herausgeführt, und nicht soll Gesäuertes gegessen werden. Heute zieht ihr aus, im Ährenmonat. Und sein soll es, wenn der Ewige dich bringt in das Land des Kenaani, Hitti, Emori, Hiwwi und Jebusi, das dir zu geben er deinen Vätern zugeschworen, ein Land, das von Milch und Honig fließt, so sollst du diesen Kult üben in diesem Monat. Sieben Tage sollst du ungesäuertes Brot essen, und am siebenten Tag ist ein Fest dem Ewigen. Ungesäuertes Brot soll gegessen werden diese sieben Tage; und es soll bei dir nichts Gesäuertes gesehen werden, und es soll bei dir kein Sauerteig gesehen werden in deinem ganzen Gebiet. Und du sollst deinem Sohn an jenem Tag erzählen und sprechen: ›Um deswillen hat es der Ewige an mir getan, als ich aus Mizraim zog.‹« (Ex. 13, 3–9)

Nach der Thora ist Pessach der erste Feiertag des religiösen Jahreszyklus. Vielleicht ist er auch der wichtigste Feiertag für uns Juden. Mit der Geschichte vom Auszug aus Ägypten wird der Grundstein für die Nationenbildung der Juden gelegt. Im Grunde beginnt die Geschichte der jüdischen Nation hier, nicht mit den Stammvätern.

Pessach

Was alles geschah, muss ich hier nicht noch einmal erzählen, das dürfte auch aus anderen Kapiteln dieses Buches schon jedem Leser bekannt sein: Die Unterdrückung der Juden in Ägypten durch den Pharao, der sie zwang, als Sklaven zu leben und zu arbeiten.

Und dann kam Moses im Auftrag Gottes zu dem Pharao und sagte: »Lass mein Volk ziehen!« Doch der Pharao verweigerte die Freilassung der Juden. Wie schon erzählt, zehn Plagen musste Gott über Ägypten kommen lassen, bis dem Pharao angst und bange wurde und er endlich das Volk Gottes ziehen ließ.

> »Da berief Mosche alle Ältesten Jisraels und sprach zu ihnen: ›Greift zu und nehmt euch ein Schaf für eure Familien und schlachtet das Pessah. Und nehmt einen Bund Ysop und taucht ihn in das Blut, das im Becken ist, und bringt von dem Blut, das im Becken ist, an die Oberschwelle und an die beiden Pfosten. Ihr aber, keiner von euch gehe hinaus aus der Tür seines Hauses, bis zum Morgen.« (Ex. 12, 21–22)

Die Botschaft von Pessach, »Vorbereitung«, ist klar und eindeutig:

Die Juden lebten 400 Jahre als Sklaven in Ägypten. Gott hörte ihre Klagen, erbarmte sich seines Volkes, erinnerte sich an den Bund, den er mit Abraham, Isaak und Jakob geschlossen hatte, und führte das Volk mit Hilfe des Moses hinaus aus der Sklaverei in die Freiheit, wo es in Zukunft als Nation in einem eigenen Land nach den Statuten Gottes als sein auserwähltes Volk leben sollte. Gott ist der Eine und Einzige, sich ihm anzuvertrauen ist die Aufgabe des jüdischen Volkes. Seiner Allmacht zu vertrauen ist der einzig richtige Weg zur Erlösung, denn es gibt keine Macht, die größer ist als die des Einen und Einzigen. Seine Macht hat das jüdische Volk zu einer großen und starken Nation werden lassen.

Der gesamte Feiertag steht im Zeichen dieser Geschichte. Pessach wird in der jüdischen Tradion auch »Chag haMatzot«, das Fest des ungesäuerten Brotes, »Sman heruteinu«, die Zeit unserer Freiheit, genannt.

Nichts Gesäuertes darf an Pessach gegessen werden, nichts Gesäuertes darf sich an Pessach in einem jüdischen

Haus befinden. Darum beginnt schon einige Zeit vorher eine Art Großreinemachen, das in jeder Wohnung und in jeder Synagoge das Unterste zuoberst kehrt. Wen das an den traditionellen Frühjahrsputz erinnert, der liegt nicht ganz falsch. Pessach wird im Nissan gefeiert, der Monat fällt auf den April/Mai, und in allen großen Kulturen war es üblich, in dieser Zeit den Winter auszukehren.

Doch die Entfernung des Gesäuerten ist mehr als nur ein intensiver Hausputz. Als gesäuert gelten alle Speisen, die fermentiert sind oder womöglich gären können. Das Gesäuerte heißt auf Hebräisch: Chametz. Und das Verbot, Chametz zu essen, geht auf den hastigen Aufbruch des jüdischen Volkes in die Freiheit zurück. Denn als der Pharao nach der zehnten Plage Gottes Volk endlich ziehen ließ, befahl Moses allen, sich zu beeilen. Man war sich nicht sicher, ob der Pharao seine Entscheidung nicht doch wieder rückgängig machen würde, wenn er sich von dem Schock erst einmal erholt hatte (was er ja tat: er ließ seine Truppen den bereits abgezogenen Juden hinterherjagen. Doch das ägyptische Heer musste dann in den Fluten des Roten Meeres, das sich für Gottes Volk geteilt hatte, jämmerlich ertrinken).

Die Juden hatten sich auf diesen Moment vorbereitet: Man hatte sich mit Proviant versorgt, und in den Öfen wurde bereits das Brot für unterwegs gebacken. Doch dann musste es überhastet herausgenommen werden, als es noch nicht aufgegangen war, noch nicht gegärt hatte. Die Mazzot sollen an diesen Aufbruch in die Freiheit erinnern. Darum wird die Mazza auch als »Brot der Freiheit« bezeichnet. Es ist ein karges Brot, aber eben das Brot der Freiheit. Das jüdische Volk war willens, die »Fleischtöpfe Ägyptens« für die Freiheit, für ein Leben in Würde und dafür, Gott zu dienen, aufzugeben.

Es gibt aber auch eine andere Interpretation der Geschehnisse. In einem Thoraabschnitt wird das Volk bereits vor der

Abreise aufgefordert, alles Ungesäuerte zu vernichten. Demzufolge ist die Mazza auch das »Brot des Elends«, es erinnert an die Sklaverei – und wird doch zum Brot der Freiheit, weil es erst in Freiheit verzehrt wird.

Natürlich wäre Pessach und die Geschichte des Judentums nicht vollständig, wenn wir Juden uns nicht auch um den Auszug aus Ägypten in irgendeiner Form lustig gemacht hätten. Dem Auszug aus Ägypten folgte ja schließlich, nachdem wir am Berg Sinai die Thora erhielten, eine vierzigjährige Wanderung durch die Wüste, ehe wir endlich ins Gelobte Land durften. Da uns dieses Land aber nur Kümmernisse brachte – von Milch und Honig, ja nicht einmal von Öl kann da die Rede sein –, da wir dieses Land wieder verloren, dieses Land, in dem es außer Wüste und Hitze kaum etwas Nennenswertes gibt, und angesichts des nicht enden wollenden Nahostkonfliktes in moderner Zeit, suchten wir auch Zuflucht in unserem Galgenhumor. Und so lautet einer der Witze, der sich um den Auszug aus Ägypten rankt:

> Als Moses sein Volk endlich aus Ägypten herausgeführt hat und in der Wüste Sinai angekommen ist, da fragt Gott seinen Knecht:
> »Nun, Moische, wohin soll ich dich führen. Welches Land hast du für das jüdische Volk vorgesehen? Wohin möchtest du?«
> Und Moses, der bekanntermaßen, wie die Thora berichtet, stottert, beginnt:
> »A-a-also, ich will nach Ka-, nach Ka-, nach Ka-, Ka-Ka-Ka-…« – er bringt den Namen des Landes einfach nicht heraus.
> Da wird Gott ungeduldig und sagt:
> »Was, nach Kanaan willst du? Du bist völlig verrückt, was willst du in diesem schrecklichen Stückchen Land?! Aber

bitte, wenn das dein Wunsch ist, schließlich hast du meinen Worten gehorcht, du bist mein frömmster Diener, ich bringe dich und das Volk nach Kanaan.«
Damit war das Thema beendet. Leider. Moses fluchte still vor sich hin. Er wagte es nicht mehr, Gott zu widersprechen. Denn eigentlich hatte er Kalifornien gemeint.

Wie auch immer: Mazza, ein Brot, das nur aus Mehl und Wasser besteht, ist das wichtigste Symbol von Pessach. Der Verzicht auch auf andere Lebensmittel, die Chametz sind, ist nur konsequent und gibt dem Pessachfest eine ganz besondere Note. Ist es in frommen Häusern üblich, vor dem Fest sein Alltagsgeschirr auszutauschen (immerhin schon zwei, eins für fleischige, eins für milchige Gerichte) und das Pessachgeschirr aus dem Keller zu holen, natürlich auch ein milchiges und ein fleischiges. Allein die Tatsache, dass der Pessachtisch nicht mit dem Alltagsgeschirr gedeckt wird, macht ihn besonders.

Wer sich finanziell so einen Aufwand nicht leisten kann, der muss sein Alltagsgeschirr entsprechend neu »kaschern«, es erneut rituell säubern, damit es auch für Pessach benutzt werden kann.

Die Nahrungsmittel für Pessach müssen nicht nur koscher, sondern »koscher lePessach«, koscher für Pessach sein, das gilt sogar für Fleisch! Das bedeutet, dass bei der Produktion der Nahrungsmittel, auch bei der Schlachtung der Tiere, der Maschgiach, der Aufseher, zusätzlich darauf achtet, dass keinerlei Chametz, Gesäuertes, in Kontakt mit der Nahrung für das Fest gekommen ist.

Am Abend vor dem eigentlichen Pessachfest findet im Hause frommer Juden ein besonderes Ritual statt. Natürlich ist das Chametz längst entfernt worden. Doch es ist üblich, in jedem Raum kleine Bröckchen Brot hinzulegen und sie dann beim Schein einer Kerze und nach einem Segensspruch zu »suchen«, um sie in einer kleinen Tüte zu sammeln. Am nächsten Tag, also am Morgen vor Beginn des Feiertags, wird dann das Chametz traditionell verbrannt. Die Freiheit kann kommen!

Der Sederabend

Der wichtigste Moment des ganzen Festes ist der Sederabend. Seder bedeutet, wie auch das Wort für das Gebetbuch, Siddur, »Ordnung«. Wird Jom Kippur ausschließlich in der Synagoge vollzogen, so ist das Zentrum der rituellen Handlungen jetzt das eigene Heim und die Familie. Man geht selbstverständlich zum Gebet, doch die ganz besonderen Rituale finden am ersten Abend (in der Diaspora an den ersten beiden Abenden) daheim statt, am Sedertisch.

Hier wird des Auszugs aus Ägypten in besonderer Weise gedacht: In einer genauen Abfolge werden bestimmte rituelle Speisen verzehrt und die Geschichte vom Auszug aus Ägypten gelesen. Die Geschichte ist für diesen Abend in einem eigenen Buch zusammengefasst, der Haggada. Sie enthält nicht nur die »Story«, den »Plot«, denn dann könnte man ja einfach die Passagen aus der Thora vorlesen, sondern auch zahlreiche Kommentare, Erläuterungen, Gebete und populäre Lieder zu diesem besonderen Ereignis.

Der Tisch ist festlich gedeckt. Vor dem Baal-haBait, dem Hausherrn, der üblicherweise den Seder anführt und vollzieht, liegen, eingehüllt in eine schöne Decke mit drei Fächern im Inneren, drei Mazzot. Sie symbolisieren die drei gesellschaftlichen Klassen von Juden, die es gibt: Das einfache Volk, Israel genannt, die Leviten und die Kohanim, die Priester. Daneben steht ein so genannter Pessach- oder Sederteller mit einigen Vertiefungen, in denen sich folgende Zutaten befinden:

1. Seroa – ein Stück gegrillter Fleischknochen. Er ist das Symbol für das einstige Pessachopfer im Tempel und das Symbol für den »starken Arm«, mit dem Gott sein Volk aus Mizraim geführt hat.
2. Charosset: ein köstlich schmeckender Brei aus Nüssen, Äpfeln und Wein. Nach sefardischen Rezepten werden auch Datteln und andere nahöstliche Früchte beigemischt. Der Charosset sieht aus wie Mörtel und soll an die Sklavenarbeit erinnern.
3. Maror oder »Bitterkraut«. Das kann Petersilie oder Radieschen oder Ähnliches sein. Es steht für die bittere Unterdrückung durch die Ägypter.
4. Karpass: eine Erdfrucht. Die armselige Nahrung, die die Juden als Sklaven zu sich nahmen.
5. Beiza: ein hart gekochtes Ei. Es symbolisiert die Opfer während der Sklavenarbeit und, natürlich, die Zerstörung des Tempels.

Daneben stehen auf dem Sedertisch noch folgende Speisen:

a) Eine Schüssel mit Salzwasser, das sind die vielen Tränen, die die Juden in der Sklaverei vergossen haben.
b) Ein Becher Wein für den Propheten Elija, der das Kommen des Messias ankündigt, auf den man an Pessach besonders intensiv wartet, und schließlich
c) Vier Becher Wein, die jeder Teilnehmer des Sederabends trinken soll. Sie symbolisieren die vier Wendungen, mit denen Gott die Herausführung seines Volkes ankündigte: »Ich werde euch herausführen«, »und errette euch«, »und kaufe euch frei«, »und habe euch mir zum Volk genommen«.

Nach und nach werden diese symbolischen Speisen beim Lesen der Haggada gegessen. Es werden Segen gesprochen, auch der Kiddusch darf nicht fehlen. Es wird gesungen und viel erzählt und erklärt. Zu Beginn des Abends wird der Jüngste in der Versammlung die »Vier Fragen« stellen, die »Ma Nishtana«. Er fragt: Was ist der Unterschied zwischen diesen zwei Nächten. In allen anderen Nächten essen wir Chametz und Mazza, heute aber nur Mazza, in allen anderen Nächten essen wir alle Kräuter, in dieser Nacht nur bittere Kräuter, in allen anderen Nächten tauchen wir nur ein einziges Mal ein, in dieser Nacht aber zweimal (zweimal werden rituelle Speisen in Salzwasser getaucht), und in allen anderen Nächten essen wir sitzend oder angelehnt, in dieser Nacht aber lehnen wir alle uns an (in der Antike war es ein Zeichen der freien Menschen, angelehnt oder sogar im Liegen zu essen. Am Sedertisch ist es üblich, sich an die Rücklehne des Stuhles ein Kissen zu legen, ganz bequem eben).

Nun erzählen der Vater und die Festgemeinschaft die Geschichte vom Auszug aus Ägypten. Wenn der erste Teil der Haggada vorgetragen ist, wenn die meisten zeremoniellen Speisen verzehrt sind, dann beginnt das eigentliche Dinner. Danach setzt man die Lesung der Haggada fort, es werden Dankgebete, das Tischgebet und fröhlich gereimte, metaphorische Lieder gesungen. So klingt der Sederabend schließlich aus. In manchen Familien dauert dieser Abend fünf Stunden und länger. Pessach ist sicher das schönste jüdische Familienfest.

Ein Sederabend gilt im Profanen dann als besonders gelungen, wenn die Mazzeknödel, die die Hausfrau für die Hühnersuppe gemacht hat, besonders locker und leicht sind. Im religiösen Sinne ist der Sederabend dann richtig gelaufen, wenn es dem Familienoberhaupt gelungen ist, seinen Kindern und all den anderen Anwesenden das Gefühl zu vermitteln, dass der Auszug aus Ägypten jetzt, in diesem Augenblick stattfindet. Gott rettet jede Generation aufs Neue aus der Sklaverei. Auch wir waren damals, beim Auszug aus

Ägypten, sozusagen schon dabei, unsere Seelen zumindest. Das Wunder der Befreiung ist ein Wunder, das jede Generation aufs Neue für sich selbst erfahren soll. Die Befreiung ist gegenwärtig. Dann, und nur dann, ist das Pessachfest richtig gefeiert worden.

Ich habe es eingangs bereits angedeutet, Pessach war viele Jahrhunderte lang eine gefährliche Zeit in den christlichen Ländern. Die »Blutschuld« war ein wirklich schlimmes Beispiel für den Judenhass der Kirche. Einer der berühmtesten Fälle war der des Simon von Trient, eines kleinen dreijährigen Jungen, der an Gründonnerstag im Jahr 1475 verschwand. Ein Jude fand den Jungen tot vor seinem Haus und meldete das brav und ordentlich. Dank der Aufhetzung des Pöbels durch einen Franziskanermönch wurden schließlich in einem sehr zweifelhaften Gerichtsverfahren mehr als ein Dutzend Juden zum Tode verurteilt, der Rest der Gemeinde wurde aus der Stadt verbannt. Die Reliquien des Kindes wurden heilig gehalten und machten Trient zum Wallfahrtsort, und jener antijüdische Mönch wurde selig gesprochen.

Die katholische Kirche hat diesen Fall übrigens erst sehr spät revidiert. Nein, nicht im 18., nicht im 19., sondern erst im 20. Jahrhundert, im Jahr 1965!

Pessach war auch eine gefährliche Zeit, weil der jüdische Feiertag fast zeitgleich mit dem Osterfest, also der Passionsfeier, zusammenfiel. Das ist schließlich auch kein Wunder, denn der Sederabend ist nichts anderes als das »Abendmahl«, das Jesus mit seinen Jüngeren feierte. Er soll nur eine kleine Veränderung vorgenommen haben. Angeblich hat er die Mazza zu seinem Leib und den Wein zu seinem Blut erklärt. Davon sollten die Jünger essen und trinken.

Für uns Juden ist diese Veränderung der religiösen und rituellen Bedeutung der traditionellen Speisen unzulässig und falsch. Doch das ist in diesem Zusammenhang ganz unwichtig. Entscheidend ist, dass Jesus zu diesem Zeitpunkt verraten wurde und schließlich gekreuzigt. Da wir Juden aber angeblich die »Gottesmörder« sind und seinen Tod gefordert haben sollen, war die Oster- und Pessachzeit immer wieder der Moment, in dem sich die Menschen ihr christliches Mütchen am »Saujud« kühlen wollten. Pogrome in der Pessachzeit gehörten beinahe schon »mit zum Ritual«. Und natürlich haben wir auch diesen Horror versucht, mit Humor zu ertragen:

> Moritz trifft sich am Nachmittag mit seinem jüdischen Freund Jakob. »Wir haben heute vom Herrn Pfarrer gelernt, dass ihr Juden den Heiland getötet habt, stimmt das?«, fragt Moritz.
> »Also meine Familie war das ganz bestimmt nicht«, beeilt sich Jakob zu versichern, »vielleicht waren das Kohns im vierten Stock!«

Ist noch eine Frage unbeantwortet geblieben? Ach ja, richtig: Mazze ist kein jüdisches Knäckebrot.

Warum machen Juden Christen immer alles nach?

Sieben Wochen nach Ostern feiern die Christen das Pfingstfest, das Fest zu Ehren des Heiligen Geistes, und die Kirchen werden mit frischen Blumen, Ästen und Zweigen geschmückt. In derselben Zeit feiern aber auch Juden schon wieder ein Fest. Warum ist das so? Warum liegen die jüdischen Feiertage immer im selben Zeitraum wie die Feiertage des Christentums?

Schawuot

Ich werde vielleicht die Leserin, den Leser auch noch damit überraschen, wenn ich anfüge, dass während des Festes, das parallel zu Pfingsten auf dem jüdischen Kalender steht, die Synagogen überall auf der Welt ebenso mit Blumen, mit Ästen und Zweigen geschmückt werden! Ahmen wir das Christentum nach? Mitnichten. Schließlich ist das Judentum der ältere Glaube, aus dem das Christentum entstand. Und das Christentum hat sich erst im letzten Jahrhundert auch offiziell eingestanden, wie jüdisch seine Wurzeln sind, wie es jüdische Feiertage seinem Credo entsprechend umgedeutet und umfunktioniert hat. Dabei blieben viele Elemente des einstigen jüdischen Feiertages erhalten. Und dieser, aus dem Pfingsten hervorgegangen ist, heißt Schawuot, das Wochenfest, und dauert in Israel einen, in der Diaspora zwei Tage.

Ein Wochenfest, das gerade mal zwei Tage dauert? Das hängt mit dem Namen zusammen und hat einen ganz banalen Hintergrund. Das Fest findet nämlich sieben Wochen nach Pessach statt, genau am 50. Tag. Und es heißt »Wochenfest«, weil es an die sieben Wochen erinnert und somit an die Verbindung mit Pessach. Dämmert dem gebildeten oder gläubigen Christen, dass zwischen Ostern und Pfingsten die gleiche Zeitspanne liegt? Dass der englische Name für Pfingsten, »Pentecost«, von dem altgriechischen Wort für fünfzig herrührt?

Doch so, wie es eine enorme inhaltliche Veränderung von Schawuot zu Pfingsten gegeben hat, so hat sich im Laufe der Geschichte die Bedeutung des jüdischen Feiertags gewandelt. Ursprünglich war Schawuot ein Erntedankfest. Dieser landwirtschaftliche Aspekt gewinnt sieben Wochen vorher an Bedeutung, im so genannten Omer-Zählen. Ein Omer, das hebräische Wort bedeutet Garbe, ist eine Maßeinheit für Gerste gewesen. Das Zählen des Omer war eine religiöse Verpflichtung, die mit Opfergaben verbunden war:

> »Ihr sollt euch aber zählen von dem Tag nach dem ›Sabbat‹, von dem Tag, da ihr die Garbe der Schwingung bringt: Sieben volle Wochen sollen es sein. Bis zum Tag nach dem siebenten Sabbat sollt ihr zählen: Fünfzig Tage, und dann sollt ihr dem Ewigen ein Mehlopfer vom Neuen darbringen.« (Lev. 23, 15–16)

Nach der Zerstörung des Tempels war es weder möglich, das Omer, die »Garbe der Schwingung«, noch später das »Mehlopfer«, auch Mincha genannt, darzubringen. Doch die Zählung wird als ein Gebot der Thora bis zum heutigen Tag beibehalten. Sie beginnt am zweiten Tag des Pessachfestes. Man zählt Omer üblicherweise am Abend. In der Diaspora sind die Wochen zwischen Pessach und Schawuot zu einer Zeit der Trauer umgedeutet. Denn in dieser Zeit sollen 24000 Schüler des berühmtesten Rabbis des Talmuds, Rabbi Akiba, einer Epidemie zum Opfer gefallen sein, die am 33. Tag des Omerzählens endlich vorbei war. Doch auch nach dem 33. Tag gab es noch viel zu betrauern: Im Mittelalter, während der Kreuzzüge, die Vernichtung der großen jüdischen Gemeinden in Deutschland, im siebzehnten Jahrhundert dann die Verfolgung und Vernichtung der Juden in Polen durch Bogdan Chmielnicki. Als äußeres Zeichen der Trauer scheren sich Männer Haupt- und Barthaar nicht, es ist auch verboten, in der Omer-Zeit zu heiraten.

Außer am 33. Tag, der auf Hebräisch Lag Ba'Omer heißt! »Lag« besteht im Hebräischen aus nur zwei Buchstaben, Lamed (L) und Gimmel (G). Jeder Buchstabe hat im Hebräischen einen Zahlenwert, das L die 30, das G die drei: Also 33.

An Lag Ba'Omer darf man sich rasieren und zum Friseur gehen, man darf auch heiraten, denn es ist ein Freudentag. Das große Sterben hat aufgehört. Und angeblich ist der 33. Omer-Tag – im jüdischen Kalender der 18. Ijar – der Todestag von Rabbi Schimon bar Jochai, dem Autor des berühmtesten Werkes der Kabbala, des »Sefer haSohar«, des »Buches des Glanzes«. Er gilt als einer der ganz großen spirituellen Autoritäten. Sein Grab liegt im galiläischen Meron, wo sich alljährlich Tausende Menschen versammeln, um ein großes Fest zu Ehren dieses herausragenden Esoterikers zu feiern.

49 Tage lang wird Omer gezählt. Dann, am fünfzigsten Tag, ist Schawuot:

> »Sieben Wochen sollst du dir zählen; vom ›Anheben der Sichel am Getreidestand‹ sollst du beginnen, sieben Wochen zu zählen. Dann sollst du das Wochenfest feiern dem Ewigen, deinem Gott, gemäß der Edelmutsgabe deiner Hand, die du geben magst, je nachdem der Ewige, dein Gott dich segnen wird.« (Deut. 16, 9–10)

Heißt der Feiertag in diesem Thoraabschnitt »Wochenfest«, so hatte er auch noch die Bezeichnungen: Erntefest, Tag der Erstfrüchte und auch »Azeret Pessach«, etwa Abschluss von Pessach, ein Zeichen dafür, wie eng Schawuot und Pessach miteinander verbunden sind. An Pessach beginnt die Getreideernte, an Schawuot ist sie beendet. Die Ausschmückung der Thora mit floristischen Gestecken erinnert an den landwirtschaftlichen Ursprung des Feiertags.

Doch im Laufe der Diaspora, mit zunehmender Distanz vom Land Israel, erhielt Schawuot eine theologische, spirituelle Aufwertung, die in der Geschichte der Nationenwerdung eine große Rolle spielt. Ist Pessach »Sman heruteinu«, die Zeit unserer Freiheit, so ist Schawuot »Sman matan thorateinu«, die Zeit, da uns die Thora gegeben wurde, also die Offenbarung Gottes am Berg Sinai.

Moses erhielt von Gott die Thora und übergab die 613 Ge- und Verbote an das Volk Israel. Das Volk nahm diese willig an. Und zwar nicht nur jene Generation, die damals Ägypten verlassen hat, sondern auch alle zukünftigen Generationen. Denn es heißt, jeder von uns stand am Berg Sinai und erhielt die Thora persönlich, also auch ich, Paul Spiegel. So interpretierten die Rabbinen den Satz:

> »Aber nicht mit euch allein schließe ich diesen Bund und diesen Flucheid, sondern mit dem, der heute hier mit uns vor dem Ewigen, unserem Gott, steht, *wie auch mit dem, der heute nicht mit uns hier ist.*« (Deut. 29, 13–14, Hervorhebung durch den Autor)

Die Tradition will damit sagen, dass jede jüdische Seele vor Gott am Sinai stand, wir alle also ebenso das Wort vernommen haben wie unsere Ahnen. Das Wort Gottes ist lebendig und gültig für alle Ewigkeit, für alle Generationen.

Riten und Symbole dieses Feiertags ranken sich um diesen bedeutenden metaphysischen Moment der jüdischen Geschichte.

Die Zeit zwischen Pessach und Schawuot soll in der Wüste eine Zeit der spirituellen Reinigung gewesen sein. Das Volk Israel musste sich aller heidnischen Kulthandlungen, die es vielleicht übernommen hatte, entledigen, um Gott am Sinai entgegentreten zu können.

Die Offenbarung soll am 6. Siwan stattgefunden haben, dem Tag, an dem Schawuot gefeiert wird. Im Mittelpunkt der Liturgie steht die Lesung der Zehn Gebote. Daneben liest man auch das Buch Ruth, das eine ideale Kombination mehrerer Aspekte des Wochenfestes beinhaltet: Die Geschichte Ruths spielt in der Erntezeit, als sie sich als Nichtjüdin zum Judentum bekennt und die 613 Mitzwot auf sich nimmt, um Teil des Volkes Israel zu werden, und Ruth ist die Ahnin König Davids, der an Schawuot gestorben sein soll. David wiederum ist der Ahn des Messias, auf den wir Juden immer noch warten und dessen Ankunft wir im Zusammenhang mit der Offenbarung am Sinai besonders erflehen.

Wie bei allen jüdischen Feiertagen spielt auch an Schawuot das Essen eine große Rolle. Am Tag der Gabe der Thora essen wir nur milchige Speisen, Fleisch gehört nicht auf den Tisch. Die Tradition nennt uns dafür drei Gründe:

1. Das Volk Israel hat am Sinai die Thora begierig aufgenommen, wie ein Baby seine Milch.
2. Nach dem »Sman matan thorateinu« kamen wir schließlich ins Land, in dem Milch und Honig fließen. Das »milchige« Essen erinnert daran. Und schließlich noch eine besonders interessante Begründung:
3. Die koscheren Speisegesetze erhielt das Volk ja erst jetzt, am Sinai. Das Trennungsgebot zwischen milchigen und fleischigen Produkten erschien den Hebräern von da-

mals jedoch zunächst, weil ungewohnt, äußerst kompliziert. Um das Volk allmählich daran zu gewöhnen, aß es in einer Übergangszeit lediglich Milchprodukte.

In orthodoxen Gemeinden hat sich auch die Tradition der »Tikkun«-Nacht eingebürgert. Die ganze Nacht hindurch werden besondere Texte gelesen und studiert, man wacht bis zum Morgengrauen, um eine alte »Schuld« wieder gutzumachen, der zufolge das Volk vor der Offenbarung einfach in den Tiefschlaf gefallen ist und sich so gar nicht ehrfurchtsvoll gemäß dem einzigartigen Moment in der Geschichte verhalten hat. Dieses »Tikkun«, zu Deutsch: Verbesserung, soll das peinliche Verhalten unserer Vorfahren kompensieren. Wer solch ein nächtliches Lernen einmal mitmacht, wird sich des besonderen Zaubers dieser intensiven, anstrengenden, aber auch fröhlichen Erfahrung nicht entziehen können. Jung und Alt sitzen über uralte Texte gebeugt, die sich mit einem Ereignis vor 3000 Jahren auseinander setzen. Bei Morgengrauen geht man dann zwar mit kleinen, müden Augen, doch lachender und tanzender Seele zum Morgengebet.

Der spirituelle Anfang des jüdischen Volkes, die Offenbarung und Verheißung Gottes – mit dem Ende von Schawuot ist diese fünfzigtägige Periode zu Ende. Ist es überraschend, dass diese Phase, in der uns Juden so viel bewusst gemacht wird, ausgerechnet in die Frühlingszeit fällt? Wohl kaum. Nichts im Judentum ist Zufall. Und seit der Existenz des Staates Israel hat an Schawuot zumindest im Land selbst der Aspekt des Erntedanks neue Bedeutung gewonnen.

In Kibbutzim ist es heute üblich, die landwirschaftlichen Produkte an diesem Feiertag darzubringen und zu feiern. Nach 2000 Jahren schließt sich allmählich der Kreis.

Muss man die Juden mögen?

Diese Frage hört man immer wieder, wenn es um Angriffe und Attacken geht, die wir Juden als antisemitisch ansehen. Natürlich muss man »die Juden« nicht mögen, ebenso wenig wie man »die Deutschen« oder »die Amerikaner« oder »die Franzosen« mögen muss. Wie soll das denn auch gehen? Kennt man denn alle Juden, alle Christen und so weiter?

Aber muss man einen Juden mögen? Darauf gibt es nur dieselbe Antwort: Nein, natürlich muss man »einen« Juden nicht mögen. Die ganze Frage geht von einer falschen Voraussetzung aus: dass es nämlich ein bestimmtes Charakteristikum gibt, das einen Juden ausmacht, und dass man dieses Charakteristikum bei allen Juden wiederfinden kann. Das gilt schließlich für alle anderen gesellschaftlichen Gruppen, Ethnien oder Nationen auch. Wehren sich viele Deutsche nicht mit Recht gegen den Vorwurf, »die Deutschen« seien Nazis? »Die Deutschen« seien Antisemiten? Sie lehnen die Kollektivschuld ab, sind gegen Pauschalverurteilung. Richtig so! Das gleiche Recht nehmen wir Juden für uns allerdings ebenfalls in Anspruch.

Erhebt sich also die Frage für manche, was denn nun der Unterschied ist, wenn man – um in der jüngsten Vergangenheit zu bleiben – sagt, man möge Michel Friedman nicht oder man möge den Juden Michel Friedman nicht.

Der Unterschied ist offensichtlich. Selbstverständlich habe ich das Recht, einen Menschen nicht zu mögen. Das kann Gründe haben, muss es aber nicht. Man kann Eigenschaften der kritisierten Person aufzählen, die einem zuwider sind, man kann aber die Person auch schlicht unsympathisch finden, ohne Gründe anführen zu können. Wieder am Beispiel Michel Friedman: »Ich mag Michel Friedman als Moderator nicht, weil er zu arrogant und aggressiv ist.« Kein Problem, solch eine Aussage. »Ich mag Friedman nicht. Er ist mir unsympathisch«, das ist ebenfalls in Ordnung. Bleibt natürlich jedermann vorbehalten, dieser Meinung zu widersprechen und das Gegenteil zu empfinden.

Was jedoch eindeutig antisemitisch ist, ist etwa folgende Aussage: »Ich mag Michel Friedman als Moderator nicht, weil er typisch jüdisch ist.« Da hat das eine mit dem anderen nichts zu tun. Diese Aussage ist ebenso diskriminierend wie etwa folgende: »Ich mag Sabine Christiansen als Moderatorin nicht, weil sie blond ist.« Diese Form der Herabsetzung, der Beleidigung und des Angriffes auf eine Person für etwas, das weder mit der Sache zu tun hat, noch von der persönlichen Entscheidung der Person abhängig ist – Friedman ist nun mal Jude und Christiansen blond –, ist infam. Und es ist verständlich, dass sich eine Gruppe, die davon permanent betroffen ist, seit Jahrhunderten, seit Jahrtausenden, massiv und lautstark dagegen wehrt. Vielleicht noch lauter und aggressiver als andere Minderheiten, die solchen Vorurteilen ausgesetzt sind. Wir haben aufgrund solcher Vorurteile vor noch nicht mal sechzig Jahren sechs Millionen Menschen verloren!

In dem mittlerweile allseits bekannten »Flyer« des Jürgen W. Möllemann wurde unter anderem Michel Friedman angegriffen, mit dem Hinweis darauf, dass sein Verhalten den Antisemitismus schüre. Solch eine Behauptung ist nicht nur selbst antisemitisch, sie ist obendrein ein uraltes Klischee aus der Mottenkiste des Antisemitismus.

Was heißt das denn, dass »der Jude Friedman« den Antisemitismus schürt? In dieser Behauptung stecken zwei Unterstellungen:

Da ist zunächst einmal der Gedanke, dass jeder Jude dafür

»büßen« muss, wenn ein anderer Jude nicht »o.k.« ist. Also: der Jude Friedman ist unsympathisch, arrogant, aggressiv oder sonst noch was. Und weil er so ist, ist er dafür verantwortlich, dass bei den Nichtjuden die Ablehnung, der Hass gar, auf *alle* Juden wächst. Er, Friedman, ist allein dafür verantwortlich!

Friedman hätte demzufolge unendliche Macht über die Gedanken der Nichtjuden, er könnte sie geradezu »zwingen«, Juden nicht zu mögen, alle Juden nicht zu mögen.

Mit dieser Unterstellung unglaublicher jüdischer Macht über die Hirne der nichtjüdischen Massen wird natürlich zugleich behauptet, der Jude hätte die Verantwortung für das, was die anderen denken. Nichtjuden sind also nicht verantwortlich dafür, was sie denken, fühlen und wie sie eventuell auch handeln!

Spätestens hier dürften letzte Zweifel an der Unsinnigkeit der Möllemann'schen These, die er ja nicht erfunden, sondern deren er sich nur bedient hat, ausgeräumt sein. Doch sie lebt in verschiedenen Varianten seit Jahrzehnten, zum Beispiel, wenn Menschen behaupten, die Juden seien selbst schuld an Auschwitz, ihre Sturheit, ihr Unwille, sich anzupassen, sich zu assimilieren, hätte Auschwitz provoziert. Noch besser: Die Juden haben eine Religion, die ihre eigene Vernichtung zur Folge hat. Wer meint, ich übertreibe, der irrt. Solche Vorwürfe, solche Absurditäten hört man im Laufe eines jüdischen Lebens mehr als einmal!

Die zweite Unterstellung in dem Flyer geht von einer umgekehrten Wirkung aus, der »Schür«-These. *Wenn* sich der Jude Friedman gut benehmen würde, ja wenn dem so wäre, dann würde nicht nur kein Antisemitismus geschürt werden, dann gäbe es gar keinen Antisemitismus! Bleibt die Frage, wie sich »der Jude« genau zu verhalten hat, damit er gemocht, akzeptiert und anerkannt wird, so dass in der Folge »alle« Juden gemocht, akzeptiert und anerkannt werden.

Merkwürdig nur, dass dies noch keinem Juden gelungen ist. Es gibt ja welche, die durchaus als liebenswürdig, liebevoll, warmherzig und großzügig angesehen werden – doch irgendwie hat das in der jüdischen Geschichte noch nie dazu geführt, den Antisemitismus zum Verschwinden zu bringen. Dabei gab es zumindest einen Juden, der diese und noch viel mehr positive Eigenschaften hatte und insofern die tief in Möllemanns Behauptung versteckte Umkehrthese erfüllen müsste: Jesus von Nazareth. Doch das ist selbst diesem herausragenden Menschen, den viele als Gottes Sohn ansehen, nicht gelungen!

Warum aber sind Juden im Laufe ihrer Geschichte so gehasst und immer wieder verfolgt worden? Diese Frage ließe sich ganz genau und ausführlich nur beantworten, wenn man weit ausholte und die Geschichte des Antisemitismus erzählte, die Strukturen der Judenfeindschaft, des Rassismus und Fremdenhasses analysierte. Das aber gäbe ein eigenes Buch, doch es gibt ausgezeichnete Literatur zu diesem Thema, die ich jedem empfehle.

Antijudaismus der christlichen Kirche

Viele Argumente des antisemitischen Ressentiments lassen sich auf einen Ursprung zurückführen. Er liegt im Antijudaismus der christlichen Kirche, die vor allem in der abendländischen Zivilisation fast 2000 Jahre lang die Hauptursache für Judenverfolgungen gewesen ist. Die Kirche bekämpfte die Juden, weil sie angeblich die »Gottesmörder«, die Mörder Jesu sind! Diese Behauptung ist entstanden, weil sich die Kirche, die sich im Besitz des »Neuen« Testaments, im Besitz der neuen Offenbarung Gottes sah, als rechtmäßige Nachfolgerin der Synagoge verstand. Die Kinder Israel, das auserwählte Volk – das waren nun nicht mehr die Juden, sondern die Christen. Da konnte und durfte es einfach nicht sein, dass die Landleute des Jesus von Nazareth, die Juden, nicht mitspielen wollten und einfach weiter behaupteten, sie und nur sie seien im Besitz der göttlichen Offenbarung. Jesus sei weder Gottes Sohn noch der Messias, es gebe weder ein »Altes« noch ein »Neues« Testament, es gebe nur die Thora – und die gelte ewig.

Für die Kirche war das eine unglaubliche Herausforderung, geradezu eine Provokation, denn damit stellen die Juden den allein selig machenden Wahrheitsanspruch der Kirche in Zweifel. Aus heutiger, moderner Sicht, in einer Zeit, in der wir mehr oder weniger gelernt haben, in pluralistischen Gesellschaften zu leben, die Meinungen anderer zumindest zu respektieren, scheint diese »Provokation« der Juden banal. Was braucht sich ein Glaube darum zu kümmern, was ein paar Millionen Menschen auf der Welt denken, wenn man längst Staatsreligion geworden ist, wie im Alten Rom, wenn man schließlich die größte Religionsgemeinschaft der Welt ist?

So einfach war das nicht, denn der Kirche war stets bewusst, dass die Wurzel, aus der die Christen kamen, das Judentum war.

Wem dieses Problem nicht einleuchtet, den möchte ich auf eine, vielen von uns vielleicht nicht ganz unbekannte, Situation aus der Individualpsychologie aufmerksam machen: Ein Mann ist beruflich sehr erfolgreich. Er wird anerkannt für seine Leistungen, er erhält Auszeichnungen, jeder weiß, welch große Kapazität, wie einzigartig er ist. Aber seine Mutter oder sein Vater halten das alles für Quatsch. Für sie ist ihr Sohn ein Nichts, ein Niemand, weil er in ihren Augen nichts Besonderes leistet oder, schlimmer noch, nicht das leistet, was sie von ihm erwarten. Keine Frage, in so einem Fall werden die meisten erfolgreichen Menschen von mehr oder weniger leisen Selbstzweifeln geplagt, weil sie von ihren Wurzeln, von den Autoritäten, die für sie als Kind entscheidend und wichtig waren, nicht anerkannt werden. In gewisser Hinsicht ging es der Kirche ebenso. Erstaunlich ist nur, dass sie Tausende von Jahre brauchte, um sich von der Mutterreligion zu emanzipieren.

Natürlich gibt es noch viele andere Faktoren für den Judenhass, doch es würde, wie schon gesagt, viel zu weit führen, diese alle jetzt aufzuzählen. Der Wandel vom Antijudaismus zum Antisemitismus vollzog sich jedenfalls im 19. Jahrhundert, als in der Zeit der entstehenden Nationalstaaten Theoretiker daran gingen, die »Reinheit« ihres Volkes und ihrer Rasse zu propagieren, und dann gerne darauf hinwiesen, dass Juden nicht dazugehören könnten, zu was auch immer. Dass es wieder die Juden traf, war logisch. Das Abendland war bereits seit knapp 2000 Jahren gewöhnt, allen Hass, alle Frustration auf die jüdischen Gemeinden abzulassen. Warum sollte man eine liebe Gewohnheit plötzlich ändern?

Der Antisemitismus bedient sich letztendlich immer wieder der gleichen Klischees. Die Mär von den Juden als »Gottesmörder« habe ich bereits erwähnt. Dann gibt es noch das Klischee, alle Juden seien reich! Schön, wenn's wahr wäre! Woher aber kommt diese Behauptung? Sie hat ihren Ursprung vor mehr als 600 Jahren, als die Zünfte entschieden, dass die »Gottesmörder« kein Handwerk ausüben dürften. Den Juden war in der mittelalterlichen Gesellschaft der Zugang zu fast allen Berufsfeldern versagt. Was blieb, waren Handel und Geldverleih. Und wie den Christen von der Kirche verboten war, Geld zu verleihen, beziehungsweise Zinsen dafür zu nehmen, blieb dieser »Job« frei. Juden durften sich hier betätigen, quasi ohne Konkurrenz. Und sie taten das im Auftrag der Klöster und Bistümer, für die sie das unpopuläre Zinsgeschäft führten.

Der andere, mittlerweile »typisch jüdische« Beruf: Lumpensammler. Lumpen heißt auf Jiddisch »Schmattes« – und so nennen sich bis heute Juden, die in der Modebranche arbeiten, humorvoll »Schmatteshändler«, selbst wenn sie weltberühmte Designer sind wie etwa Donna Karan oder Calvin Klein!

Klar, dass sich durch die Betätigung im Geldverleih und im Tauschhandel Juden ein gewisses Geschick erwarben und über die Generationen weitergaben. Das berühmteste Beispiel dafür ist die Familie Rothschild.

Der Stammvater dieser großen Privatbank, Meier Amschel Rothschild, begann im Frankfurter Getto. Seinen vier Söhnen gab er als Vermächtnis mit, dass sie zusammenhalten sollten. Alle vier gründeten in verschiedenen Ländern Banken, die eng zusammenarbeiteten – ein kleines Imperium entstand.

Aber – muss ich es noch betonen? – nicht alle Juden sind reich, leider.

Ein wunderbarer jüdischer Witz bringt all die hier geschilderten Aspekte unter einen äußerst humorvollen Hut.

> Moishe und Jankl gehen in New York in einem Vergnügungspark spazieren. Sie kommen an einem Zelt vorbei, vor dem ein Schild steht: »Get Baptized! – Lassen sie sich taufen! Wenn sie sich hier in diesem Zelt taufen lassen, erhalten sie 50 Dollar« Moishe betrachtet das Schild aufmerksam. Plötzlich klatscht er in die Hände:
>
> »Jankl, ich habe eine Idee. Du gehst da jetzt rein und lässt dich taufen. Denn wir wissen doch, taufen, nichttaufen, ist völlig egal, ein Jude ist und bleibt ein Jude. Und dann bekommst du die 50 Dollar und die teilen wir uns. Du bekommst 25, weil du reingegangen bist und ich ebenfalls 25, weil ich die Idee hatte!«
>
> Yankl ist begeistert und lacht vor Freude. Sofort verschwindet er im Zelt, während Moische draußen wartet. Er geht eine Weile auf und ab, wird jedoch allmählich un-

ruhig, als er merkt, dass Yankl bereits 20 Minuten in dem Zelt ist. Es vergeht eine halbe Stunde, eine Dreiviertelstunde, eine ganze Stunde. Moische ist schon ganz nervös und ungeduldig, hat etliche Zigaretten geraucht, als Yankl aus dem Zelt wieder auftaucht.

»Da bist du ja endlich!«, ruft Moische erleichtert, »Und, haben sich dich getauft?«, feixt er fröhlich.

»Ja«, sagt Yankl, mit todernstem Gesicht.

»Und? Und? Haben sie dir die 50 Dollar gegeben?«, fragt Moische aufgeregt.

»Ja«, erwidert Yankl wieder sehr ernst.

»Nu, dann machen wir es also jetzt so, wie ich es vorgeschlagen habe: Du behältst 25, weil du reingegangen bist, und ich bekomme 25, weil ich die Idee hatte!«, drängelt Moische.

»Siehst du«, sagt Yankl jetzt sehr streng, »das ist genau das, was wir Christen an euch Juden nicht ausstehen können!«

Geldverleiher, Schmatteshändler ... viele Juden sind inzwischen auch als Ärzte oder Anwälte tätig. Auch das sind, nach heutiger Ansicht, »typisch jüdische« Berufe. Und auch dafür finden sich Gründe im Antisemitismus.

Juden hatten bis ins zwanzigste Jahrhundert hinein keine Möglichkeit, in den Staatsdienst zu gehen oder Beamte zu werden. Nachdem ihnen dank der Französischen Revolution die Tore zu den Universitäten endlich offen standen, stürzten sie sich bildungshungrig auf die Studienfächer, von denen sie hoffen konnten, dass sie ihnen in ihrer Situation zu Erfolg und Ansehen verhelfen könnten. Medizin war nicht nur seit ältesten Zeiten ein Beruf, dessen Wissen sogar teilweise schon im Talmud weitergegeben wurde, sondern es war obendrein ein Beruf, mit dem man »wandern« konnte. Denn Juden waren sich stets bewusst, dass sie jederzeit einer neuen Verfolgung ausgesetzt sein könnten. Also war es gut, einen Beruf zu haben, den man überall ausüben konnte.

Darum spielten Juden traditionell auch lieber Geige als Klavier, handelten lieber mit Diamanten als mit Goldbarren. Auf der Flucht ließen sich Geige und Diamanten leichter transportieren.

Und Jura? Da das Judentum eine Gesetzesreligion ist und der Talmud im Prinzip eine Sammlung der Gesetzeskommentare der frühen Weisen, der intellektuellen Auseinandersetzung um die richtige Interpretation eines Textes, war juristisches Denken seit jeher in der jüdischen Erziehung fest verankert. Nahe liegend, dass die Juristerei für Juden ein besonders attraktives Betätigungsfeld wurde. Doch, und schon sind wir wieder beim Antisemitismus, unter den Juristen wird man viele jüdische Anwälte finden, aber nur wenige jüdische Richter. Denn diese sind Staatsbeamte, und das konnten Juden ja lange nicht werden.

Daher also der grundsätzliche »Hang« zu freien Berufen. Wie etwa auch dem Journalismus. Das »Volk des Buches« werden Juden oft genannt, das Studium der Texte, das Niederschreiben von Responsa und Kommentaren, Lesen und Schreiben, die intellektuelle, abstrakte Beschäftigung mit Themen und Sachverhalten – all das prädestinierte sie, auch in der nichtjüdischen Gesellschaft dafür, als Schriftsteller und Journalisten zu arbeiten.

Hinzu kam häufig ihr politisches und soziales Engagement. Die Erfahrung als Minderheit machte sie besonders empfänglich für die Idee der Freiheit und der Gerechtigkeit. Der Kampf um Gerechtigkeit, der schon lange in dem Bereich, der heute »Medien« genannt wird, ausgefochten wurde, führte manchmal zu direkter politischer Betätigung. So ist es nicht verwunderlich, dass bei zahlreichen Revolutionen, in denen es um die Verbesserung der Lage der Schwachen, Armen, Benachteiligten und Minderheiten ging, an vorderster Front immer wieder Juden zu finden sind. Die eigene Erfahrung macht dünnhäutig auch für das Unrecht am anderen. Ist es also verwunderlich, dass der berühmte amerikanische Rabbiner Abraham Joshua Heschel, der in seiner Jugend noch in Berlin studiert hatte, einer der engsten Mitstreiter von Martin Luther King war, um nur ein Beispiel zu nennen?

Der Antisemitismus hat Juden immer wieder in Situationen und zu Verhaltensweisen gedrängt, die dann zu Klischees umfunktioniert wurden, um sie den Juden zum Vorwurf zu machen. In der Sowjetunion und im postkommunistischen Russland konnte man das anschaulich beobachten. Antisemitische Gruppen und Parteien warfen den Juden beispielsweise vor, sie okkupierten die Lehrstühle an den Universitäten, sie seien überproportional häufig zu ihrer tatsächlichen Bevölkerungszahl in der sowjetischen Gesellschaft als Professoren wiederzufinden und würden damit »echten« Russen die Posten rauben.

Was ist dran an solch einem Vorwurf? Ich habe die jüdischen Professoren im Russland nicht gezählt, doch ja, es fällt auf, dass häufig Juden Lehrstühle innehatten.

Wie kamen sie dahin? Um es kurz zu machen: Juden wurde auf allen Ebenen der Zugang zum Studium schwerer gemacht als Nichtjuden. Sie mussten bessere Durchschnittsnoten im Schulabschluss haben als andere, in den Zwischenprüfungen der Unis galt das Gleiche, bis hinauf zur Promotion und Habilitation. Das Ergebnis darf, kann dann allerdings niemanden verwundern. Doch Einsicht in den fatalen Zyklus von Vorurteilen hat Antisemiten noch nie ausgezeichnet.

In jüngster Zeit erleben wir nun eine neue Variante des Antisemitismus, die unter dem Decknamen »Anti-Zionismus« in ganz Europa verbreitet ist. Inzwischen richtet sich aber der Hass nicht immer auf »die Juden«, sondern auf den Staat Israel, den »Judenstaat«. Und wieder gilt hier das Gleiche, was ich eingangs schon gesagt habe. Es ist jedermanns Recht, die Politik Israels abzulehnen. Man muss nicht einverstanden sein mit dem, was eine Regierung tut, und man darf sie auch kritisieren. Doch sowie sich die Kritik an Israel entzündet, weil es der »jüdische« Staat ist, entwertet sich die Kritik nicht nur selbst, sie ist gefährlich und ebenso rassistisch und judenfeindlich wie alles, was wir bereits aus der Geschichte kennen.

Diese Form der Abneigung führt dazu, dass viele Kritiker mit zweierlei Maß messen: Was dem einen Staat erlaubt wird, ist Israel verboten. Wenn Israel etwas falsch macht, wird das von einem viel größeren internationalen Aufschrei begleitet als bei einem anderen Staat, der dasselbe tut. Besonders pervers wird die Argumentation dann, wenn – ganz besonders in Deutschland – den Israelis ihre Besatzungspolitik mit dem Argument vorgeworfen wird, gerade weil sie Juden seien, hätten sie doch »aus Auschwitz lernen müssen«!

Auschwitz als Besserungsanstalt, so viel Zynismus könnte nicht einmal mehr der jüdische Humor erfinden! Juden dürfen nicht dieselben Fehler begehen wie alle anderen Völker. Kaum ein Staat, der nicht mit Gewalt entstanden ist. Das gilt auch für Israel. In diesem Falle ist die Geschichte des Landes aber noch zu kurz, um die Gewalt in Vergessenheit geraten zu lassen. Wir wissen zwar, dass die USA einst die Ureinwohner ihres Kontinents fast komplett ausgerottet haben, aber keiner von uns würde die Legitimität der USA anzweifeln, geschweige denn seine demokratischen Prinzipien, selbst wenn sie Defizite aufweisen oder von dem einen oder anderen Präsidenten auch mal mit Füßen getreten werden.

Diejenige Demokratie möge bitte den ersten Stein werfen, die nicht im Glashaus sitzt!

Wir erleben im anti-zionistischen Vokabular dieselben uralten Vorwürfe, die wir als Juden schon lange kennen, zum Beispiel auch den der »jüdischen Weltverschwörung«, ursprünglich eine Erfindung des Geheimdienstes im zaristischen Russland. Mit den »Protokollen der Weisen von Zion« (siehe auch das Kapitel »Gibt es ein modernes Judentum?«) versuchte damals der russische Staatsapparat, von eigenen Fehlern und Vergehen ab- und den Hass der Bevölkerung auf die Juden zu lenken, die nichts anderes im Sinne hätten, als die Welt und somit auch Mütterchen Russland zu erobern.

Diese Wahnidee funktioniert bis heute, selbst im aufgeklärten Deutschland des 21. Jahrhunderts gibt es Menschen, die glauben, dass Washington von den Juden regiert würde! Es sind nicht immer die Dümmsten, die so denken. Ein nicht ganz unwichtiges Nachrichtenmagazin in Deutschland brachte doch tatsächlich einmal solch eine Story und war noch stolz auf seine »Recherche«!

Wahrscheinlich glaubten deshalb auch die SED und Erich Honecker in ihrer sozialistischen und zugleich kleinbürgerlichen Spießigkeit, dass sie ihre marode Wirtschaft retten könnten, wenn sie den Juden im In- und Ausland schöne Augen machten. Noch 1988 begannen sie mit übertriebenem Eifer, den Juden den Hof zu machen: 40 Jahre hatten sie sich nicht um die Ruine der Berliner Synagoge in der Oranienburger Straße gekümmert, auf einmal wurde beschlossen, sie zu restaurieren, um ein wunderbares jüdisches Wahrzeichen in Ostberlin zu haben.

Dem Präsidenten des World Jewish Congress verliehen sie schnell den höchsten Zivilorden der DDR, und der Staatsminister für religiöse Angelegenheiten wurde nach Israel gejagt, um dort beim einstigen zionistisch-imperialistischen Erzfeind zu antichambrieren, denn wie hieß es in Ostberlin: »Der Weg nach Washington führt über Jerusalem!« Und nach Washington wollten sie unbedingt. Sie erhofften sich die Meistbegünstigungsklausel der USA für die DDR-Wirtschaft, um so den ökonomischen Kollaps vielleicht noch aufhalten zu können.

Verschwörungstheorien

Auch im westlichen Teil Deutschland gibt es solches Denken. Geld regiert die Welt, und mit Geld verbindet man natürlich wieder die Juden, die Wall Street, Capitol Hill. Na klar, dass Amerika und Israel gemeinsame Sache machen, bei all den Kissingers, Cohens, Liebermans, Wolfowitzen, Fleischers, Perles und wen es sonst noch in Washington D.C. gibt. Klar, dass ein Scharon dort wie ein Familienmitglied aufgenommen wird!

Nach dem 11. September gab es auch in unseren Breiten die irrwitzige Theorie, dass vielleicht der israelische Mossad in Wirklichkeit diesen Terrorakt begangen hat, um die USA in den Krieg gegen die arabische Welt zu hetzen. Denn: Konnte man es den dummen, primitiven Arabern wirklich zutrauen, solch ein kompliziertes logistisches »Meisterstück« abzuliefern wie die Anschläge auf die Twin Towers, auf das Pentagon und das Weiße Haus?

Die Israelis haben doch in der Vergangenheit schon oft bewiesen, dass sie so etwas können. Und jene Verschwörungstheoretiker, die diesen Unsinn locker, noch nicht einmal hinter vorgehaltener Hand von sich gaben, übersahen dabei, wie viel Rassismus sich da auch gegenüber den Muslimen ausdrückte!

Darf man Israel kritisieren? Ja, aber nur dann, wenn man das Existenzrecht des Staates nicht anzweifelt. Nur dann, wenn man sich auch die andere, die palästinensisch-arabische Seite ansieht. Denn sonst wird die übliche Behauptung: Der Jude ist an allem schuld, nur leicht variiert, moderner heißt es dann stattdessen: Israel ist an allem schuld. Darf man die israelische Okkupation also nicht verurteilen? Doch, aber wer macht sich heute noch Gedanken über die Ursache der Okkupation? Und wieso kommt es eigentlich, dass hierzulande jeder über den Nahen Osten genau Bescheid weiß, sozusagen die Instant-Lösung für den Konflikt zwischen Israelis und Palästinensern parat hat, während man sich sehr hüten würde, ebensolches »Wissen« für den Kaschmir-Konflikt, ja selbst für den Konflikt in Nordirland zur Verfügung zu haben?

Wenn man als Jude auf das Problem des Antisemitismus oder des Antizionismus hinweist, erhält man gerne den wohlgemeinten Rat, man solle nicht so empfindlich sein. Wer aber bestimmt, wo Empfindlichkeit beginnen darf, wo sie aufzuhören hat? Der, der angreift, oder der, der angegriffen wird?

Es wäre an der Zeit, dass sich Nichtjuden über solche Fragen endlich einmal Gedanken machen. Gedanken, warum man in Sachen »Juden«, in Sachen »Israel« so gerne zu scheinbar »sicheren Wahrheiten« greift, obwohl man eigentlich keine Ahnung von der Materie hat und dies aus irgendwelchen Gründen nicht zugeben möchte. Nichtwissen macht blind, macht anfällig für Vorurteile, das wissen wir alle. Es wäre für alle Seiten so viel spannender, wenn Nichtwissen einfach nur neugierig machte. Neugierig auf das andere, das Fremde, das Unbekannte. Vielleicht kann dieses Buch dazu ein wenig beitragen?

Um dieses traurige Kapitel vielleicht doch noch »typisch jüdisch« zu beenden, mit einem kleinen Schuss Ironie nämlich, noch eine kleine Anekdote zum Antisemitismus:

> Itzik ist schon über 70 und muss zu einer Routineuntersuchung zum Arzt. Nach einer eingehenden Anamnese und einem ausführlichen Check-up darf er sich wieder anziehen. Der Arzt betrachtet sich den Ausdruck von Itziks EKG, wendet sich dann an seinen jüdischen Patienten und versucht, den verunsicherten Mann zu beruhigen:
> »Keine Sorge, es ist nichts Physisches. Alles in Ordnung. Sie leiden lediglich unter Paranoia!«
> »Das kann schon sein«, sagt Itzik seufzend, »aber was soll ich machen? Sie sind trotzdem alle hinter mir her.«

Wie kann man als Jude in Deutschland leben?

Es gibt kaum eine Frage, die uns Juden in Deutschland häufiger gestellt wurde und wird als diese. Es ist eine verständliche Frage vor dem Hintergrund deutscher Geschichte, es ist eine schwierige Frage, es ist aber auch, zumindest manchmal, eine perfide Frage. Denn sie meint unterschwellig zuweilen, dass man als Jude in Deutschland nicht nur nicht leben sollte, sondern nicht leben dürfte! Wenn diese Frage daher von einem nichtjüdischen Deutschen gestellt wird, dann kommt es sehr auf den Fragenden an, wie ich mich dabei fühle, wie Juden sich dabei fühlen.

Will dieser Mensch wissen, wie es mir hierzulande geht, wie ich als Überlebender des Holocaust mit der Vergangenheit umgehe und damit auch mit diesem Land, diesem Staat? Oder ist die Frage eher bösartig gestellt, so dass ich dahinter den Wunsch vermuten muss, er, der Fragende, wäre froh, wenn es keine Juden in Deutschland gäbe, wenn sie verschwinden würden, selbst wenn der Holocaust dazu der Grund wäre – Hauptsache, Deutschland würde endlich »judenrein«.

Ich kenne diese Frage natürlich auch von jüdischer Seite. Jahrzehntelang waren Juden, die in Deutschland lebten, in der jüdischen Welt verpönt. Juden in Israel und Frankreich, in den USA und England konnten nur selten begreifen, warum Juden sich nach 1945 ausgerechnet im Land der Mörder des eigenen Volkes niederließen. Juden aus Deutschland galten jahrzehntelang als Abschaum, als Menschen, die ihre Geschichte, ihr Schicksal, ihr Volk, vor allem aber ihre ermordeten Verwandten verrieten. Erst 1990 änderte sich diese Haltung von offizieller Seite, als der World Jewish Congress sich entschied, seine große Jahreskonferenz in der wiedervereinten deutschen Hauptstadt abzuhalten. Es war dies eine Verbeugung vor der mittlerweile demokratischen Tradition der alten Bundesrepublik sowie der friedlichen Revolution in der DDR, die schließlich zur Einheit Deutschlands geführt hatte, ohne dass ein einziger Schuss gefallen war. Und es war eine späte, sehr späte Anerkennung des Rechts der Juden, in Deutschland zu leben.

Zugegeben, es gab zu diesem Zeitpunkt natürlich schon so etwas wie die »normative Kraft des Faktischen«, die mit ausschlaggebend war für das Zugeständnis des WJC. Die jüdische Gemeinschaft in Deutschland existierte bereits in der dritten Generation. An dieser Tatsache gab es nichts mehr zu rütteln. Und als dann im Zuge von Glasnost und Perestroika durch die Immigration Zehntausender sowjetischer Juden in den 90er-Jahren die jüdische Gemeinschaft in Deutschland zur drittgrößten Westeuropas heranwuchs, wurde die Existenz von Juden im »Land der Mörder« nicht mehr weiter hinterfragt.

Israel befindet sich mit Deutschland längst in einer ganz besonderen Beziehung. Deutschland ist nach den USA der zweitgrößte Handelspartner des jüdischen Staates, Deutschland ist der beste Anwalt der israelischen Sache innerhalb der EU. Dennoch verachteten auch Israelis lange Zeit Juden, die in Deutschland lebten. Bei ihnen kam natürlich auch noch der typisch zionistische Aspekt hinzu, der fordert, dass Juden gefälligst in Israel und nur in Israel zu leben haben. Also nicht einmal in den USA. Das ist das große Ziel des zionistischen Traums: Das jüdische Volk heim in die uralte Heimat zu holen.

Nun, Israels Politik hat sich diesbezüglich längst geändert. Man wird auch weiterhin Juden, die einwandern wollen, sofort aufnehmen, doch man weiß und akzeptiert längst die großen Zentren der jüdischen Diaspora als gleichwertige Partner im innerjüdischen Gefüge. Und natürlich wissen die meisten Israelis, dass die jüdischen Gemeinschaften in den großen westlichen Staaten politisch und wirtschaftlich nicht ganz unwichtig sind, wenn es darum geht, das Wohlergehen Israels zu unterstützen und zu fördern. So ist es auch mit der Bundesrepublik. Jedes Mal allerdings, wenn sich mal wieder antisemitische Attacken wellenartig über Deutschland ausbreiten, fordern Israelis uns auf, sofort nach Israel zu kommen. Zugleich geben sie gerne zu, dass der Antisemitismus heute in Frankreich weitaus schlimmer ist als in Deutschland, dass die Demokratie in Deutschland fest verankert ist, dass Deutschland ein großartiger Partner Israels ist und Bundesaußenminister Joschka Fischer ein ehrlicher und vertrauenswürdiger Makler im Nahost-Konflikt.

Mit einem Wort: Die Beziehung der jüdischen Welt zu Deutschland und uns hier lebenden Juden ist bis heute mehr als zwiespältig.

Wie aber konnten die Überlebenden des Holocaust tatsächlich hier leben? Was hat sie bewogen, sich ausgerechnet in Deutschland niederzulassen? Wir müssen ein wenig in die unmittelbare Nachkriegsgeschichte zurückgehen, um die Anfänge der jüdischen Gemeinden von heute im Ansatz begreifen zu können.

Deutsch-jüdische Nachkriegsgeschichte entstand durch Zufall: Die Alliierten hatten die Menschen aus den Konzentrationslagern auf deutschem Boden befreit, aus Ravensbrück, aus Dachau, aus Bergen-Belsen. Diese Menschen waren ohne Heimat, ohne Familie, ohne Hoffnung, sie wussten nicht mehr, wohin. Sie waren DPs, Displaced Persons, und die Briten, die Amerikaner steckten diese Menschen erneut in Lager. Doch waren es denn überhaupt Menschen, diese Haufen von Knochen mit ein wenig Haut darüber? Apathisch warteten viele auf ihren Tod, unfähig zu agieren, zu reagieren. Ihr Überleben – das war ein Wunder.

Aber sie wussten nicht, wohin. In Polen und in Ungarn fanden Pogrome statt, als sie an ihren früheren Wohnorten erschienen. So blieben sie in den Camps. Zusammengepfercht mit nichtjüdischen DPs, von denen so manche auf Seiten der Nazis gewesen waren, ihnen als Kapos und Kollaborateure geholfen hatten, das grausame Werk an den Juden zu verrichten.

Die überlebenden Juden wollten als eigene Nation, als eigenes Volk anerkannt und deshalb in eigenen Camps untergebracht werden und nicht mehr mit ihren Peinigern zusammenleben. Sie protestierten gegen die Behandlung, wehrten sich gegen den antisemitischen US-General Patton, der kein Verständnis für sie aufbringen wollte.

Präsident Truman verlangte einen Bericht über die Zustände in der amerikanischen Zone. Er bekam ihn – er war niederschmetternd. Die US-Truppen würden die Juden wie die SS behandeln, hieß es darin – allerdings mit der Ausnahme, dass die Juden nicht ermordet würden.

Endlich bekamen die jüdischen DPs ihre eigenen Lager. Sie hießen unter vielen anderen: Feldafing und Pocking, Landsberg am Lech, Föhrenwald und Bergen-Belsen (Hohne).

Lagerleben. Das war bekannt. Man versuchte einen Neuanfang. Man organisierte sich. Zentralkomitees wurden geschaffen, eigene Lagerverwaltungen, die den Alliierten unterstanden. Irgendwie musste es weitergehen. Und man wollte weg, weg aus Deutschland, weg aus dem Schlachthaus.

Das Jahr 1946 führte allerdings noch viel mehr Juden nach Deutschland. Fast 200 000 kamen aus Osteuropa. Dort herrschte wieder einmal Pogromstimmung. Auschwitz hatte vielen Osteuropäern nicht gereicht, es mussten noch mehr Juden ermordet werden, nachdem sie aus den Lagern zurück in ihre alten Heimatorte gekommen waren. Im polnischen Kielce waren es an einem einzigen Tag 46 Tote. 46 Juden, die die Vernichtungslager überlebt hatten, wurden nun, ein Jahr nach Ende des großen Schlachtens, von den Polen ermordet. Sie flohen – nach Deutschland, in die amerikanische Zone. Zionistische Untergrundorganisationen wie die »Bricha« halfen dabei. Ein Massenproblem sollte provoziert werden. Die Amerikaner sollten mit den vielen Juden in ihrer Zone nicht mehr zurechtkommen und deshalb die Briten unter Druck setzen, so dass sie die Juden nach Palästina ließen. Doch den Briten war das herzlich egal. Sie reagierten nicht. Und so versuchten viele Juden, illegal nach Palästina zu gelangen. Die Geschichte des Schiffes »Exodus« ist nur eine von vielen. Und wer auf hoher See von den Briten erwischt wurde, wurde wieder in ein Lager gebracht, ein Internierungslager – diesmal auf Zypern.

In den DP-Camps bemühte man sich, allmählich zur Zivilisation zurückzufinden. Man begann Theater zu spielen, Musikaufführungen zu organisieren, man politisierte, lernte Thora und Talmud, gründete Zeitungen, veranstaltete Leseabende – alles nur, um endlich wieder Mensch zu werden. Man schaute nach vorne, schöpfte Hoffnung, wartete auf die Möglichkeit auszuwandern. Neue Familien wurden gegründet als Ersatz für die alten, für die ermordeten. Kinder waren wichtig. Sie waren die Hoffnung, die Zukunft, das Leben. In den Jahren 1945 bis 1947 vermehrte sich nirgendwo auf der Welt eine jüdische Gemeinschaft schneller als in Deutschland. In den DP-Lagern kamen über 2000 Kinder in kürzester Zeit zur Welt. Sie wuchsen in einer überwiegend jiddischen Welt auf, in der Welt der Camps, diesem letzten Abglanz des einstigen, osteuropäischen Stetls. Schulen wurden in den Lagern errichtet, die Kindern lernten auf Jiddisch und Hebräisch, ein bisschen Deutsch war auch dabei …

Die Jahre gingen ins Land, und die meisten hatten das Glück, Deutschland verlassen zu können. Viele wanderten in die USA, nach Kanada, nach Australien oder nach Israel aus, bereits 1948 war das Gros der mehr als 200 000 DPs aus Deutschland wieder verschwunden. Lediglich ein »harter Kern« blieb zurück, etwa 12 000 Menschen. Sie waren die Keimzelle dessen, was heute als jüdische Gemeinschaft in Deutschland verstanden wird.

Und warum waren sie geblieben? Warum blieben sie im Lande der Mörder?

Krankheit war ein Grund. Viele waren immer noch von der Zeit im KZ gezeichnet. Tuberkulose, Herz-Kreislauf-Störungen, Depressionen – was auch immer es war, diese Menschen hatten einfach keine Kraft mehr, woanders hinzugehen. Andere wiederum blieben, weil sie merkten, dass sie im zerstörten Deutschland am schnellsten zu wirtschaftlichem Erfolg kommen könnten, wieder andere – es waren meistens deutsche und nicht osteuropäische Juden – wollten in ihrer alten Heimat, ihrer Kultur und Sprache bleiben. Das war vor allem im Norden der Fall. Waren im Süden Deutschlands, insbesondere in München und Frankfurt, überwiegend ostjüdische DPs, so gab es in Berlin, in Hamburg, in Köln und Düsseldorf viele deutsche Juden, die mit den Ostjuden zusammen schließlich die neuen Gemeinden schufen. Manche hatten den Krieg im deutschen Untergrund überlebt, wie etwa der Schauspieler Michael Degen und der Talkmaster Hans Rosenthal (»Dalli-Dalli«) in Berlin. Die Erfahrung, von anständigen Deutschen gerettet worden zu sein, machte es ihnen leichter, in Deutschland zu bleiben, weil sie auch das »andere« Deutschland kannten.

Manche deutsche Juden kamen aus dem Ausland zurück, andere, wie etwa mein Vater, aus den Konzentrationslagern.

Sie hatten überlebt, und für sie stellte sich gar nicht die Frage, ob man zurückgehen solle oder nicht – schließlich war Deutschland die Heimat, wichtiger aber noch: Deutsch war die Kultur, mit der man aufgewachsen war, Deutsch war die Muttersprache. Wohin denn sonst, wenn nicht nach Deutschland, sollte man gehen?

Die Mehrheit der einstmals deutschen Juden, die überlebt hatten, kam aber nicht mehr zurück. Für sie war der Weg in die alte Heimat mental versperrt. Sie wollten nicht in das »Land der Mörder« zurückkehren, Deutschland hatte für sie nach 1945 keine andere Bedeutung mehr.

Warum der eine sich für, der andere gegen Deutschland entschied? Die Frage ist pauschal einfach nicht zu beantworten. Jeder hatte seine ganz persönlichen Gründe, die vermischt waren mit Zufällen, mit wirtschaftlichen Überlegungen, manche kamen auch nur kurz zurück, um vermisste Familienangehörige zu suchen, und blieben irgendwie dann in Deutschland hängen.

Immerhin: es gab eine Gruppe deutscher Juden, die sich sehr bewusst, aus politischer Überzeugung, wieder in Deutschland niederließ. Sie waren allesamt überzeugte Kommunisten und ließen sich daher in der SBZ nieder, in der »sowjetisch besetzten Zone«. Seit der Wiedervereinigung Deutschlands sind diese Menschen mit ihrer Geschichte in den Blickpunkt der jüdischen Gemeinden, aber auch der Historiker geraten. Schriftsteller wie Anna Seghers und Arnold Zweig waren aus dem mexikanischen beziehungsweise palästinensischen Exil zurückgekehrt, Herbert Grünstein, später stellvertretender Innenminister der DDR, war aus dem sowjetischen Exil nach Ostberlin geeilt, die Eltern der Schriftstellerin Barbara Honigmann verließen London, um »daheim« die neue, die bessere deutsche Gesellschaft mit aufzubauen, eine deutsche Gesellschaft, die antifaschistisch sein werde, in der es nur noch ein Klassen-, aber kein Rassenproblem mehr geben werde. Dachten sie – und wurden im Laufe der Jahrzehnte genauso enttäuscht wie alle anderen deutschen Kommunisten. Sie mussten erfahren, dass auch im deutschen Arbeiter-und-Bauern-Staat Antisemitismus eine ganz gewichtige Rolle in ihrem Alltag spielte.

Und schließlich gab es im Westteil Deutschlands noch einige Juden, die keinerlei Gründe hatten zu bleiben. Sie blieben. Einfach so. Ohne Grund, ohne Ausreden, ohne Argumente. Nach Auschwitz und Treblinka, nach Majdanek und Sobibor machte es für sie keinen Unterschied mehr, wo sie waren, wie sie lebten. Sie waren irgendwie in Deutschland gestrandet.

Nach Auflösung des letzten DP-Camps Ende 1956 waren die Juden in die Städte gezogen und damit zum ersten Mal in engem Kontakt mit der normalen Umwelt. In den Camps hatten sie mit den Deutschen nur wenig zu tun gehabt – und wenn, waren es meist unangenehme Situationen gewesen. Natürlich blühte der Schwarzhandel in Deutschland, wie konnte es nach einem solch verheerenden Krieg auch anders sein. Und natürlich waren auch Juden am Schwarzhandel beteiligt. Sie hatten gegenüber den anderen »Schiebern« einen großen Vorteil: Sie bekamen Hilfsgüter von jüdischen Organisationen aus den USA, aus England und konnten diese Waren eintauschen. Und die deutsche Bevölkerung war froh darüber. Es gab ein Geben und Nehmen, jeder holte sich, was er brauchte. Von Seiten der deutschen Behörden und der Polizei wurde allerdings auf die Schwarzmarkthändler wilde Jagd gemacht. Am heftigsten gegen die jüdischen Schwarzmarkthändler. Die Razzien in der Münchner Möhlstraße waren berüchtigt. Die Polizei wusste, dass sich dort besonders viele Juden aufhielten.

Und so sah man in den fünfziger Jahren schon wieder das »vertraute« Bild: Deutsche Polizisten jagen Juden. Ganz legal, ganz offiziell. Sie jagten sie allerdings auch in den DP-Camps. Man stürmte in die Lager, um angebliche oder tatsächlich Schwarzhändler dingfest zu machen. In Stuttgart erschoss die Polizei einen jüdischen KZ-Überlebenden, in Föhrenwald kam die Polizei mit Sturmtrupp und schweren Waffen an, riegelte das Lager ab, so lange, bis die amerikanische Militärpolizei eingriff und dem Spuk ein Ende bereitete – bis zum nächsten Mal.

Das Gros der ostjüdischen Überlebenden waren Kleinhändler und Handwerker. Man handelte mit Kleidern, man eröffnete Bars, Restaurants, auch Kneipen im Rotlichtmilieu. Man handelte mit Edelsteinen, manche waren geschickt genug, in kürzester Zeit im Immobilienhandel ein kleines Vermögen zu erwirtschaften.

Eine Gruppe *deutscher* Juden hatte Anfang der fünfziger Jahre den »Zentralrat der Juden in Deutschland« gegründet. Es war der erste Schritt, der ahnen ließ, dass man sich aufs Bleiben einrichtete. Es war ja mal ihre Heimat gewesen, dieses Deutschland, sie hofften oder wollten glauben, dass nun endlich alles anders würde.

Ostjuden allerdings wussten mit dieser Haltung wenig anzufangen. Zumeist kapselten sie sich in ihrem Privatleben von der deutschen Umwelt völlig ab. Man verkehrte fast nur mit Juden und hatte nur selten das Bedürfnis, Kontakt mit der deutschen Umwelt aufzunehmen. Wozu auch? Man wollte ja das Land irgendwann doch noch verlassen, man saß auf den mittlerweile sprichwörtlich gewordenen »gepackten Koffern«. Mit dieser Illusion, die später zur Lebenslüge wurde, hielt man den aktuellen Zustand besser aus. Man musste sich nicht rechtfertigen, nicht vor anderen und schon gar nicht vor sich selbst, dass man in Deutschland war. Man wollte ja noch gehen, ganz bald, eines Tages, irgendwann einmal.

Die junge Bundesrepublik machte es den mittlerweile rund 20000 Juden – etliche waren unterdessen aus Israel und anderen Ländern zurückgekehrt, weil sie dort nicht Fuß fassen konnten oder weil sie sich erhofften, in Deutschland zumindest wirtschaftlich eine bessere Zukunft zu haben – nicht schwer, sich fremd zu fühlen. Die so genannte Entnazifizierung, die Kriegsverbrecherprozesse, die schnelle Wiedereingliederung von Nazis, die angeblich nur harmlose Mitläufer gewesen waren, und dann – Symbol dieser politischen Haltung – der Aufstieg des ehemaligen Kommentators der Nürnberger Rassengesetze, Hans Globke, zum engsten Mitarbeiter Bundeskanzler Adenauers, waren Zeichen genug dafür, dass man glauben konnte, dieses Land würde sich nie ändern, es würde immer ein Volk von Antisemiten bleiben.

Aber der Alltag ging weiter. Der nackte Kampf ums wirtschaftliche Überleben. Allenthalben wurden Jüdische Gemeinden neu und wieder gegründet, Synagogen restauriert und wieder eingeweiht. Das religiöse, jüdische Leben in Deutschland begann wieder, schließlich hielt man an seinen Traditionen fest, und die Kinder mussten doch das Erbe weitertragen lernen. Sie waren die Zukunft, und wenn sie nicht als ordentliche jüdische Kinder erzogen würden, was dann? Wozu dann weiterleben? Wie das Erbe, das vernichtete Erbe weiter bewahren, wenn nicht über die Kinder?

Und die Kinder wuchsen heran in einer doppelten, in einer gespaltenen Welt. Was bedeutete: in deutschen Schulen zu lernen, aber nur mit jüdischen Kindern befreundet zu sein. Nicht aufzufallen, sich anzupassen, damit niemand merkt, dass man Jude ist, aber dennoch seine Jüdischkeit nicht aufzugeben, Jude zu bleiben, Jude zu sein – was immer das im Einzelnen bedeutete.

Das Gemeindeleben wurde groß geschrieben. Man ging in die Synagoge, aber man besuchte auch alle gesellschaftlichen Anlässe, die es nur gab. Die Gemeinden organisierten Purim- und Chanukkah-Bälle, man veranstaltete Musikabende, zionistische Vortragsreihen, gesellige Nachmittage bei Kaffee und Kuchen. Hauptsache, man war zusammen. Das hielt die Seele in diesem kalten, feindlichen Deutschland ein wenig warm.

Fern einer Heimat, die es längst nicht mehr gab, versuchten die Überlebenden eine Normalität zu leben, die im Abnormen zu Hause war.

Natürlich hat sich diese Situation im Laufe der Jahrzehnte geändert. Jetzt lebt bereits die vierte Generation Juden in Nachkriegsdeutschland. Für die meisten ist es faktisch kein Problem mehr, hier zu sein. Viele junge Juden, die sich aufgrund der deutschen Geschichte eine Zukunft in Deutschland nicht vorstellen konnten, haben das Land verlassen. Doch sehr viele von ihnen sind längst wieder zurückgekommen. Zurück aus Israel oder aus England oder gar aus den USA. Sie hatten Heimweh bekommen oder waren mit der Mentalität, der Kultur, der Sprache der Wahlheimat nicht zurechtgekommen.

Ich kenne genug Juden der zweiten und dritten Generation, die aus Überzeugung nach Israel ausgewandert sind und dort mit den »levantinischen« Verhältnissen nicht klargekommen sind. Und wenn man sie nach ihrer Rückkehr darüber erzählen hört, dann glaubt man, »waschechte« Teutonen vor sich zu haben: Es sei dort so chaotisch zugegangen, keine Ordnung, keine Disziplin, keine Pünktlichkeit.

Ja, deutsche Mentalität und Kultur haben längst auf die jüdische Gemeinschaft von heute abgefärbt. Und wenn man bedenkt, dass die Jewish Agency noch Ende der vierziger Jahre gedroht hat, alle Juden, die nicht innerhalb von sechs Wochen Deutschland verlassen, später nicht mehr als Juden anzuerkennen und ihnen somit eine spätere Einwanderung nach Israel zu verwehren, mag das heute, wo Zehntausende Juden aus der ehemaligen Sowjetunion nach Deutschland gekommen sind, wie aus einer anderen Zeit erscheinen. Und doch ist der Holocaust noch keine 60 Jahre vorbei!

Das alles ist ein Beweis dafür, wie sehr sich Deutschland politisch gewandelt hat, ein Beweis aber auch dafür, wie sehr sich Juden in Deutschland nun doch zu Hause fühlen.

Allerdings – ohne ein Allerdings geht es nicht – die Beziehung zwischen Juden und Nichtjuden in Deutschland ist keineswegs ungetrübt. Der Antisemitismus ist in Deutschland nach wie vor ein wichtiges Thema, das allerdings von vielen Seiten in seiner Problematik, in seiner Dimension weit unterschätzt wird. Neo-Nazis sind das eine, das andere ist ein wiedererwachender »normaler« Antisemitismus, der insbesondere nach der Wiedervereinigung auch in den höchsten, besten Kreisen zu finden ist. Als ob sich das Angestaute unter dem Druck der Alliierten und aufgrund einer kollektiven Scham über mehrere Jahrzehnte endlich Luft machen will. Denn der Hass auf die Juden war in Deutschland mit dem 8. Mai 1945 nicht vorbei. Man äußerte ihn nur nicht mehr. Natürlich gab es viele Deutsche, die entsetzt waren, als sie das ganze Ausmaß des deutschen Rassenwahns erkannt hatten. Doch viele Menschen ließen sich selbst von dem Grauen von Auschwitz nicht »bekehren«. Und zu jenen alten und neuen Nazis gesellen sich jetzt diejenigen, die unter dem Deckmantel des »Anti-Zionismus« ihren antijüdischen Ressentiments freien Lauf lassen, oder auch jene, die es den Juden verübeln, dass sie angeblich dem deutschen Volk nicht erlauben, endlich einen Schlussstrich unter die Geschichte zu ziehen.

Wie kann man als Jude nur in Deutschland leben? Diese Frage wurde dem kürzlich verstorbenen Psychoanalytiker Sammy Speyer aus Frankfurt in zahlreichen Vorträgen, die er im ganzen Lande hielt, von Deutschen immer wieder gestellt. Er antwortete darauf stets mit der Frage: »Und Sie, wie können Sie in Deutschland leben?« Denn der Irrsinn des Holocaust betrifft nicht nur uns Juden, sondern natürlich auch das Volk der Täter und deren Nachkommen.

Als Jude heute in Deutschland zu leben wird von niemandem mehr als echtes Problem angesehen – mit Ausnahme der Ewiggestrigen (auch der jungen Ewiggestrigen). Natürlich bleibt aber eine gewisse Irritation bei vielen Menschen im Ausland, vor allem bei Juden. Es kommt auch heute noch vor, dass man in New York oder Tel Aviv gefragt wird, wie das Leben als Jude in Berlin, Frankfurt, München oder in meinem Fall in Düsseldorf so ist. Doch man wird kaum noch mit einer grundsätzlichen Ablehnung konfrontiert, eher mit Zweifeln oder manchmal auch mit schlichter Neugier. Und nachdem in den neunziger Jahren allmählich sowohl in ost- wie auch in westeuropäischen Ländern eine öffentliche Debatte um die eigene Beteiligung am Holocaust eingesetzt hat, nachdem also der breiten Mehrheit in Europa immer klarer wird, dass auch ihre Länder, ihr Volk mehr oder weniger aktiv mit den Deutschen bei der Judenvernichtung kollaboriert hat, stellen europäische Juden uns Juden in Deutschland immer seltener die Frage, warum wir hier leben. Vor allem französische Juden hatten uns gegenüber lange Zeit ein großes Vorurteil. Das ist inzwischen vorbei.

Nach dem Bekenntnis des ehemaligen Staatspräsidenten François Mitterand, zuerst für Vichy-Frankreich gearbeitet zu haben, ehe er in die Résistance ging, wurde die Kollaboration der Franzosen Tagesgespräch. Die Prozesse um Nazigrößen wie Maurice Papon, wie Klaus Barbie, Präsident Jacques Chiracs Entschuldigung für die Beteiligung am Judenmord im Namen des französischen Volkes haben französische Juden sensibler werden lassen gegenüber uns Juden in Deutschland.

Doch natürlich ist es nicht so, dass wir hier in Deutschland jeden Tag mit dem Gedanken an den Holocaust aufstehen und mit eben denselben Gedanken wieder ins Bett gehen. Nein, wir führen ein normales Leben wie alle anderen Menschen auch, wir sind gefangen in unseren mehr oder weniger wichtigen Alltagssorgen, wie leben mit unseren Familien, unseren Freunden, wir gehen unseren Berufen nach und freuen uns grundsätzlich, in einem demokratischen Staat zu leben, der uns als Individuen alle Freiheiten lässt. Dass hier nicht immer alles zum Besten steht, dass jüdische Existenz immer noch schwierig ist in Deutschland, hat mittlerweile weniger mit dem Antisemitismus der Deutschen zu tun als vielmehr mit innerjüdischen Problemen, die jede religiöse Gemeinschaft heute kennt: Die zunehmende Säkularisierung ist nur ein Beispiel. Freilich, die Schwierigkeit, gute Religionslehrer nach Deutschland zu holen, das Problem, dass wir noch nicht genügend jüdische Schulen, nicht genügend jüdische Hochschulprogramme haben, sind Spätfolgen der Schoah. Wir sind zwar nicht mehr Nachlassverwalter einer einstmals blühenden Gemeinschaft, doch wir sind in vielen Bereichen immer noch Verwalter eines Mangelzustands, einer Situation, die uns immer wieder daran erinnert, dass es keine jüdische Kontinuität mehr gibt, sondern dass der Bruch, die Zerstörung der jahrtausendealten Gemeinschaften, ein menschliches, geistiges und religiöses Vakuum hinterlassen hat, das wir nur schwerlich in wenigen Generationen füllen können.

Wir sind uns bewusst, dass wir noch sehr viel Aufbauarbeit leisten müssen und dass es noch Jahrzehnte und viele Generationen dauern wird, ehe wir vielleicht wieder an einem Punkt sind, wo wir sagen können: In Deutschland gibt es wieder eine blühende, lebendige jüdische Gemeinschaft.

Immerhin: Durch die Einwanderung der Juden aus den GUS-Staaten sind wir zumindest numerisch wieder eine große Gemeinschaft. Der jüngst unterschriebene Staatsvertrag zwischen dem Zentralrat der Juden und der Bundesregierung ist ein einzigartiges Novum in der Geschichte der deutsch-jüdischen Beziehungen. Insofern gibt es Hoffnung und immer wieder Fortschritte für die Zukunft unserer Glaubensgemeinschaft, die sich inzwischen immer seltener die Frage stellt, wie man als Jude in Deutschland leben kann.

Es gibt noch letzte Vorbehalte und Ängste, natürlich. Die Bezeichnung des Zentralrats ist »Zentralrat der Juden in Deutschland« und nicht: »Zentralrat der deutschen Juden«. Bei der Gründung dieses Dachverbandes gab es zwei Überlegungen für diese Wortwahl: Zunächst einmal die Tatsache, dass die Mehrheit der Juden nach 1945 tatsächlich keine deutschen Juden waren, zum anderen, dass es für jeden Juden nach 1945 schwer geworden ist, sich als »Deutscher« zu bezeichnen. Für viele gilt das immer noch, ganz besonders – unabhängig von der Vergangenheit – für die rund 70000 russischen Zuwanderer. Insofern wird der Zentralrat seinen Namen vorläufig wohl nicht ändern. Aber vielleicht – eines Tages – wird es so weit sein. Dann ist der Zeitpunkt gekommen, an dem sich alle Juden in Deutschland wieder als Deutsche fühlen können und niemand sie mehr fragen wird, wie man als Jude in Deutschland leben kann. Doch das werde ich in meinem Leben gewiss nicht mehr erleben. Und ich glaube, auch die Generation unserer Kinder nicht. Dass es aber irgendwann einmal möglich sein wird, dafür muss die Mehrheit der deutschen Nichtjuden sorgen. Denn nur wenn sich Deutschland weiterhin als freier, pluralistischer und liberaler Staat bewährt, werden die Juden sich eines Tages in Deutschland wieder »daheim« fühlen können.